THE MEN IN BLACK

THE MEN IN BLACK

Tony O´Neill

mit Peter Walsh

TROLSEN

Original English language edition published by
Milo Books, Wrea Green, United Kingdom

Originalausgabe ISBN 978-1-9038-5452-5

Ungekürzte deutsche Ausgabe
September 2008

Aus dem Englischen von Henning Trolsen
Vielen Dank an Milo Books für die Genehmigung
zur Verwendung der Fotos auf dem Titel und den Innenseiten dieses Buches.
 ISBN 978-3-9809064-9-4

TROLSEN communicate!
Johann-Rist-Kehre 30
25451 Quickborn
Deutschland
www.trolsen.de

INHALT

Vorwort

„Hallo, Pete. Hier ist Debbie. Hast du schon von Tony gehört?"

„Nein."

„Man hat auf ihn geschossen."

Geschossen?

„Wie... geht es ihm?"

„Er ist im Moment im MRI, auf der Beobachtungsstation. Er wurde operiert. Im Moment ist er stabil."

In wenigen Tagen wollte ich Tony O`Neills erstes Buch herausbringen, *Red Army General,* den ersten Teil seiner Lebensgeschichte als führender Kopf bei den Hooligans von Manchester United. Ich war an Pannen in letzter Minute gewöhnt, wenn es um Bücher ging - Verzögerungen bei der Druckerei, eine fehlerhafte Kapitelüberschrift - aber Anrufe von Frauen meiner Autoren, die mir mitteilen, dass mein Verfasser am Wochenende eine Kugel abbekommen hat und auf der Intensivstation liegt, gehörten nicht dazu.

Andererseits: Dies war nicht das erste Mal. Bereits elf Jahre zuvor hatte man Tony mit einer abgesägten Schrotflinte angeschossen, in einem Nachtclub in Manchester. Daraufhin war Tony an einer Blutvergiftung erkrankt und wäre beinahe gestorben. Dieses Mal schienen seine Verletzungen zumindest nicht so schwerwiegend zu sein. So dachte ich zumindest.

Einige Tage später besuchte ich ihn im Manchester Royal Infirmary. Er lag in einem Bett nahe des Büros des Stationsleiters, in einem Gewirr von Kabeln und Schläuchen, umgeben von Monitoren. Debbie saß neben ihm. Eine lange, übel anzusehende, frisch vernähte Narbe zog sich über die ganze Länge seiner Brust. Von Natur aus eher bleich, sah er jetzt aus wie Gevatter Tod persönlich.

Ich hatte ein paar Exemplare seines frisch herausgekommenen Buches mitgebracht. Wir hatten einigen Leute persönliche Widmungen versprochen, und dies war meine erste Möglichkeit, ihn ein paar Bücher signieren zu lassen. Tony nahm dies sofort zum Anlass, um augenzwinkernd über meine geschäftsmäßige Hartherzigkeit zu schimpfen: Während er schwerverletzt im Krankenhaus lag, hatte sein Verleger nur den Buchverkauf im Sinn. In Wirklichkeit war dies genau die harte Einstellung, die er insgeheim selbst als völlig richtig empfand.

„Da ist er", grummelte er in rauem Manchester-Dialekt, als ich durch die Tür kam. „Ich liege hier im Sterben, und er kann an nichts anderes denken, als seine Bücher zu verhökern. Absolut rücksichtslos."

Naja, dachte ich, *wenigstens habe ich ihn etwas aufgemuntert.*

Ich hatte Tony „Buckethead" O`Neill in Gefängnis Sudbury kennengelernt, jenem Knast abseits der A50 zwischen Stoke und Derby. Er saß dort eine Strafe wegen schweren Landfriedensbruchs ab, die er im Zusammenhang mit Vorfällen vor einem England-Länderspiel in Manchester kassiert hatte. Laut Anklage hatte er eine Personengruppe in eine Gaststätte geführt, um gegnerische Hooligans aus einer anderen Stadt anzugreifen. Tony bestritt die Vorwürfe, die Geschworenen glaubten ihm nicht, und der Richter verurteilte ihn zu drei Jahren und neun Monaten.

Sudbury ist offener Vollzug, und „Bucket" hatte sich einen Job in der Kantine der Vollzugsbeamten verschafft. So konnten wir dort Platz nehmen und unser Vorhaben diskutieren, ein Buch über sein Leben herauszubringen, während wenige Meter weiter die Wärter zu Mittag aßen.

Buckets Einzigartigkeit bestand in der Tatsache, dass er über drei Jahrzehnte in der ersten Reihe der Fußball-Hooligans stand, beginnend von den frühen Siebzigern bis zu den ersten Jahren des neuen Jahrtausends. Die Polizei hatte ihn im Rahmen einer Undercover-Aktion in den späten Achtzigern als Uniteds „Anführer" identifiziert, und seitdem war er stets einer ihrer wichtigsten Ziele. In jüngerer Zeit hatte Tony damit begonnen, mit einem kleinen, von ihm geleiteten Reiseunternehmen, Champion Sports Travel, Fahrten zu United-Spielen im In- und Ausland anzubieten. Sein spartanisch eingerichtetes Büro ist nur einen Steinwurf vom Old Trafford entfernt. Tonys Name – und Spitzname – sind in den Fußballkreisen Manchesters und darüber hinaus legendär.

Kein United-Hooligan hatte bisher seine Memoiren geschrieben, obwohl das Genre der Hooligan-Bücher zunehmend weit verbreitet ist. Tony war mit Abstand der am besten geeignete Kandidat hierfür, hätte aber vermutlich nie den Gedanken in ernsthafte Erwägung gezogen, wäre er nicht zu solch langer Gefängnisstrafe verurteilt worden. Einer Strafe, die, wie er findet, auf eine kleine Sache folgte, in der noch nicht einmal jemand verletzt wurde. Verbittert, aber völlig darüber im Klaren, dass der Höhepunkt der Hooligan-Zeit vorbei war, stimmte er zu. Vielleicht war dies seine Art, einen Schlussstrich zu ziehen.

Er bearbeitete sein Manuskript zunächst im Gefängnis, um es dann in den Monaten nach seiner Entlassung abzuschließen. Seine Persönlichkeit und sein Charakter traten deutlich aus dem Geschriebenen hervor, ganz so, wie ich es im Rahmen unserer persönlichen, regelmäßigen Treffen und Diskussionen erlebt hatte.

Es war unschwer zu erkennen, warum Tony eine Führungspersönlichkeit war. Groß und durch seine Statur beeindruckend, war er energisch und hatte eine direkte Art. Und wie er biss, so bellte er auch: Man kann sicher sagen, dass Tony ein Mann mit einer entschiedenen Sicht der Dinge ist, einer Sichtweise, die er problemlos auch laut äußert. Manchmal auch lautstark.

Aber ich erkannte die Methode hinter seinen Ausbrüchen. Manchmal versteckten diese, was er wirklich dachte; während man ihm zuhörte, testete er seinen Gesprächspartner und beurteilte dessen Reaktionen. Er war gewieft und erfahren in den Gesetzen der Straße, und wenn er etwas nicht weiter erörtern wollte, dann wechselte er schlicht das Thema. Und damit war das bisher Gesagte abgehandelt.

Wir entschlossen uns zu zwei Büchern. Das erste sollte sich mit den Ereignissen bis etwa 1987 befassen, das zweite mit der Undercover-Aktion *Operation Mars* beginnen und im Jahre 2005 enden. Das erste Buch wurde planmäßig fertig, und als wir dann auch die entsprechenden Werbehebel in Bewegung gesetzt hatten, konnten wir uns dem zweiten zuwenden: *The Men In Black.*

Dann kam diese Schießerei, deren Details immer noch im Dunklen liegen und vermutlich nie völlig aufgeklärt werden. Tony wurde relativ schnell aus dem Krankenhaus entlassen, obwohl seine Verletzungen schwerwiegend waren: Die Kugeln hatten Darm und Leber durchdrungen und einige Nerven in seinem Rücken irreparabel geschädigt.

Nach nur kurzer Zeit zu Hause musste man ihn eiligst wieder einliefern: Er kämpfte mit dem Tode. Seine inneren Verletzungen hatten Nachblutungen verursacht.

Wieder gelang die Genesung, aber die nächsten Monate zeigten, wie schwer verletzt er wirklich war. Tony gehört zu jenen, die nicht gerne Schwäche zeigen, aber die Medikation mit schmerzlindernden Morphium-Präparaten schien nicht nur seine Energien zu schwächen, sondern auch seine Persönlichkeit zu verändern. Er war an einem Tiefpunkt angelangt, aus dem er erst wieder heraus kam, nachdem er – irgendwie erstaunlich – einen Akupunkteur besucht hatte, dessen mysteriöse, uralte Heilmethoden das gestörte Gleichgewicht seines Körpers wiederherstellten und die Schmerzmittel schließlich überflüssig machten.

Nun ist er zurück, hinter seinem Schreibtisch im Büro von Champion Sports Travel, herumwirbelnd und pausenlos am Telefon, als einziger Mann, der das Wort „Hallo" gleichzeitig wie eine Herausforderung und einen Verhörbeginn klingen lassen kann. Seine Einstellung zu den Dingen, die ihm widerfahren sind, fasst er in seinem fatalistischen Lebensmotto zusammen: Was immer passiert, passiert. Du stellst dich wieder auf die Beine, staubst dich ab und schmeißt dich wieder ins Schlachtgewühl. So hat er sich bei Hauereien verhalten, so verhält er sich in seinem Leben.

An diesem Buch haben weitere Personen mitgewirkt, die aus ganz unterschiedlichen Ecken kommen, was die Beschäftigung mit dem Hooliganismus angeht. Steve Barnes war in der Zeit der größten Aktivität der Men In Black von United bei der Greater Manchester Police tätig, als Beamter mit Szene- und Insider-Kenntnissen: Er war ein „Football Intelligence Officer". Nachdem man bei ihm einen beinahe tödlichen Hirntumor entdeckt hatte, musste er den Polizeidienst quittieren. Steve Barnes schildert hier seine Erinnerungen der Männer, die er über einen Zeitraum von fast zehn Jahren beobachtete, und wie er dabei vorgegangen ist.

Paul Doyle hingegen war nach seinen eigenen Worten ein Gangster – manche sagen: *der* Gangster – in der ohnehin am schwersten von Bandenkriminalität betroffenen Stadt Englands. Fußballgewalt war für ihn einfach nur ein erholsamer Zeitvertreib, um sich von den noch weitaus gefährlicheren Ereignissen seines Alltags zu entspannen.

Barnes und Doyle stehen für das breite Spektrum derer, die sich von der Spannung, dem sogenannten Kick, der Fußballgewalt angezogen fühlten. Natürlich ist Tony O`Neills Geschichte nicht nach jedermanns Geschmack. Die meisten Menschen verachten Hooliganismus (manche allerdings *geben nur vor*, ihn zu verachten) und sehen keinen Sinn darin, sich nur um des Schlagens willen zu hauen, auch wenn beide Seiten ausdrücklich den Wunsch haben.

Was viele allerdings nicht verneinen können, ist die Tatsache, dass sie die Tony O`Neills dieser Welt faszinierend finden; Typen, deren Leben außergewöhnlich ist und die Dinge getan und gesehen haben, die jenseits von Erfahrung und Neigung der meisten Männer ihres Alters sind.

Die Ära der britischen Hooligans geht vorüber, und kaum einer wird ihren Abgang beklagen. Aber es hat sie gegeben. Dies ist die Geschichte von einem von ihnen. Von einem, der mittendrin war.

Peter Walsh, Oktober 2005

1

Zielperson „Kilo“

Drei außergewöhnliche Monate des Jahres 1985 sorgten für einen Umbruch im modernen Hooliganismus. Am 13. März zeigte das Fernsehen Szenen randalierender Millwall-Fans in Lutons Kenilworth-Road-Stadion, die flüchtende Polizeibeamte vor sich hertrieben. Die Nation saß vor den TV-Geräten, und so auch eine völlig entsetzte Premierministerin Margaret Thatcher. Zwei Monate später, am 11. Mai, veranstalteten Gewalttäter von Birmingham City und Leeds United einen noch ungleich heftigeren Krawall am St. Andrews, in dessen Verlauf ein Fan unter eine zusammenbrechende Mauer geriet und verstarb. Überschattet jedoch wurden beide Ereignisse durch den Tod von 56 Zuschauern in einer Feuersbrunst in Bradford Citys altem Stadion Valley Parade am gleichen Tag. Schließlich, am 29. Mai, führte die Erstürmung eines Zaunes zwischen zwei Blöcken vor dem Europapokalendspiel zwischen Liverpool und Juventus im Heysel-Stadion, Belgien, zu einer Massenpanik, in deren Verlauf 39 Fans zu Tode kamen.

Etwas musste getan werden, und es musste schnell getan werden. Ohne Frage war die Sicherheit vieler Fußballstadien nicht mehr hinreichend gegeben. Genauso wichtig: Die Welle der Gewalt, die seit dem Auftauchen der ersten „Casual-Gangs“ zu Beginn des Jahrzehnts immer höher durchs Land wogte, musste gestoppt werden. Die erste Maßnahme des Fußballverbandes nach Heysel war das Verbot der Teilnahme an internationalen Wettbewerben für englische Vereine. Und dann trat die Regierung hervor: „Wir müssen den Fußball vom Hooliganismus säubern. Erst dann werden wir möglicherweise wieder in der Lage sein, im Ausland aufzutreten“, sagte Margaret Thatcher. Zentraler Punkt ihrer

Maßnahmen war ein Gesetz, welches unter anderem die Einführung von computerverwalteten Mitglieder-Kartensystemen für die Zuschauer von Fußballspielen verpflichtend vorsah (obgleich dies im Lord-Taylor-Report nach der Katastrophe von Hillsborough wieder verworfen wurde und die Idee somit wieder im Archiv verschwand). Auch bei Gericht signalisierten erste härtere Strafen, dass allgemein mehr durchgegriffen wurde.

Die wichtigste Folge wurde zunächst gar nicht erkannt: Diverse Polizeibehörden überall im Land entschlossen sich, die Fußball-Banden mithilfe in Zivil agierender Beamter zu infiltrieren. Diese speziell ausgebildeten Polizisten gaben sich als Fans aus oder gar als Hooligans, um Beweise gegen die Anführer und ihre Gefolgschaft zu sammeln. Dies war nicht nur ein finanziell aufwendiges Vorgehen, sondern für viele Einheiten auch Neuland, mit Methoden, die bisher eher Verwendung fanden, um etwa bei Drogendealern Scheinkäufe zu tätigen. Bis zu jener Zeit konnte eigentlich nur die britische Bahnpolizei von sich behaupten, detailliertere Kenntnisse über die Hooligans zu haben, resultierend aus den Ereignissen zweier Jahrzehnte in den Zügen und auf den Bahnhöfen des Landes. Die meisten städtischen Polizeieinheiten hatten keinerlei Ahnung vom harten Kern des Vereins ihrer Stadt.

Manchester United war, trotz der Größe des Vereins und seines Anhangs, zunächst nicht das erklärte Ziel. In den Siebzigern wurde Uniteds Red Army berüchtigt, und ihre Taten sprichwörtlich für den Hooliganismus auf der ganzen Welt. In den Achtzigern jedoch hatten andere Banden den United-Anhang überholt, zumindest, was den Ruf betraf. Vier „Firmen“ insbesondere – West Hams Inter-City Firm, die Chelsea Headhunter, Millwalls Bushwhacker und die Leeds Service Crew – erlangten in jener Zeit, die allgemein als die hohe Zeit der Hooligans gesehen wird, traurige Berühmtheit. Alle vier Vereine saßen eine Zeit in der zweiten Liga ab, wo die Möglichkeit, Unruhen anzuzetteln, aufgrund kleinerer Stadien und geringerer Polizeipräsenz größer war. Alle hatten sie zudem vielsagende und leicht zu erinnernde Bandennamen. Uniteds Mob hatte keinen Namen. Und einige ihrer Anführer wurden zunehmend in der Öffentlichkeit bekannt; im August 1985 beispielsweise zeigte eine Dokumentation von Thames TV namens „Hooligan“ die ICF und wie sie im Lande umherreiste – inklusive eines recht lebhaften Besuchs am Old Trafford.

United, kräftig Geld ausgebend, blieb in der obersten Spielklasse, holte einige Pokale und gehörte immer zum erweiterten Feld der Titelanwärter. 1986 hatte man einen neuen Trainer verpflichtet, Alex Ferguson, dem es mit Aberdeen gelungen war, die Vorherrschaft der beiden großen Glasgower Vereine im schottischen Fußball aufzubrechen. Doch seine Amtszeit begann nicht glücklich. Außerhalb des Spielfelds hatte United immer noch den vermutlich größten Hooligan-Anhang des Landes. Genau genommen handelte es sich um mehr als nur einen einzigen Mob; vielmehr waren es diverse Gruppen, deren trennendes Merkmal ihr Alter war. Und die Cockney Reds waren schon immer ein eigenständiger, großer Bestandteil im United-Anhang gewesen.

Chelsea, Birmingham City, West Ham, Millwall, Crystal Palace, Leeds, Luton und Wolverhampton Wanderers wurden alle zwischen März 1986 und April 1988 zu Angriffszielen der Polizei, in Einsätzen mit Namen wie „Operation Eigentor", „Operation Wilder Eber", „Löffler" oder „Rote Karte". Interessanterweise waren zu jener Zeit nur Chelsea und Luton in der ersten Liga. Dieser Trend wiederholte sich in Manchester, wo die Polizei nicht United, sondern seine größten Rivalen, City - damals zweitklassig - aufs Korn nahm. Oft im Schatten von United stehend, und zwar sowohl auf dem Spielfeld als auch außerhalb, hatte Citys gewalttätiger Anhang in den unteren Ligen Wellen geschlagen. Ihr Nachwuchs, die „Young Guvnors" oder einfach nur „Guvnors", war besonders aktiv.

1987 rief die Polizei von Greater Manchester die Omega-Einheit ins Leben, um die Guvnors zu unterwandern. Bestens ausgebildet und streng geheim, war die Aufgabe der Omega-Einheit die potenziell gefährliche Undercover-Arbeit in Fußballkreisen. Junge Beamte wurden ausgewählt und mit falschen Identitäten versehen, und man lehrte sie, überaus reaktionsschnell und auf der Hut zu sein, während sie mit ihren Zielgruppen unterwegs sein würden. Später wurde die Einheit auch mit Drogendealern, Straßenräubern und anderen Kriminellen betraut - in ihrer ursprünglichen Version hatte sie nur das Ziel, die Hooligans von City und United in Angriff zu nehmen, und die Beamten wechselten sich bei den Spielen beider Vereine ab, um einen ersten Eindruck zu bekommen, wer wer war und was auf dem Plan des jeweiligen Spieltags stand. Zu dieser Zeit konnte man noch nicht von einer „Football Intelligence"-Einheit sprechen, denn wie auch andere Polizeibehörden, so hatte auch die Greater-Manchester-Polizei damals noch keine entsprechenden Spezialisten. Immerhin gab es schon Fußball-Kontaktbeamte, die in Zusammenarbeit mit den Vereinen den Ablauf des Polizeieinsatzes während der Spieltage planten.

An der Maine Road trug die Arbeit von Omega erste Früchte. Nach sieben Monaten der Annäherung an die Gangs, immer versuchend, ihr Vertrauen zu gewinnen - welches manchmal so weit ging, dass ein Beamter die Jungs in seinem Privat-Kleinbus zum Auswärtsspiel fuhr - kam es im Februar 1988 zu Hausdurchsuchungen bei Mitgliedern der Guvnors. Sechsundzwanzig von ihnen wurden schließlich angeklagt, die meisten davon wegen Landfriedensbruch und Körperverletzung.

Nur kurz nach ihrer Verhaftung erlitt ein Bahnpolizist im Bahnhof Manchester-Picadilly einen Schädelbruch, als er versuchte, eine Gruppe der Guvnors davon abzuhalten, United-Fans anzugreifen, die von ihrem Auswärtsspiel bei Arsenal zurückkamen. Im Mai 1988 filmte die Polizei eine Schlägerei an der Chester Road, Old Trafford, zwischen jungen United-Fans und einem Haufen Guvnors. Anlass war das Abschiedsspiel von Uniteds letztem Mann und Nationalspieler für Schottland, Arthur Albiston. Ein junger Mann wurde zu Boden getreten und noch lange mit Füßen bearbeitet, während er schon auf dem Boden lag. Obwohl viele Zielpersonen der Operation Omega als auch der beiden darauffolgenden Zwischenfälle letztlich Haftstrafen anzutreten hatten, war das Problem der Fußballfehden in Manchester eindeutig noch nicht beseitigt.

Im August 1988 entschloss sich die Greater Manchester Police, einen „Football Intelligence"-Stab einzurichten, als Bestandteil der übergeordneten Beweissammlungseinheit. Ein Sergeant, Stephen Fox, erhielt den Auftrag, Informationen über „aktive und potenzielle Gewalttäter" zusammenzufassen und diese Kenntnisse in Form von Kurzberichten den Kollegen zur Verfügung zu stellen. Dabei beinhaltete seine Aufgabe alle Profivereine im Zuständigkeitsbereich der Greater Manchester Police, also United, City, Bolton Wanderers, Oldham Athletic, Stockport County, Rochdale, Bury und Wigan Athletic.

Ein United-Hooligan - Tony O`Neill - wurde dem Stab sofort bekannt: zunächst durch die Berichte des FI-Beamten für Stretford, der verantwortlich für Old Trafford war und berichtete, dass O`Neill durch einige weniger maßgebliche Delikte beim Fußball aufgefallen war, und dann durch die Bahnpolizei im Bahnhof Picadilly, die berichtete, man habe bereits 1985 mit O`Neill zu tun gehabt wegen „ungesetzlicher Nutzung von Bahnfahrkarten". Sergeant Fox sollte später notieren: „Obgleich O`Neills Akte nicht auf eine besondere Involvierung in fußballbezogene Gewalt hindeutete, war er doch insgesamt als gewalttätig bekannt. Zudem besuchte er sowohl Heim- als auch Auswärtsspiele von United. Man durfte davon ausgehen, dass er auch maßgeblich an der Organisation von Auswärtsfahrten Anteil hatte." Allerdings hatte Sergeant Fox kein Foto von O`Neill zur Hand und hatte ihn nie selbst gesehen.

Tatsächlich waren die Erkenntnisse in der ersten Phase vergleichsweise gering. Man wusste nicht einmal, dass O`Neill nur kurze Zeit zuvor eine viermonatige Haftstrafe abgesessen hatte, die man ihm 1986 im Anschluss an ein Auswärtsspiel bei Tottenham auferlegt hatte. Klar war jedoch, dass Uniteds großer Hooligan-Mob nicht völlig ungeschoren davonkommen würde.

Im Januar 1989 stand der Besuch eines Schwergewichts der Hooligan-Welt im Old Trafford an. Im Fanzine *Red Issue* erinnerte sich später einer der United-Jungs an die Ereignisse:

RED ISSUE: Millwall hatte große Töne gespuckt, wie man United am Den in den Siebzigern Ohrfeigen verpasst hätte. Am Old Trafford hingegen haben sie nie etwas veranstaltet, und zudem waren sie zu der Zeit auch nicht einmal sonderlich bekannt. Was wir wussten, war, dass Millwall ein enggestrickter, einem Klan nicht unähnlicher Haufen aus einer besonders rauen Ecke Südost-Londons war, so wie die Bezirke, aus denen sie ihren Support rekrutierten. Diejenigen Jungs, die alt genug waren, berichteten von jener Fahrt ans Den, in der zweiten Liga damals. Und es schien wahr: Die United-Fans, die tatsächlich vor Ort waren, die hat man richtiggehend terrorisiert.

Aber Uniteds Sonderzug kam auch nie an, denn dichter Nebel sorgte auf Höhe Milton Keynes für einen außerplanmäßigen Halt. Schließlich lief man so spät in London-Euston ein, dass die Polizei den Zug direkt zurück nach Manchester schickte. Dies soll nicht Millwalls Version der Ereignisse widerlegen, aber andeuten, dass die Dinge auch anders hätten laufen können. Damals hatten sie nämlich nicht die Masse an Leuten, die sie in den späteren Jahren, Mitte, Ende der Achtziger, hatten.

Es ist 1989, und jede Menge war im Vorfeld über dies Treffen schon gesagt worden. Die Leute konnten es kaum erwarten. Fünfzehn Jahre hatten wir schließlich gewartet, um die Statistik glattzuziehen.

Millwall, das muss man ihnen lassen, war genauso heiß. Soweit ich weiß, war bis zu jenem Jahr nur Glasgow Rangers so dreist gewesen, auf unserer Tribüne aufzutauchen und das auch noch vorab anzukündigen, anlässlich eines Freundschaftsspiels im Jahre 1974. Sunderland kam im Ligapokal, 1976, nicht, um Ärger zu bereiten, sondern nur, um das Spiel zu sehen. Man vergaß dabei aber, die Schals zu Hause zu lassen. Sie stellten sich ins Scoreboard Paddock, wohl glaubend, hier müsste es ruhig zugehen, weil das Scoreboard Paddock doch gegenüber der Heimseite ist. Großer Fehler. Genau wie jene Gästefans, die zu Liverpool fahren und sagen, wir stellen uns nicht auf den Kop, wir gehen auf die Annie-Road-Seite. Sie bekamen also richtig auf den Kopf, wurden aus dem Paddock verjagt, mussten runter auf den Platz, das Old Trafford-Paddock entlang und dann zum alten Spielertunnel. Dort gab es dann so auf die Augen, dass die Polizei fünfzehn Minuten brauchte, um Ordnung wiederherzustellen. Später hat jemand die Polizei zitiert, die angeblich sinngemäß geäußert hätte: „Hätte Sunderland nicht zu Hause bleiben und uns den ganzen Ärger ersparen können?“ Während sich also die Fans aller möglichen Vereine im Laufe der Jahre immer mal wieder erfolgreich in Zivil ins Old Trafford einschleichen konnten, hatte kein Klub den Mumm, unsere Einladung anzunehmen und eine Tribünenerstürmung im Old Trafford zu versuchen, geschweige denn diese vorher anzukündigen.

Liverpool, Chelsea, West Ham, Everton, keiner entschied sich für diese Option. Der (für unsere Verhältnisse) schwache Besuch in den Achtzigern bedeutete, dass meist große Blöcke Eintrittskarten zur Verfügung standen. Die Gelegenheit war da – aber niemand wollte sie ergreifen. Bis auf Millwall. Das muss man einräumen.

Sie wussten, dass es noch keiner geschafft hatte, und sie wollten sie übertreffen; diese ganzen, angeblich so beeindruckenden Top-Firmen Londons. Sie wollten die Ersten sein. Klar, Leeds, 1981, sah auch noch recht beeindruckend aus, aber auch die konnten die in sie gesetzten Erwartungen nicht erfüllen.

Also, wir waren im Jahre 1989 stehen geblieben: Schon damals war der Schwarzhandel mit Eintrittskarten ein großes Geschäft rund ums Old Trafford. In gewisser Weise war es damals besser als heute, denn man kaufte verbilligte Einzelkarten von diversen Quellen auf und verkaufte sie dann den Wartenden vor den Tickethäuschen am Spieltag für den regulären Preis.

Millwall machte aus seiner Erstliga-Zugehörigkeit eine richtig große Sache. Alles musste bei ihnen in ganz großem Stil ablaufen. Wir hatten Geschichten gehört, wonach sie zu den Spielen im Nordwesten Flüge gechartert hatten, und auch zum Spiel am OT marschierten sie mit zweihundert Jungs aus dem Flughafen, zu denen sich dann noch weitere Hundert aus Bussen gesellten. Bedenkt man die groß angelegten Schiebereien, in die die Mobs der Achtziger verwickelt waren, war es wenig überraschend, dass auch der Tickethandel in einem landesweiten Geflecht stattfand. Durch Kontakte in London erreichte uns eine Nachricht von Millwall. „Wir wollen dreihundert Karten für einen Block in eurem Stadion. Wir kommen rein und werden einen guten Job abliefern. Bisher hat das keiner geschafft, das wissen wir. Also werden wir die Ersten sein." Man erinnere sich: Unsere ersten und einzigen Lorbeeren dieser Art hatten wir uns 1982 verdient, als West Ham der United Road einen sehr kurzen Besuch abstattete. Millwall aber war entschlossen, alles und jeden zu übertreffen. Diese ambitionierte Haltung musste man respektieren.

Auch wenn dies den einen oder anderen Offiziellen erzürnen wird: Es bedurfte keiner zwei Minuten, da hatten fünf unserer Schwarzhändler 300 Eintrittskarten für den Block B zusammen. Diese wurden dann prompt - und mit einem netten, kleinen Aufschlag - einem Londoner Schwarzhändler weitergeleitet. Das Ganze fand etwa drei Wochen vor dem Spiel statt. Als der Spieltag gekommen war, nahmen die zweihundert Leute aus dem Charterflieger einen Zug in die Innenstadt und versuchten dort, eine Show zu veranstalten. Die Polizei hatte allerdings alles unter Kontrolle, und man kesselte Millwall kurzerhand ein und eskortierte sie zum Stadion. Die späten Achtziger waren fast so schlimm wie die Neunziger, wenn es um einen netten Tag mit der Polizei ging.

Ich weiß nicht, ob sie schon eines dieser uralten Mobiltelefone dabei hatten, aber in jedem Fall war das Timing erstklassig. Die beiden Busse kamen gleichzeitig mit der Polizeieskorte an und erhielten Erlaubnis, direkt auf dem Vorplatz, neben dem alten Souvenirladen, zu parken. Und Millwall verhielt sich clever und mischte sich unter ihre Trikotfans, um mit ihnen zusammen durch die Gästeeinlässe zu gehen und sich anschließend in kleinen Grüppchen Richtung B abzusetzen.

Der ganze Bereich war voll mit unseren Jungs, aber alle warteten auf das Hauptereignis. Auf dem Vorplatz würde nichts stattfinden. Einige der Leute aus den Bussen riefen uns sogar zu, sie würden in B zu finden sein und uns dort sehen. Das sollten sie dann tatsächlich. Einige von uns schlenderten durch sie hindurch, als man die eigenen Plätze auf der Südtribüne einnahm, andere nahmen sogar den langen Weg die United Road hinunter und hinter dem Stretford End entlang, damit auch ja nicht auffallen würde, dass wir das erste Mal in unserem Leben auf die Haupttribüne gehen würden. Die Mehrheit unserer Leute hatte sogar etwas nie zuvor Gesehenes getan, indem man bereits um halb drei ins Stadion ging. Nur die letzten paar Hundert kamen wie immer spät rein.

Millwall kam also auf die Tribüne, und, das muss man einräumen, sie sahen schon wirklich kernig aus. Angst war jedenfalls auf ihren Gesichtern nicht zu erkennen, sondern eher so etwas wie Entschlossenheit. Während sie sich in Richtung ihrer Plätze bewegten, begann die Vortribüne, zu ihnen hinaufzusingen.

Natürlich war lange bekannt, dass Millwall kommen würde. Seit mindestens zwei Wochen. In wenigen Nanosekunden hatte die Neuigkeit die Stadt durchquert. Nachdem unsere Bekloppten, unsere Schalträger, vom unteren Ende der Tribüne erst einmal angefangen hatten, war die Aufmerksamkeit des ganzen Stadions auf Millwall gerichtet. Eigentlich wollten wir warten, auf ein Tor oder ein Foul, um loszulegen, aber jetzt kamen die Jungs von der Vortribüne auf den Platz und verteilten sich auf der ganzen Breite der Haupttribüne, um sich die Eindringlinge zu holen.

Damit war die Zeit des Taktierens vorbei. Aber unsere strategische Platzierung erwies sich als optimal. Wie ein Mann sprang die Meute im A-Block auf und ging, von hinten kommend, auf Millwall los. Noch mehr standen zu Millwalls linker Seite. Ihr maßgeblicher taktischer Fehler jedoch war, dass sie nicht alle Karten des B-Blocks aufgekauft hatten. So nämlich hatten sie es auch noch mit einem kleinen Team unmittelbar rechts zu tun. Von drei Seiten gleichzeitig kam es nun auf sie hernieder, während ihre Aufmerksamkeit auf die vierte Seite, nach unten, gerichtet war. Das ist in keinem Fall eine gute Ausgangssituation für eine Hauerei. Insgesamt hatten wir sicher sechs- bis siebenhundert Leute auf der Tribüne. Selbst C und D waren voller Gewaltverbrecher, und die mussten direkt vor der Vorstandsloge entlang, um sich in die Geschehnisse einbringen zu können. Ich werde nie Vorstand Martin Edwards moralisches Zürnen vergessen: „Wie die Tiere! Absolut unwürdig! Wir hatten Gäste von Millwall auf unserer Tribüne, und diese Verbrecher greifen sie an...!“

Obwohl sich so um die tausend Leute auf der Haupttribüne schlugen, wurde das Spiel nicht unterbrochen. Das ging richtig zur Sache. Die Wut, mit der unsere Jungs da rangingen, war fast erschreckend. Millwall war heiß, aber sie konnten sich keine Minute halten. Sie wurden schlicht übermannt und weggewischt. Klar, sie waren in der Unterzahl, das muss man fairerweise sagen, aber wir waren absolut darauf erpicht, deutlich zu zeigen, dass man solch Schritt besser nicht ein zweites Mal wagt. Sie flogen über die Sitze und wurden massakriert. Jeder von ihnen sollte den Stempel aufs Gesicht bekommen, dies nicht erneut zu versuchen. Übel. Was mich im Nachhinein überrascht hat: Niemand landete auf der Vortribüne. Andererseits sah die auch nicht sonderlich einladend aus, mit unseren Bekloppten, die hin und her sprangen und die Londoner zu sich hinunter baten – das hätte wohl selbst dem Verzweifeltesten noch mal ein kurzes Nachdenken empfohlen. Einige versuchten sogar, von dort unten auf die Haupttribüne hinaufzuklettern.

Die Vorstandsloge hatte sich geleert, die Haupttribüne befand sich in Aufruhr und die Vortribüne war eine tobende Masse. Und irgendwo spielten auch noch 22 Leute Fußball.

In solchen Situationen hat man nur zwei Minuten Zeit: Millwall hatte eine Minute, um Widerstand zu leisten, und eine weitere, um sich Hiebe abzuholen. Und dann war die Polizei da. Der Plan der Ordnungshüter war schlicht: Die Cockneys sollten aus ihrem Block gedrängt werden und dann unter der Tribüne die Treppen runter in den Bereich unterhalb des B-Blocks. Das funktionierte aber nicht sonderlich gut, denn wir alle drängelten die benachbarten Treppen runter, um sie unter der Tribüne erneut zu erwischen. Dort setzte sich der Kampf in weitaus üblerer Form fort, zumal der Platz auch beengter war. Übler und gewalttätiger. Alle Zivilisation hatte sich in Luft aufgelöst, und wir befanden uns wieder in der Steinzeit. Und waren glücklich. Die Polizei rettete sich schließlich mit dem bisher einmaligen Schritt, die Haupttore nach draußen zu öffnen und Millwall aus dem Stadion zu lassen, bevor jemand starb. Inmitten des Tumults stach irgendjemand einem Millwall-Fan in den Hintern – so hörte ich jedenfalls viele Jahre später von einem seiner Freunde: „Wir konnten`s kaum glauben. Einen Messerstich, damals, zu der Zeit! Das war eine heftige Sache, überhaupt, die Minuten im Stadion.“

Die Bullen nahmen Millwall also rüber auf die Gästeseite und schoben sie in ihren Bereich, aber es kann auch sein, dass einige Nachzügler im A-Block blieben. Ich erinnere mich nicht mehr so genau. Aber sicher haben sie sich alle gefragt, warum sie sich solche Mühe gegeben haben. Sie hätten ja auch vorbeikommen können, sich zeigen und ein bisschen wichtig tun und wären dann auf die Gästeseite gegangen. Aber nein, sie mussten ja die große Nummer versuchen. Entsprechend haben sie dann den Preis dafür gezahlt.

Nach dem Spiel - so war es damals meistens - hatte die Polizei alles unter Kontrolle. Millwall hielt man eine Ewigkeit im Stadion zurück, während draußen ein gemischter Mob aus unseren Jungs und den Bekloppten wartete. Insgesamt werden das so um die 2.000 Leute gewesen sein. Jene, die mit den Bussen da waren, wurden schließlich wieder zu ihren Fahrzeugen geführt und dann aus der Stadt eskortiert. Jene, die den Zug zum Flieger nehmen mussten... Man konnte sie nicht am Stadion packen, weil die Polizei nun sicherlich wusste, dass wir warteten. Stattdessen geleitete man Millwall zur Haltestelle Old Trafford, nachdem man die von Heimfans befreit hatte, und räumte dann alle Haltestellen auf dem Weg zum Airport. Vor der Haltestelle waren es auf jeder Seite nur noch so um die zweihundert Jungs, und Millwall gab sich alle Mühe, einen Angriff zustande zu bringen, wohl auch, um Gesicht zu wahren. So kam es also nochmals zu kurzem Kampfkontakt, und sie konnten erneut deutlich machen, dass sie zu jenen gehören, die niemals aufgeben. Selbst die Polizei kam noch etwas unter die Räder, was im Jahre 1989 durchaus bemerkenswert zu nennen war. Schließlich aber hatten die Herren in den blauen Uniformen alles wieder im Griff, und der Tag war in dieser Hinsicht beendet.

Heimspiele wie das gegen Millwall machten der Greater Manchester Police klar, dass das Problem der Fußballgewalttäter offenbar so schlimm wie zuvor war. Es bedurfte dringend eines Zugangs zu diesem Problem, und hierfür musste man herausfinden, wer hinter den Auseinandersetzungen steckte. Der neue FI-Stab begann langsam,

Informationen über Uniteds aktiveren und einflussreicheren Hooligan-Teil zusammenzustellen, scheiterte aber bei dem Versuch, mehr über den wichtigsten Mann, Tony O`Neill, herauszufinden – bis dieser dann nach einem Spiel gegen Nottingham Forest am 18. März 1989 verhaftet wurde. Forest hatte einen Mob mit zum Old Trafford gebracht, und Manchester hatte sich in großer Zahl eingefunden, um es den Gästen zu zeigen.

TONY: Das war ein Pokalspiel, und wir verloren am Old Trafford mit 1-0. Forest war schon früh in der Stadt, und beinahe jeder hatte sich an ihre Fersen geheftet und rannte aufgescheucht durch die Gegend. Wir kamen wegen der Polizei aber nicht dicht genug an sie heran. Dann, als ich im Stadion war: Absolutes Chaos. Ein Tor wurde nicht gegeben, und alle sind am Ausrasten. Nach dem Schlusspfiff gehen wir rüber hinter ihre Tribüne. Normalerweise hält man die Gästefans für einige Zeit zurück, aber der Inspektor, der an dem Tag die Leitung hatte, war erst vor zwei Wochen mit der Aufgabe betraut worden und hatte entsprechend keinen Plan. Seine Entscheidung: Beide Fangruppen tragen rot-weiße Kleidung, also werden sie sich gar nicht auseinanderhalten können.

Wenn man fair ist, muss man erwähnen, dass Forests Leute versuchten, aus dem Stadion zu kommen, aber der Vorplatz war voller United, die auf die Eingangstore losgingen. Diverse Male bekam Forest und musste sich wieder ins Stadion zurückziehen, aber dort blieben sie nicht: Nach einigen Fehlversuchen kamen sie geschlossen von der anderen Seite, entlang der Warwick Road – nicht nur ihr harter Kern, sondern der gesamte Anhang. Das hatte ich vorher noch nicht so erlebt. Fantastische Idee. Von vornherein stand fest, dass sie eine Abreibung kassieren würden, aber immerhin versuchten sie ihr Glück.

Die Polizei bemühte sich zwar um Kontrolle der Ereignisse, versagte aber schlicht. Fünf lange Minuten wurde von allen Seiten auf Forest eingeprügelt, die sich nach Kräften bemühten, ihrerseits auszuteilen. Doch als man sie dann von einer Seite zur anderen trat, begann ihr Mob, langsam auseinanderzufallen.

Als sie am oberen Ende der Warwick Road ankamen, waren nur noch so um die fünfzehn bis zwanzig von ihnen als geschlossen zusammenstehender Haufen übrig, zuzüglich einiger Blauhelme, die sie zu beschützen versuchten. Der Polizist an der Spitze stoppte dann den fließenden Verkehr und ermöglichte so dem kleinen Häufchen, ungefähr in Höhe des Trafford Pub über die Straße zu gelangen. Hier hatten die Forest-Fans, die zunächst in alle Winde versprengt waren, erstmals wieder die Möglichkeit, sich zu sammeln, doch eine große Polizeieskorte zurück zum Bahnhof Picadilly verhinderte, dass sie sich erneut ins Gewühl hätten stürzen können.

Als sich die Situation an der Chester Road beruhigt hatte, machten auch wir uns auf den Weg in die Stadt. Ich machte dabei den Fehler, mit einer kleinen Gruppe die Straße zu queren, was die Aufmerksamkeit der Polizei hervorrief, die sich, nun, da alles ruhig war, entschloss, mich mit einem „Da ist der Bastard!" zu beschimpfen und hinter mir her zu kommen. Ein Polizeikleinbus kam heran, die Türen gingen auf, die Besatzung, angeführt von Sergeant Johnson von der Wache Longsight, sprang heraus und ging auf mich los. Ich und ein weiterer, Notty, wurden verhaftet. Sie hatten schon früh die Orientierung verloren, und jetzt war die Zeit gekommen, etwas zur Verbesserung des Tagesberichts zu tun und ein paar Leute zu verhaften.

Man warf mich in den Kleinbus, stellte mir eine Stiefelsohle in den Nacken, und eine ganze Sitzbank staatlich geprüfter Schläger leistete mir auf der folgenden Fahrt Gesellschaft. Als man mich durch die geöffnete Tür schleuderte, hatte ich bemerkt, dass uns ein blauer Zivil-PKW folgte. Für mich war klar: Das waren Leute von der „Football Intelligence".

Insgesamt waren wir drei Festgenommene in dem Van, wobei ich den dritten Typen allerdings nicht kannte. Der FI-Beamte kam an die Tür, zeigte auf den Dritten, die Türen öffneten sich und man zog ihn ins Freie. Dann ging die Fahrt weiter bis zur Wache, wo man mir Landfriedensbruch vorhielt. Obwohl keineswegs irgendein Landfrieden gebrochen wurde, als man mich beim Versuch, die Straße zu überqueren, festnahm.

Die Polizei hatte ihre Version, ich hatte meine. Schließlich naht der Tag der Verhandlung heran: Das Amtsgericht Trafford ist zuständig, und ich verteidige mich selbst. Ich kenne ihre Variante. Vier Bullen gegen mich. Notty sollte eigentlich an meiner Seite sein, aber seine Verteidigerin entschied, es sei definitiv eine ganz schlechte Idee, zusammen in einem Prozess mit mir zu stecken, bei dem ich mich auch noch selbst verteidigen würde. Also wurde für Notty ein eigenes Verfahren angesetzt. Ihr Mandant würde sonst ins Unglück gezogen werden, legte mir die Verteidigerin dar. Tatsächlich jedoch war sie es, die keine Ahnung hatte.

Ich wusste, man würde mir einen ganzen Stapel Lügen präsentieren, und dass es meine Hauptaufgabe wäre, diese auseinanderzunehmen. Ich holte eigene Zeugen heran. Angeblich gibt es sogar eine Gruppe von „professionellen Zeugen" in Manchester; Leute, die aufmarschieren und vor Gericht wie gewünscht aussagen, wenn der Preis stimmt. Davon wollte ich nichts wissen. Aber was ich nach zwei Tagen wusste: Die Polizei hatte ausgedehnt ihren Müll vor dem Richter ausgebreitet, jedoch vergessen, die Beamten der Football Intelligence zu erwähnen, die am Kleinbus aufgetaucht waren. Das wurde dann zu ihrem Untergang. Zwei lange Tage befragte ich sie und meine eigenen Zeugen. Man rief mich selbst in den Zeugenstand, und ich nahm den Staatsanwalt auseinander. Er konnte weder mich selbst noch meine Zeugen erschüttern, und die einzigen, die hinterher dumm aussahen, waren die Polizisten, die über ihre eigene Geschichte purzelten.

Dem Gericht wurde klar, dass man mich ausgeguckt hatte und dass die Beamten wussten, wer ich war, obwohl sie dies stets bestritten hatten und sich auf mich als „den Mann, von dem uns jetzt bekannt ist, dass sein Name Tony O`Neill lautet" bezogen. Nach diversen Verhandlungstagen erklärte man mich unschuldig. Wir lachten und sprangen durch die Gegend. Irgendwann trat der Staatsanwalt auf mich zu, reichte mir seine Hand, schüttelte meine und gratulierte mir - und hatte dann die Stirn, zu fragen: „Und, was ist wirklich passiert?"

„Die Polizei hat nach Strich und Faden gelogen. Und Sie standen deshalb jetzt wie ein Idiot da!", sagte ich.

„Naja, egal. Wir sind ja alle Reds", sagte er. Wie sich herausstellte, war auch er ein United-Fan.

Dieser Prozess gab mir großes Selbstvertrauen, nicht nur, weil ich ihn durch eigene Verteidigung gewann, sondern auch wegen der Gesichter der Polizisten, wegen ihrer entglittenen Mienen. Sie wussten: Ein Gewalttäter hatte sie vorgeführt.

Als ich aus dem Amtsgericht kam, führte mich mein erster Weg zur Anwaltskanzlei Olliers. Dort erklärte ich, was vorgefallen war, wer ich war, und dass man mich zu Unrecht angeklagt hatte. Ich äußerte die Bitte, dass Schritte eingeleitet würden wegen Freiheitsberaubung und fälschlicher Strafverfolgung. Man gewährte mir Prozesskostenbeihilfe, und so verklagte ich den Polizeipräsidenten der Greater Manchester Police.

Die Sache brauchte dann *neun* Jahre bis vor die Gerichte. Und jetzt aufgepasst! Sie bringen den FI-Beamten hervor, der damals dabei war. Er beginnt, aus einem Dokument zu zitieren, in dem meine Aktivitäten beim Fußball geschildert werden, trägt aber nicht einen einzigen Beweis vor. Die anderen beteiligten Beamten erklären alle ausnahmslos auf Befragung: „Ich kann mich nicht mehr genau erinnern, es ist schon neun Jahre her.“ Ein eigentlich glasklares Ding wird versemmelt durch die Tatsache, dass alle sagen: „Ich kann nur meine Notizen zitieren; meine Erinnerung ist nicht mehr exakt genug.“ Und trotzdem haben sie ein komplettes Team an Verteidigern eingesetzt, dass auch noch Aussagen der Football Intelligence gegen mich verwendet; von einem Beamten, den sie damals zu erwähnen vergaßen.

Um diese langatmige Geschichte abzukürzen: Meine Klage wurde abgewiesen. Was eigentlich nach ein paar Scheinen Entschädigung aussah, wurde zu einem weiteren Tritt in die Eier, wenngleich dieses Mal auch nicht wortwörtlich. Ich konnte es nicht fassen: Ich hatte meine Zeugen, es war alles in trockenen Tüchern, die Polizisten waren der Lüge überführt – und das System schiss drauf. Wenn man sich die Sache mal genauer anschaut und zwischen den Zeilen ließt, dann wollten sie mich damals hopp nehmen, weil man mir dringend eine rechtskräftige Verurteilung wegen Fußballgewalt anhängen wollte; man bereitete bei der Polizei Operation Mars vor, und da wäre ein frisches Urteil gegen mich für den Erfolg der Aktion äußerst hilfreich gewesen.

Lustigerweise formulierte ich in meiner Aussage, als ich die Polizei im Juni 1990 wegen Freiheitsberaubung drankriegen wollte, wie folgt: „Ich bin im Hinblick auf die Polizei nicht paranoid. Ich bin vielmehr überzeugt, dass ich das Opfer einer Polizeikampagne gegen mich bin. Fußballhooliganismus ist im Fokus der Medien, und zwar schon seit einigen Jahren. Und es hat auch eine Reihe entsprechender Gerichtsverhandlungen gegeben: Angeklagt waren Chelsea, West Ham und, in jüngerer Zeit, Manchester City. Ich wäre nicht im Mindesten überrascht, würde man auch mich eines frühen Morgens festnehmen, als Teil einer größeren Verhaftungswelle, die viele Beamte und ebenso viele Beschuldigte involvieren würde. Ich kann mir auch vorstellen, dass versucht werden wird, angeblichen Hooliganismus im Umfeld von

Manchester United zum Gegenstand eines Verfahrens werden zu lassen, und man würde mich sicher wegen Verstößen gegen die öffentliche Ordnung in Fußballstadien anzuklagen versuchen. Und ich würde von der Anklage als eine Art `General` erachtet werden."

Nun, ich behaupte nicht, hellseherische Fähigkeiten zu haben - aber vier Monate später traten genau diese Ereignisse ein.

Am 27. Mai 1989, zwei Monate nach Tonys Festnahme beim Forest-Spiel, reisten Sergeant Fox und ein Kollege zum Hampden Park nach Glasgow, um dort beim Länderspiel Schottland gegen England als Beobachter tätig zu werden. Während ihres Aufenthalts folgten sie diversen Fangruppen, versuchten, bereits bekannte Personen zu identifizieren, und nahmen dabei eine große Menge Filmmaterial auf. Durch hohes, anderweitiges Arbeitsaufkommen kam man jedoch erst fünf Monate später dazu, das aufgenommene Material detailliert zu sichten. Als man sich diesem schließlich widmete, erkannten sie Tony O`Neill inmitten einer Schlägerei vor dem Hampden Park.

TONY: Die Szene rund um die Nationalmannschaft hat mich nie besonders interessiert; wenn man United-Fan ist, dann nimmt dich diese Leidenschaft vollständig ein. Ich konnte beim besten Willen keine Begeisterung für irgendwen sonst aufbringen, nicht mal für die Nationalelf. United bestimmte mein Leben. Mit Fans anderer Vereine Spiele zu sehen, oder gar mit ihnen zu singen oder so bringt mir nichts. Alles Spannende in meinem Leben kommt von United, vom Aufstehen an einem Spieltag-Morgen bis zum späten Abend. Ich verstehe es bis heute nicht, wie Leute einfach einen Schalter umlegen können. Man unterstützt *sein* Team, niemand anderen, von der Kindheit bis zum Tod; so sollte es sein.

Bei den England-Spielen hast du jede Menge Fans der kleineren Vereine, die sich gerne vor den Kameras wichtig machen. Und man freundet sich gern mit Fans anderer Vereine an, dann kann man nämlich Kontakt vermeiden, wenn man gegeneinander spielt. Denn dann sind ja alle Freunde, weil man sich von der Nationalmannschaft her kennt. Und dann kommt da noch die politische Sache hinzu, „Rule Britannia" und der ganze Kram; Jungs, die sich als treu gegenüber Königin und Vaterland darstellen, „No Surrender to the IRA" und der Oranierorden, all das vermischt sich dann. Tut mir leid, aber soweit es mich betrifft, ist es dein Verein, der dein Leben ausmacht - und nicht die Ideale der Linken, der Rechten, der Faschisten, der Revolutionäre, der Bolschewiken, der Geldverdiener und wie immer sie sich auch nennen mögen. Die Leute sollten mal alle ihr Hirn einschalten, verdammte Scheiße!

In den Siebzigern, Achtzigern und frühen Neunzigern hat die England-Szene für die Hooligans Spaß bedeutet. Uniteds Leute waren regelmäßig dabei, und sie hatten entsprechend jede Menge lustige Geschichten zu erzählen, von Plündereien und Klauereien, von Kämpfen mit den Deutschen und den Holländern und so. Auch andere Banden waren natürlich dabei, wie die Cockneys oder die Scouser, aber erst seit Ende der Siebziger. Vorher haben sie einfach keine Leute zusammenbekommen. Die Cockneys waren ja nicht einmal zu Hause, in ihrem schönen London, in der Lage, sich gegen die Schotten zu stellen, als die dort spielten, zumindest nicht, bis dann die Blocktrennung mit entsprechendem Kartenvorverkauf eingeführt wurde. Vielleicht täusche ich mich auch, was die Londoner und ihre Abwesenheit bei England-Spielen in den Siebzigern angeht, aber nach meiner Erinnerung waren meist nur Jungs aus dem Nordwesten dabei. Nach meiner Erinnerung, sagte ich - also lasst eure Computertastatur in Ruhe, Leute aus dem Süden.

Ich war nur vier oder fünf Mal bei Länderspielen, und das erste war das 1989 in Glasgow. Sechs Uhr, Manchester-Picadilly, und sechzig unserer Leute sind bereits am Bahnhof, zusammen mit einigen anderen Fans, so dass etwa einhundertzwanzig Männer auf den Zug warteten. Gegen 10.30 Uhr erreicht der Zug Glasgow, und wir rechnen mit einen Haufen Jocks, die auf uns warten. Aber nichts ist zu sehen, und angesichts der Gerüchte, die in den Vortagen die Runde machten, ist das schon eine Enttäuschung. Damals gab es keine marodierenden Banden, die einander an die Gurgel wollten; kein Birmingham, das auf die Wolves wartete, kein Boro auf der Suche nach Newcastle. Der Hauptgrund mag gewesen sein, dass die Polizeipräsenz damals nicht mit der heute zu vergleichen ist. Was bedeutete: Es gab niemanden, hinter dem man sich verstecken konnte, wenn sich die Dinge zum Schlechten zu entwickeln begannen.

Uns war klar, dass sich die Bahnhofsgegend früher oder später mit gestörten Schotten füllen würde, die uns suchen, also bewegten wir uns zügig durch die Stadt, nur zwei Pausen einlegend, um ein schnelles Bier zu trinken, um uns dann in einer Kneipe knappe zwei Kilometer vom Stadion entfernt niederzulassen. Wir wussten allerdings nicht, dass die Straße, an der der Pub lag, eine der wichtigsten Zubringerstraßen zum Hampden Park war. Als wir den Laden verließen – zwei Daddelautomaten waren geleert und auch der Zigarettenautomat geplündert – fanden wir die Straße über und über mit Schotten gefüllt, die alle in traditionellem Tartan aufmarschiert waren.

Als wir uns geschlossen auf den Weg zum Stadion machten, sah das durchaus beeindruckend aus: Keiner von uns trug Fußballfarben, und somit wussten alle Jocks um uns herum genau, was los war und wer wir waren: Fußball-Hooligans. Die Schotten sangen und torkelten besoffen herum, und als man uns kommen sah, begannen sie ihre stammesähnlichen Kriegsgesänge; Schottland hier und wie sehr sie England hassen würden da. Unfassbar, aber sie schienen absolut erstaunt und geschockt, als es dann ein paar Ohrfeigen setzte. Glaubten sie wirklich, sie könnten rumspinnen, ohne eine entsprechende Antwort zu erhalten? Einige landeten jedenfalls auf dem Boden.

Wir waren am Ende der Straße angelangt. Dort wartete die Polizei auf Pferden. Und dann brach die Hölle los. Überall kamen jetzt Schotten hervor, die warfen, was immer sie in ihre Finger bekamen. Die Luft war voller Wurfgeschosse. Wir tauchten unter Dosen durch, unter Flaschen, Ziegeln, großen Holzscheiten, alles Mögliche. Jetzt umrundeten wir die Pferde und stürmten auf die erste Gruppe Schotten zu. Chaos. Polizisten fielen von ihren Pferden, Schotten auf dem Boden; eine richtig vernünftige Hauerei. Spaß hat es gemacht, weil es mehr von allgemeinem Aufruhr hatte als von einem bösartigen Nahkampf. Einige Minuten ging das so, bis uns der Durchbruch zum Stadion gelang – und die Polizeipferde waren hierbei hilfreich, denn die achteten nicht darauf, auf wessen Füßen sie herumtrampelten.

Nur einige von uns schafften es an diesem Tage bis ins Stadion, aber wir waren genug Leute, hätte irgendwer Bedürfnis nach Kontakt gehabt. Nichts Erwähnenswertes geschah. Nach dem Spiel behielt man uns drinnen, und als wir schließlich gehen durften, trafen wir den Rest unserer Jungs vor den Eingängen. Einige hundert Engländer wurden von der Polizei Richtung Stadtzentrum geleitet. Als wir uns der Innenstadt näherten, sahen wir, dass an einer Straßenecke ein Mob wartete. Bald schon hatten wir einige von Nottingham Forests Männern erkannt, also verabschiedeten wir uns aus der Eskorte, die sich ohnehin in Auflösung befand. Leute gingen hierhin und dorthin. Schnell sammelten wir uns und bogen um die Ecke, wo wir sie in der Nähe einiger Busse herumhängen sahen. Nicht lange. Der erste Treffer saß, und der Ruf „United!“ wurde laut. Keine Chance für sie, zumal sie uns nicht hatten kommen sehen. Forest flüchtete in alle Himmelsrichtungen.

Auch wir teilten uns jetzt in kleinere Gruppen auf. In einer Stunde wollten wir uns erneut treffen. So würde man vielleicht die Polizei von der eigenen Fährte abbringen. Schließlich landeten wir in einem Pub und begannen, den abendlichen Teil der Unterhaltung einzuläuten, gestört nur kurzzeitig von ein paar struppigen Typen, die von sich behaupteten, Aberdeen zu sein, jedoch bald wieder verschwanden.

Irgendwann wurde es Zeit für unseren Zug, aber wir entschlossen uns, ihn fahren zu lassen. Es hatte zu sehr Spaß gemacht, und wir waren der Meinung, dass es immer noch reichen würde, zur Sperrstunde am Bahnhof aufzutauchen und dann irgendeinen Zug Richtung England zu nehmen, der dann noch fuhr. Das war der 23.30-Uhr-Express über Preston und Crewe nach London. Also eingestiegen – und in Empfang genommen von Manchesters Besten, der Bahnpolizei, die wusste, dass wir irgendwann auftauchen würden, und den ganzen Abend im Bahnhof auf uns gewartet hatte. Es war klar: Ihr einziges Ziel war, uns schnell nach Hause zu bekommen, und entsprechend hatten sie kein Problem damit, den Zug für uns über Manchester umzuleiten. Kann ihnen ja auch keiner verübeln. Wer hätte schon Lust gehabt, unseren Haufen irgendwann am frühen Morgen in einer englischen Kleinstadt herumlaufen zu haben? Denn ein paar kluge Köpfe unter den Jungs hätten sicher die Gelegenheit genutzt, ihre Reisekasse mit ein paar illegalen Methoden wieder aufzufüllen.

Der Ausflug war wirklich gelungen, aber sowohl Spiel als auch Stimmung waren lausig, wie so oft bei Spielen der Nationalelf. Wer will diese ganzen politischen Gesänge schon hören und den Nazigruß sehen, den viele für die massenhaft vorhandenen Fernsehkameras entrichten? Dummficks, alle miteinander!

Sergeant Fox hatte nach den Festnahmen beim Forest-Spiel ein Foto von Tony erhalten. Während Beobachtungen vor dem Treffen von United und Millwall am 16. September 1989 sah er dann Tony das erste Mal persönlich. Zufällig war dies auch das Spiel, bei dem Tony erstmalig feststellte, dass die Polizei Uniteds Jungs nach Spielende filmte, und zwar aus dem sicheren Inneren ihrer blauen Kleinbusse. Zu Beginn jener Saison hatte Sergeant Fox ein System eingeführt, einzelne Zielpersonen zu observieren, indem man den taktischen Einsatzreserven, den Tactical Aid Groups, der Polizei an Spieltagen entsprechende Bulletins über einzelne zu überwachende Personen übergab. Die gefürchteten TAG waren die Sturmtruppen der Polizei von Manchester, Spezialisten für Aufruhr und Massenschlägereien, die jeden Hooligan-Mob auf dessen eigenem Fachgebiet schlagen konnten.

Hätte die Polizei irgendwelcher überzeugenden Gründe bedurft, Uniteds Anhang genauer unter die Lupe zu nehmen, so wurden diese am 23. September 1989 an der Maine Road geliefert. City war gerade in die damalige erste Liga, die Barclays First Division, aufgestiegen, und zum ersten Mal nach zweieinhalb Jahren sollten sich die beiden großen Vereine Manchesters wieder gegenüberstehen. Die Partie endete mit einem 5-1-Sieg für City, wurde aber durch Massenschlägereien im Stadion und außerhalb beeinträchtigt. 200 United hatten Citys Nordtribüne infiltriert.

TONY: Das "Grey Parrot" in Hulme war ein Laden, der von meinem Kumpel geleitet wurde. Eigentlich war er City-Fan, aber irgendwann besann er sich dann eines Besseren. Die Kneipe war ein großer Laden, mitten in einer Gegend gelegen, die man am ehesten als abgewrackt bezeichnen konnte, aber manchmal sammelten sich da ungelogen bis zu eintausend unserer Leute. Anstoßzeiten zur Mittagszeit störten uns überhaupt nicht, denn dann machten wir den Laden schon ab sieben Uhr morgens auf, und nicht selten hatte man gegen neun dann schon Probleme, reinzukommen. Der große Parkplatz davor wurde dann zur Freiluft-Dependance.

Dies war auch der Fall im September 1989, als wir uns entschieden, auf Citys Nordtribüne zu gehen. Der Anlass war ja auch nicht gerade klein; es war das große Treffen, das anstand: das erste Mal nach einigen Jahren, dass wir in der Liga wieder auf City trafen. Jedem wurde erklärt:

„Kauf keine Karte, es sei denn, sie ist für die Nordtribüne!" Ein wenig wurde uns auch von einem der besten Schwarzhändler vor Ort geholfen, einem Man-City-Fan. Somit war klar, dass ihr Mob im Bilde sein würde. Wir würden kommen, und wir würden den ganzen Tag und die ganze Nacht für Unruhe sorgen.

Das einzige Problem war die Polizei, die sich in und um Hulme herum auf unseren Marsch zur Maine Road vorbereitete. Mehr als eintausend Leute tranken im und vor dem Grey Parrot, und manche standen schon jetzt völlig neben sich, da sie seit sieben oder acht Uhr morgens Gas gegeben hatten. Diese Rezeptur aus besoffenen und absolut nüchternen Jungs ist ideal für Krawall. Nun war es egal, auf welche Weise die Polizei versuchen würde, uns im Zaum zu halten - sie musste bei dem Versuch scheitern.

Als wir uns dem Ground näherten, machten große Gruppen unseres Haufens Ausfälle in die Seitenstraßen, verfolgt von der Polizei. Kein Problem; das erklärte gemeinsame Ziel blieb die Nordtribüne. Einzige Schwierigkeit könnten Empfangskomitees von City sein, die möglicherweise hinter den Eingängen auf die ersten von uns warten. Nachdem uns einer von ihnen geholfen hatte, Zugang zu ihrer Tribüne zu erlangen, erwarteten wir fraglos einen zahlenmäßig beeindruckenden Empfang. Und das Gedrängel ward eröffnet, als United vor dem Stadion von überall aus den Seitenstraßen, den Hinterhöfen und Straßenecken hervorschoss und auf die Eingänge zulief, um dort gemeinsam durch die Drehkreuze und ins Stadion zu gelangen. Die Polizei war überrumpelt, wir waren drinnen.

Mit dem Spiel begann auch der Spaß. Erste Hiebe wurden ausgetauscht, und Flugobjekte kamen zu uns herübergeflogen. Erste unserer Jungs gehen zum Angriff auf City über, die sich großmäulig aufstellen, und der ganze Bereich explodiert förmlich. Aus allen Richtungen kommen City-Fans, aber sie bekommen wenig Kontakt mit uns; der harte Kern steht eng zusammen. Chaos herrscht um uns herum; Leute verklemmen sich in den Sitzen, in den ersten Reihen fallen sie. Für beide Seiten gibt es kein Entkommen: Hohe Zäune zwischen den Sektoren der Tribünen verhindern ein schnellen Davonstehlen. Auf beiden Seiten möchten sich die Ersten empfehlen, doch sie können nicht. Überall fliegen Fäuste. Die Polizei bemüht sich nach Kräften, dazwischenzugehen, doch es sind einfach zu viele Menschen in diesem Tribünenabschnitt.

Immer noch stehen wir im Zentrum und halten den Bereich, umgeben von einer Lücke, in die City nicht vorstoßen will. Wir sind uns über unsere Position bewusst; wir sind schutzlos - weniger vor den Blauen, sondern vor den Kameras, die uns filmen. Entsprechend stehen wir eng zusammen, greifen aber nicht selbst an. Dicht am Zaun jedoch tobt es weiter, und erst, als das Spiel unterbrochen wird und die Spieler für acht Minuten das Feld verlassen, kehrt zum ersten Mal relative Ruhe ein.

Durch ein Tor im Zaun zum Spielfeld tröpfeln nun beständig Gruppen von Zuschauern auf den Platz, und Citys Anhang nutzt die Situation, um billige Schläge auf jene hageln zu lassen, die sich eindeutig aus der Kampfzone zurückziehen. Viele Berichte habe ich gehört, in welch übler Form sich United- und City-Fans in den insgesamt fünfzehn Minuten dieser Schlägerei bearbeitet haben.

Etwa 200 unserer Jungs hatten die Stellung gehalten und nahmen schließlich an Ort und Stelle Platz. Nach wie vor bestand eine Lücke leerer Sitze zwischen ihnen und dem Rest der Zuschauer. Zwar hatte die Polizei einige weitere United entfernt, aber zur Halbzeit war immer noch eine geschmackvolle Bande zugegen.

Mit dem Halbzeitpfiff führte Wing, einer unserer Gentlemen, die Mehrzahl unserer Herren von der Tribüne. Die Polizei wartete bereits: Man öffnete die Tore und beförderte die unerbetenen Gäste mit einem kräftigen Fußtritt auf die Straße. Für jene, die zurückgeblieben waren, sah das nicht gut aus, aber die zweite Hälfte blieb ruhig. Wir wussten alle: Die Show würde erst wieder zum Ende des Spiels beginnen.

Fünf Minuten vor dem Abpfiff machte ich mich auf den Weg zum Ausgang, nur um dann einigen hundert United in die Quere zu kommen, die gerade dahin stürmten, von wo ich soeben gekommen war. Los ging es also wieder. Auf in den Kampf. Doch es war uns jetzt unmöglich, die inzwischen mit berittenen Kräften verstärkte Linie von Polizisten zu durchbrechen und zurück ins Stadion zu gelangen. Aber da erschienen an der Ecke zwischen der Nordtribüne und dem Kippax Citys Leute, überall in kleinen Gruppen hervorkommend. Auf die ging es nun los, in dem Versuch, sie zurück auf den Kippax zu scheuchen - welches eine erfreuliche Sache war, denn schließlich war es schon eine Zeitlang her, seitdem wir uns dort das letzte Mal zeigten. Der Kampf weitete sich aus, als mehr und mehr unserer Männer durch die Tore hereinströmten und City zurück in Richtung Niedergänge drängten. Das war zwar bei weitem keine Einbahnstraße, aber insgesamt behielten wir die Oberhand, und alle hatten mächtig Spaß.

Hauptaugenmerk galt inzwischen der berittenen Polizei, denn die lenkte ihre Pferde mitten in den Mob, um uns zu zerstreuen. Wenn es etwas gibt in solcher Situation, auf das man keine Lust hat, dann ist das ein großes, kräftiges Pferd, denn das bedeutet nicht selten gebrochene Knochen, also setzte sich letztlich alles in Richtung Ausgänge in Bewegung, um die Angriffe in den Seitenstraßen fortzusetzen. Die wurden jetzt zum Zentrum des Trubels, und wo immer man hinschaute, gingen Leute zu Boden. Wir landeten vor dem Social Club von City, wo sich bereits jede Menge United sammelten. Die Claremont Road sah nun 500 bis 600 unserer Jungs, die auf alles losgingen, was nach City aussah. Die ganze Straße wurde zum Schlachtfeld, und keiner konnte uns aufhalten. Nach einiger Zeit kamen wir auf den Princess Parkway. City war nirgends zu sehen. Wir hatten sie vertrieben.

Also ging es zurück in unseren Pub nach Hulme. Es war kaum zu erwarten, dass City sich dort zeigen würde. Das taten sie nie. Was erstaunt, wenn man bedenkt, dass die Gegend eigentlich „ihr" Gebiet ist.

In der Öffentlichkeit wurden die Geschehnisse als die schlimmsten Auseinandersetzungen in Manchester seit Jahren bezeichnet. „Sie kämpften wie tollwütige Hunde auf dem Kippax, auf der Haupttribüne und hinter der Nordtribüne", wurde Chief Superintendent Ray Sherratt zitiert. „Als wir erkannten, dass sich im Bereich vor uns, in den sich United-Fans eingeschmuggelt hatten, erste Auseinandersetzungen abzeichneten, meldeten sich meine Einheiten bereits aus anderen Bereichen des Stadions und forderten Unterstützung an." 39 Fans wurden aus dem Stadion entfernt, 26 weitere wurden festgenommen.

Sicher konnte City ins Feld führen, dass ihr Mob durch die Verhaftungen im Rahmen der Operation Omega geschwächt worden war. Für United mochte dieses Spiel der Beginn einer gleichartigen Schwächung gewesen sein. Denn die Operation Mars stand unmittelbar bevor. Indem sie die bei Operation Omega gemachten Erfahrungen umsetzte, würde die verdeckte Ermittlungseinheit jetzt bei den Jungs von United tätig werden. Schnell würde man einen Anführer bei den United-Fans identifiziert haben, einen Mann, den die Polizei wie keinen zweiten unter ihre Fittiche zu bekommen trachtete: Tony O'Neill, dem sie den Kodenamen „Zielperson Kilo" gab.

2

Operation Mars

Die offiziellen Observationsprotokolle der Operation Mars beginnen mit dem 9. Dezember 1989, dem Tag eines Heimspiels gegen Crystal Palace. Vier Beamte - auf die sich nur als Derek M., John O., Paul G. und Paul D. bezogen wird - besuchten verschiedene Gaststätten in Manchester, darunter auch die Merchants Wine Bar und das Kings in der Oldham Street sowie das Dog and Partridge nahe des Stadions Old Trafford. Man hielt schriftlich fest, was man jeweils beobachtete, auch während des Spiels. Und das war wenig, abgesehen von „einigen obszönen und drohenden Sprechchören... in Richtung des Anhangs der Gastmannschaft" und dem Entrollen eines Banners im K-Block, unter der Anzeigetafel, auf dem sich jemand über Trainer Alex Ferguson beklagte. Daraufhin wurde eine Person durch die Polizei nach draußen geführt. Sprechchöre gegen die Vereinsoffiziellen waren jedoch weiterhin während des ganzen Spiels zu hören. Nach dem Spiel gingen die Beamten im Bereich des Bahnhofs Picadilly Streife, aber auch von dort gab es wenig zu berichten.

Die Operation Mars war angelaufen. Während der nächsten zwölf Monate würden diese und weitere Polizisten dicht Uniteds hartem Kern folgen, versuchen, sich mit Einzelnen anzufreunden, Gespräche mitzuhören und Zeuge von Schlägereien zu werden. Das Palace-Spiel war ein denkbar ereignisloser Start, aber das folgende Spiel, zu Hause gegen Tottenham Hotspur am 16. Dezember, schien vielversprechender. Zur Halbzeit sahen die Beobachter der Polizei einen Zwischenfall am Pasteten-Kiosk unterhalb des Blocks B, wo sechs oder sieben Spurs-Fans anstanden. Ein relativ kleiner, stämmiger Mann in einem dunkelbraunen Ledermantel kippte den Inhalt seines Plastik-Bierbechers über ihnen aus. „Dies schien ein Signal für eine Reihe von Leuten in unmittelbarer Umgebung der Spurs-Fans zu sein, und von allen Seiten begannen Zuschauer männlichen Geschlechts, die Spurs-Fans zu schlagen", gab einer der Zivilbeamten zu Bericht.

Jemand aus der United-Crew soll dann einen Spurs-Fan eine Treppe hinaufgejagt haben, dabei schreiend: „Los doch, du feiges Schwein, komm wieder runter und stell dich! Runter! Zeig doch mal, wie hart du bist!" Als in der Folge ein uniformierter Sergeant intervenierte, schrie ein weiterer United-Fan, ein Mann Mitte dreißig, gekleidet in eine gewachste Jacke der Marke „Carlton": „Wir wollen den Glatzkopf da! Das ist ihr wichtigster Mann!" Einer der Zivilbeamten schrieb später, dass auch ein Mann zugegen war, „von dem wir annehmen, es handelt sich um Antony O`Niel." „Die anderen Spurs-Fans hatten während des Angriffs keine Gegenwehr gezeigt - die Attacke wurde dafür zu schnell und zu koordiniert vorgetragen", gab ein anderer Polizist zu den Akten. „Alle Spurs-Anhänger wirkten verstört", schrieb ein dritter.

Im Laufe der folgenden Wochen reisten die Polizisten nach Liverpool, zu Aston Villa und nach Wimbledon. Immer notierten sie, welche bereits vorher in Erscheinung getretenen Personen ihnen dort über den Weg liefen, und auch, welche Gesprächsfetzen sie aufgeschnappt hatten - wie die Aussage eines jungen Skinheads, den sie im Stadion Anfield sagen hörten: „Wir müssen zusehen, dass wir früh aus dem Stadion kommen. Ich will die Hauerei nicht verpassen." Wenngleich dann auch wenig passierte. Es scheint klar, dass die Kenntnisse der Polizei hinsichtlich Uniteds wichtigster Gesichter zu dieser Zeit äußerst begrenzt waren. Nicht zuletzt deshalb versuchte man wohl auch, bei Heimspielen stets die gleichen Kneipen aufzusuchen - das Grey Parrot in Hulme, das Tollgate, das Mother Macs und das Wagon and Horses -, darauf hoffend, mit dem inneren Zirkel in näheren Kontakt zu kommen.

Eine dritte Runde im Pokal gegen Nottingham Forest am 7. Januar 1990 war vermutlich sowohl für den Verein Manchester United als auch für die Operation Mars der Wendepunkt. Das Spiel wurde später als jenes bekannt, das Alex Fergusons Karriere rettete: Nach einem desaströsen Start in die neue Saison wäre der United-Trainer wohl seines Amtes enthoben worden, wäre man auch aus dem Pokal geflogen (obwohl Vorstand Martin Edwards dies später energisch bestritt). Doch dann kam Stürmer Mark Robins als Auswechslung von der Bank, schoss das einzige Tor der Paarung und brachte United so eine Runde weiter. United gewann am Ende den Pokal, und Fergusons Arbeitsplatz war gesichert.

Zu diesem Spiel hatte das Mars-Team auch erstmals Namen an die zu beobachtenden, identifizierten Personen vergeben: Alpha, Bravo, die Brüder Chaz und Delta, Echo, November. Und, natürlich, Kilo.

Die Zivilbeamten waren schon früh am Picadilly, gegen 8.15 Uhr, um ihre Klientel zu beobachten. Ein Teil der Einheit stieg dann zusammen mit United in den Zug ein, um dann zu notieren, dass „eine neue Gruppe" United-Fans von acht Personen in Sheffield schon wieder ausstieg. Die Verbliebenen teilten sich am Zielort Nottingham in zwei Gruppen auf: Ein Mob, ungefähr fünfzig Mann stark, ging sofort in den Pub „Queens", wo man sich mit United-Fans mit offenbar südlichem Akzent traf. „Dies erschien wie ein bereits verabredeter Treffpunkt", hatte ein Beamter notiert.

Zwei der Jungs wurden belauscht. „Ein schwacher Haufen für ein Pokalspiel", sagte der eine. „Fünfzehn unserer Leute sind schon seit gestern hier, dreißig kommen heute. Wenn es losgeht, wird die Hälfte hier nicht mit reinhauen." Nicht wenige aus der Gruppe im Queens verließen den Pub mehrmals und kehrten später zurück; es war klar, dass man auf etwas wartete.

> Police Constable John O., Greater Manchester Police, Observationsprotokoll,
> Notts Forest v Man U, 7.1.90
> Atmosphäre in der Gaststätte (GS) geladen. (Ein) Mann in einem Schaffellmantel kehrte in GS zurück, ergriff leere Pils-Flasche, hielt diese am Hals. Zu dieser Zeit etwa 100-120 United-Supporter in GS.
> Meine Aufmerksamkeit richtete sich auf drei Männer in der Nähe des Tresens. Auf einen von ihnen, weiß, Ende 20, schwarzes Haar, Schnurrbart, wurde sich als „Scarrett" bezogen [gemeint ist der bekannte Forest-Hooligan Paul Scarrott]. Einige der United-Anhänger verließen GS. Auch Bravo und Chaz gingen hinaus. Schnell jedoch kehrten sie zurück und forderten andere auf, sich zu sammeln. Dann zeigten sich plötzlich zwei Männer, farbig, Mitte zwanzig, einer mit ka-

rierter Jacke, in der GS. Sie blieben am Eingang stehen. Mann in karierter Jacke begann, United-Fans zu verspotten. Er sagte: „Boah, was für ein mächtiger Haufen".
Hierauf wendeten sich die United-Fans um, um auf die beiden farbigen Männer loszugehen. Als Erster näherte sich Zielperson Chaz. Der Farbige in der karierten Jacke sagte dann zu Chaz: „Du hattest eine große Fresse, da auf der anderen Straßenseite. Was wirst du denn jetzt tun?"
Zielperson erwiderte: „Verfick dich, du schwarzer Bastard." Dann forderte er andere Mitglieder der Gruppe auf: „Los, die hauen wir um!"
Die farbige Person erwiderte daraufhin: „Du bist doch erst fünfzehn, verzieh dich nach hinten."
Ein Mann, United, gekleidet in [einen] 3/4-langem Schaffellmantel drängelte sich nach vorne. Er hielt in seiner Hand ein 0,3-Liter-Bierglas (leer).
Auch Chaz ergriff jetzt ein leeres Halbliter-Glas. Chaz schrie einen jungen Mann an (schulterlanges, struppiges Haar, Fliegerjacke): „Sitz da nicht nur so herum. Hau ihn kaputt!"
In diesem Moment warf der Mann in dem Schaffellmantel sein Glas in Richtung der zwei Farbigen. Dabei wurde der nicht die karierte Jacke Tragende im Schläfenbereich getroffen. Dies schien das Signal für eine Anzahl weiterer Flaschen- und Gläserwürfe auf die beiden Farbigen. Diese verließen schnell die GS. Der gläserne Bereich der Eingangstür wurde durch einen Flaschenwurf zerstört.
Nur wenig später betraten ein uniformierter Polizist im Rang eines Inspektors sowie weitere Beamte den Tatort und forderten die Anwesenden auf, das Gebäude zu verlassen. Die United-Anhänger kamen dieser Aufforderung nach und bogen sofort in die Straße ab, die dort unmittelbar nach rechts abzweigt. Ein kleines Stück weiter befanden sich die zwei Farbigen sowie zwei Männer, weiß.
An der Spitze der nun diese Straße entlanggehenden Gruppe befanden sich Zielpersonen Bravo, Chaz und Delta. An einer Straßenecke wendeten sich Mitglieder der Gruppe um und brachten so die Gruppe als Ganzes zum Stehen. Nun befan-

> den sich die schon benannten zwei Farbigen sowie ein Weißer hinter uns. Sie forderten die United-Supporter auf, die Straße zurückzukommen. Einer der Gruppe äußerte daraufhin: „Nicht, das ist eine Falle! Wenn wir da runtergehen, kommen wir in einen Hinterhalt. Sie werden Hunderte da auf der Lauer liegen haben."
> Zu diesem Zeitpunkt erschienen uniformierte Beamte, die die United-Anhänger umrundeten und sie Richtung Stadion leiteten.
> Sprach auf diesem Weg mit einem Mann, weiß, etwa 1,85 Meter, südlicher Akzent, schlank, braunes Haar. Er sagte: „Das passiert viel zu häufig. Wir sollten zusammenbleiben, statt uns andauernd zu trennen."

Die Polizei leitete sie zum Ground, ließ die Gruppe aber dort allein. Einige schlenderten daraufhin zurück ins Stadtzentrum und kehrten erst später zurück, um sich dann mit den anderen wieder an der Tribüne von Forest zu treffen. Jemand gab die Parole aus: „Wir treffen uns hier, nach dem Spiel, wir holen uns dann Forest auf der Brücke, wenn sie rauskommen." United gewann die Partie 1-0, und die Polizei forderte alle Fans, die die Züge erreichen wollten, auf, sich nach links zu wenden. „Chaz und seine Gruppe sowie Hunderte weitere hielten sich rechts, in Richtung der Brücke über den Trent", gaben die Beamten in Zivil zu Protokoll. Und irgendwo in den Seitenstraßen ging ihnen dann die Gang verloren.

Ein weiterer Zivilpolizist, Paul D., der zu diesem Spiel mit dem Auto angereist war, kam mit einigen United-Fans in der Bar des Granby Hotels in Nottingham ins Gespräch. Sie berichteten, Tony O`Neill hätte Busse vom Grey Parrot aus organisiert. Als der Beamte nachhakte, ob auch O`Neill selbst vor Ort sei, erwiderte einer: „Nein, nein, O`Neill hält sich im Moment zurück. Die Polizei ist hinter ihm her. Sie halten ihn für den wichtigen Mann bei United, also hält er erstmal Abstand."

Ebenfalls konnte die Polizei aufschnappen, dass sich aus den Cockney Reds mittlerweile zwei Gruppen entwickelt hatten. „Eine jüngere, gewalttätigere Fraktion hat sich gebildet. Die ist nur an Gewalt interessiert und beschränkt die Schlägereien auch nicht nur auf gegnerische Fans." Dieser Beamte traf auch wieder auf jene Leute, die die anderen Polizisten nach dem Spiel aus den Augen verloren hatten, und wurde Zeuge einer Konfrontation zwischen etwa einhundert Forest- und sechzig United-Fans:

> Am Bahnhof. Gruppen von Männern auf dem Vorplatz und an der Carrington Street. Große Gruppe Notts Forest läuft von Busbahnhof kommend entlang Carrington Street. Angriff auf United-Fans in Carrington Street. Notts Forest mit starkem Anteil an Farbigen. Gruppen United-Fans laufen jetzt aus Richtung Bahnhof in Richtung Forest. Mann an der Spitze United ist Stephen Ashton (Zielperson Alpha). Ebenso in Gruppe ist Martin Gallagher (Zielperson Chaz). Fans treffen aufeinander [und] Kampf bricht aus. Flüchtende laufen in Richtung Eingang gegenüber Bahnhof, um sich vom Tatort zu entfernen. Komme näher heran. Uniformierte Polizei hält mich zurück. Weitere Schlägereien unterbunden. United-Fans werden zurückgetrieben in Bahnhof.

Beim Heimspiel in der Folgewoche sprach einer der Undercover-Polizisten kurz mit Zielperson Echo, der in der Kneipe den beiden Forest-Fans eine Flasche entgegengeschleudert hatte. Der Beamte, bemüht, Echos Vertrauen zu gewinnen, verfiel in Rassistenjargon, als er sagte: „Die hatten ganz schön große Fresse, die beiden Nignogs in Nottingham letzte Woche, was?" Echo erwiderte: „Ja, die waren mutig, wirklich, aber was sie eigentlich wollten, war, uns in das Wohngebiet dort zu locken." Auf den Zwischenfall mit dem Glas angesprochen, sagte er: „Ich hatte gefragt, ob sie Waffen dabei hätten, und da steckten sie vielsagend ihre Hände in die Taschen! Musste also sein!"

Der nächste Ausbruch von Gewalt geschah beim kleinen Verein Hereford United, im Pokal, am 28. Januar. Ein Mob von etwa einhundert Hereford-Fans vor der Kneipe „Old Harp" beschimpfte United-Fans, die sich zu dem Zeitpunkt im nahegelegenen Parkhaus aufhielten. Daraufhin regneten Münzen und Bierdosen aus dem Parkhaus herunter, und die United-Fans gingen zum Angriff über, was einige Hereford-Fans zum Anlass nahmen, sich aus dem Staube zu machen. Als die Prügelei unmittelbar bevorstand, kamen weitere dreißig bis vierzig Hereford-Fans aus Richtung des „Wellington" hinzu. „Dies ließ die United-Fans zögern", notierte ein Beamter. „Einer aus der Gruppe sagte: `Vorsicht, das sind Bullen!` und zeigte auf zwei Männer, die an der Kreuzung standen, und von denen einer eine Sherlock-Holmes-Mütze trug. Daraufhin setzte sich die Gruppe Richtung Busparkplatz in Bewegung."

Der 2. Februar brachte ein wesentlich größeres Treffen mit sich: Manchester City am Old Trafford. Angesichts der gewalttätigen Historie dieser Paarung in jüngerer Zeit entsandte die Leitung von Operation Omega fünf Zivilbeamte. Einige beobachteten die Ankunft der Cockney Reds mit dem Zug im Bahnhof Picadilly, ein weiterer Polizist begab sich ins „Merchants" an der Oldham Street, und der Rest beobachtete eine Gruppe United-Fans, die sich am „Imperial" trafen, bevor sie sich dann mit ihnen weiter ins „Wetherby`s" bewegten.

Am Stadion bemerkte einer der Beamten eine kleine Gruppe nahe einem der Eingänge. Zu dieser Gruppe gehörte auch Tony O`Neill. „[Zielperson] Kilo hält linke Handfläche nach unten, macht Schlagbewegungen mit der rechten", hält ein Polizist fest. Ein weiterer: „Die Atmosphäre war sehr aufgeladen, Rufe, Gesänge, viele Gesten zwischen den beiden Gruppen." Als City in der zweiten Hälfte ein Tor machte, kam es zu einer Vielzahl kleinerer Schlägereien.

Nach dem Spiel beobachten die Zivilbeamten, wie Tony mit einer Gruppe von geschätzten einhundertachtzig United die Chester Road hinaufgeht und dabei den Verkehr zum Erliegen bringt. Dann setzte er sich mit drei oder vier Kumpels im Gefolge ab und setzte seinen Weg entlang der Chester Road fort, während die große Mehrzahl der Gruppe jetzt die Stretford Road nahm. Einer der Polizisten sah schließlich, dass O`Neill auf dem Weg ins Grey Parrot nach Hulme war.

Wachtmeister Paul D. machte sich ebenfalls auf den Weg dorthin. „Pub außerordentlich voll", schrieb er. „Im großen Gastraum befinden sich Alpha, Kilo und Hotel. Stehen zwischen Eingangstür und Tresen. Setzen sich jetzt in Bewegung. Ruf aus Richtung Eingang: `Zeit, Leute, bewegt eure Hintern. Los, es geht los!` Gastraum leert sich schnell, alle gehen durch die Tür nach draußen. Alpha ruft: `Bewegt euch, oder wir verpassen die blaue Scheiße!` Pub jetzt fast leer. Draußen organisieren Kilo, Hotel und Alpha die Gruppe. Gruppe setzt sich in Bewegung, durch die Siedlung, in Richtung Crescents." Die Crescents waren eine Gruppe Hochhäuser mit halbkreisförmigem Grundriss, die in ganz Manchester berüchtigt waren.

Greater Manchester Police, Observationsprotokoll,
Man U v Man City, 3.2.90
Die Gruppe war ungefähr 300-400 Mann stark. Im Laufe der Bewegung erfolgte Auffächerung. In mittlerem Bereich sind Zielpersonen Bravo, Chaz und Delta. Zielperson Echo im hinteren Bereich. Ganz vorne Zielpersonen Kilo und Hotel.
Zwischen Crescents und Otterbank Close war die Gruppe bereits weit auseinandergezogen. Ich erkannte Zielperson Kilo, der seine Arme hob und `Halt, Anhalten!` rief. Einige begannen, Sprechchöre anzustimmen, [aber] Kilo rief: `Schnauze, Ruhe! Ihr vermasselt es sonst.` Hotel schritt die Gruppe seitlich ab und forderte die Nachzügler zu mehr Eile auf. Andere riefen Entsprechendes. Als die Gruppe wieder zusammengefunden hatte, leiteten Kilo und Hotel sie weiter.
Viele Personen der Gruppe führten Flaschen, Knüppel sowie leere Halblitergläser bei sich. Die Konversation drehte sich zumeist um den bevorstehenden Angriff auf die City-Fans, mögliche Beobachtung durch die Polizei, und was im Falle einer Zersplitterung der eigenen Gruppe zu tun wäre. Irgendjemand fragte, wohin der Marsch gehen würde, und ich hörte als Antwort: `Zum Falcon!` Jetzt ging die Gruppe über eine Fußgängerbrücke und bog auf den Epping Walk ab, immer noch geführt von Kilo und Hotel.
Am Ende des Epping Walk wendeten sich Kilo und Hotel zur Gruppe um, erhoben die Hände und veranlassten so einen Halt. Wieder wurden Nachzügler zur Eile aufgerufen. Dann hörte ich, wie Kilo den Umstehenden erklärte: `So, wir gehen drauf, wir hauen sie jetzt richtig um!` Dann marschierte die Gruppe weiter, am Ardri Club entlang, immer noch von den beiden geführt.
An der Cambridge Street zwang man einen Bus zum Anhalten, bis die Gruppe geschlossen die Straße gequert hatte. Dann wendete man sich entlang der Zahnklinik Richtung Oxford Road. Wieder hielten Kilo und Hotel die Menge an und warteten, bis Geschlossenheit wiederhergestellt war. Dann hörte ich Kilo rufen: `Wir gehen jetzt hier entlang und dann rechts. Bleibt zusammen. Bleibt leise. Wir sind jetzt gleich da.`

> Dann hörte ich einen Mann rufen: `Tony, Tony, komm, dringend!` Sah einen Mann, weiß, schlank gebaut, helles Haar, in den Zwanzigern, Sweatshirt, links von mir stehend. Deutete auf Paul und mich. Sagte dann: `Wartet, Jungs, wir haben zwei Süße mit dabei!` Ich wusste zu diesem Zeitpunkt nicht, dass ein `Süßer` sich auf einen Polizeibeamten bezieht. Um uns herum wichen Leute zurück. Dann hörte ich Kilo rufen: `Das sind Bullen! Haut sie um!`
> Ich versuchte, nach hinten zu flüchten, aber jemand packte mich an der Kapuze meiner Jacke. Dann wurde auf mich eingeschlagen und eingetreten. Ich fiel gegen ein Geländer, wobei man mich immer noch schlug und trat. Die meisten Angriffe galten meinem Kopf und Gesicht. Dann hörte ich jemanden rufen: `Genug. Lasst ihn liegen!`
> Es gelang mir, mich taumelnd von der Gruppe zu entfernen. Während ich dies tat, konnte ich Paul sehen, der sich gerade vom Boden erhob und sich dann in die gleiche Richtung wie ich absetzte. Wir gingen beide zurück zum Grey Parrot, um unser dort geparktes Fahrzeug abzuholen.
> Ins Büro, dann in die Klinik zur Behandlung. Benötigte drei Stiche in Unterlippe."

Die Prügeleien setzten sich den ganzen Abend hindurch fort, da streunende Mobs von United als auch City durch die Innenstadt zogen, immer auf der Suche nach einander. Einige Kneipen, darunter das Crown and Kettle als auch das Land o` Cakes, gingen zu Bruch, und die Hauereien endeten fast mit einem Todesfall, als ein Sechzig-Mann-Mob von City den Nachtclub Wetherby`s angriff und dabei einen 25-jährigen United-Fan bewusstlos schlug. Gerald O`Connor wurde mit einem Schädelbruch auf dem Bürgersteig liegen gelassen und benötigte über sechs Monate, um mühsam wieder Sprechen und Gehen zu lernen.

Das nächste Spiel, Millwall auswärts, schien für die Undercover-Polizisten wieder eine besondere Herausforderung zu werden. Zusammen mit einigen ihrer Zielpersonen bestiegen sie den 9.00-Uhr-Zug nach London-Euston und statteten dann einigen Pubs einen Besuch ab. Als man niemand Interessantes antraf, ging man bis zum Kings Cross und nahm von dort die U-Bahn bis Whitechapel. Zufällig wurden sie während der Bahnfahrt Zeuge einer Unterhaltung einiger West-Ham-Fans, die sich über ein Video unterhielten, das zuvor im Fernsehen gezeigt worden war und eine Prügelei zwischen United und City auf der Chester Road zum Gegenstand hatte. Nebenbei erfuhr man auch, dass ein Mitglied der ICF dabei war, eine Tour zur Weltmeisterschaft nach Italien in jenem Sommer zu organisieren.

Am Stadion erkannte einer der Beamten eine Gruppe von etwa einhundert United-Fans in der Nähe des Gästeeingangs. Wieder waren einige der Zielpersonen darunter. Zur Halbzeit querten einige United einen Niedergang, der zur Trennung freigehalten worden war, und nahmen inmitten der Millwall-Zuschauer Platz. Die Polizei holte sie zurück. Nach Abpfiff wurde United kurze Zeit im Gästebereich festgehalten und dann bis zum Bahnhof New Cross Gate eskortiert. Tony O`Neill war ebenfalls in dem von dort fahrenden Zug. Angeblich äußerte er: „Ich hatte einen Scheiß-Tag." Aber die Zivilpolizisten konnten nicht mehr in Erfahrung bringen als ein paar unvollständige Aussagen eines Gastwirts, wonach United planen würde, die Cyprus Tavern, einen Nachtclub in Manchester, der als Anlaufstelle von City gilt, auseinanderzunehmen, als Revanche für das vorangegangene Derby.

Am 18. Februar um 9.15 Uhr fuhren zwei Busse vom Grey Parrot in Richtung Newcastle los. Einigen Undercover-Beamten war es gelungen, sich einzubuchen. So wurden sie auch Zeuge, dass O`Neill den Bussen in einem silbernen Kombi voranfuhr. In Newcastle angekommen, traf sich United in einem gut frequentierten Pub.

> Greater Manchester Police, Observationsprotokoll,
> Newcastle Utd v Man Utd, 18.2.90
> Zum Black Bull. GS extrem voll. Gäste Mischung aus Newcastle- und United-Fans. In einem Bereich rechts der Eingangstür ungefähr zwanzig United inklusive November und Juli. Unbekannte Person, männlich, sagte: „Gary, ein guter Mob hier."
> November erwiderte: „Ja, aber wo sind Frothy und die anderen Arschlöcher?"
> Nach etwa zehn Minuten verlässt November die GS, schimpft darüber, es sei zu voll. Wechselt in den großen Gastraum hinüber. Dort auch Zielperson India gesehen, schwarzer Blazer,

etwa ein halbes Dutzend Männer daneben. Vermutlich Cockneys.

November auf der anderen Straßenseite mit einer Gruppe von zwanzig United-Fans, darunter auch Mann, weiß, Mitte zwanzig, ein Meter siebzig, langes, braunes Haar, untersetzt gebaut. Zielperson Oscar.

Mann, weiß, bereits als Türsteher im Grey Parrot bekannt. Zielperson Papa und Mann, weiß, Mitte zwanzig, durchschnittlich gebaut, ein Meter fünfundsechzig, braunes Haar, Mittelscheitel, dauergewellt mit blonden Strähnen. Zielperson Quebec. Nur wenig später bemerke ich, dass viele Leute aus den Fenstern spähen. Jemand ruft: „Es geht los!" Viele stürmen zur Tür. Newcastle-Fans verlassen die GS.

Zwänge mich nach draußen. Gegenüber GS an der Ecke zur Wellington Road liegt Mann, weiß, offenbar bewusstlos. Um ihn herum stehen Oscar, November, Papa und Quebec mit weiteren United-Fans.

Ein Newcastle-Fan ruft hinüber: „Einer weniger!"

Obwohl uniformierte Polizei anwesend, fordern sich Newcastle-Fans und United immer wieder gegenseitig heraus. Wechsle die Straßenseite und stelle mich zu Novembers Gruppe. Oscar zu November: „Gary, wenn du dran denkst, wie viele sie waren, haben wir uns gut gehalten. Es waren einfach mehr."

Papa kommt rüber zu November. Zeigt auf einen Newcastle-Fan und sagt: „Gary, das da ist das Schwein, das ihn flachgehauen hat." November antwortet: „Ich scheiße drauf, was er getan hat. Wir werden jetzt keinen durch Verhaftung verlieren. Das machen wir später klar."

Ich beginne ein Gespräch mit unbekanntem Gruppenmitglied. Auf die Frage, was los gewesen sei, antwortet dieses: „Es ging zur Sache, und Ernie hat gut etwas abbekommen. Guck ihn dir an; er ist voll weggetreten."

Inzwischen haben sich um die fünfzig United an der Straßenecke versammelt. Immer wieder schlendern kleinere Gruppen Newcastle an ihnen vorbei oder gar durch sie hindurch.

Ein junger Newcastle-Fan tritt heran und sagt: „Los, seht zu, dass ihr euren Mob zusammentreibt und euch bewegt. Kommt schon!" - offensichtlich eine Einladung zu einer Schlägerei. Darauf bewegen sich die United-Fans in Masse über die Straße in Richtung eines kleinen Parks, wo sich Newcastle versammelt hat. Unbekannte Mitglieder der Gruppe machen Bemerkungen wie „Kommt jetzt, Reds, die hauen wir jetzt richtig um!" Die Situation ist gänzlich unberechenbar.
Uniformierte Polizeieinheiten laufen zwischen die Gruppen. United-Fans werden zurückgedrängt und in Richtung Stadion abgeleitet. Während des zögernden Abmarsches weitere herausfordernde Rufe der Newcastle-Fans auf der Anhöhe links von uns. Während wir uns dem Stadion nähern, wartet ein einzelner Newcastle-Fan auf dem Bürgersteig auf die herannahende Gruppe und beginnt, als diese vorbeigeht, Mitglieder zu beschimpfen. United unmittelbar vor mir treten ihn mehrfach im Vorbeigehen. Er macht keine Anstalten, zurückzuschlagen.
Auf Anhöhe links folgen Newcastle unserer Gruppe. Weitere Newcastle auch rechts von uns in der abzweigenden Straße. Trotz Polizeieskorte vereinzelte Versuche, die Newcastle zur Linken anzugreifen, doch die Polizei drängt angreifende United ab. Ein Newcastle-Fan ruft von Anhöhe herunter: „Kommt schon! Was ist los mit euch? Seit ihr scheiße?"
Polizei drängt United zum Weitergehen, in diesem Moment fliegt eine Flasche nur knapp an uns vorbei und trifft den Vorausgehenden. Die Polizei nimmt einen Newcastle-Fan in Gewahrsam. Zwischenzeitlich macht United einen Ausfall nach rechts und beginnt Schlägerei mit dort stehenden Newcastle. Schläge und Tritte, Polizei trennt. Mit in dieser Gruppe dabei waren Oscar und Quebec.
In unmittelbarer Nähe des Stadions: United sammelt sich. Mehr Gewalt scheint unvermeidlich. Uniformierte erscheinen, treiben United weiter ans Stadion heran.
Auf dem Parkplatz sah ich India und March zusammen. Betraten Stadion und für United vorgesehenen Sitzplatzbereich. In den Sitzreihen unter uns waren Zielpersonen November,

Quebec, Hotel und Oscar.
In der ersten Hälfte erhitzte Stimmung. Streit auf den Sitzplätzen. Uniformierte Polizei spricht mit Quebec.
Zur Halbzeit sah ich unter der Tribüne Bravo, India, July, Kilo, November, Oscar, Quebec. Sprach mit zwei unbekannten Männern über Schlägereien vor dem Spiel.
Auch zweite Hälfte des Spiels lautstark und aufgeladen. Diverse Newcastle-Fans liefen auf den Platz; entsprechende Festnahmen.
Spielende. Stadion verlassen. Keine Zwischenfälle.

Greater Manchester Police, Observationsprotokoll,
Chelsea v Man Utd, 24.2.90
Wir gehen in den Trafalgar Pub [an der Kings Road, West-London]. Die GS ist voll von United-Fans, die meisten von ihnen Cockneys. Insgesamt schätze ich 150 anwesende Fans. Sah Zielperson Kilo im Gespräch mit zwei Londonern, männlich. Von ihren Handbewegungen und -gesten zu schließen, beschrieben sie gerade einen Weg. Einer der beiden Männer, geschätzte 40 Jahre alt, südländische Erscheinung, vgl. Observationsprotokoll Hereford. Zweiter Mann zwischen 30 und 35 Jahren alt, dunkle Erscheinung, etwa 1,85 m groß, kräftig gebaut, schwarzes Haar, grau werdend. Gut gekleidet, im Casual-Stil. Ebenfalls in dieser GS waren Zielpersonen India, July, Romeo, Tango, Summerfield, ein Mann mit einem tätowierten M.U.F.C.-Schriftzug im Nacken sowie eine Gruppe aus Yorkshire.
Kilo wechselte innerhalb der GS seinen Standort und sprach dann mit einem Mann, weiß, vielleicht knapp zwanzig, schulterlanges Haar, Brille. Summerfield, Bravo und Delta gesellten sich hinzu. Inzwischen kam ein junger Mann, Anfang zwanzig, blondes, gelocktes Haar, in die GS und begann mit der Gruppe neben uns ein Gespräch. John O. fragte, was los sei. Der junge Mann, der inzwischen als Zielperson Uniform geführt ist, antwortete: „Sie wissen, dass wir hier sind. Ich war beim `Man in the Moon`. Zweihundert ihrer Leute sind dort."
Dann ging er von Gruppe zu Gruppe, um die Nachricht zu

verbreiten. Während dieser ganzen Zeit stand eine Gruppe von ungefähr zwanzig oder dreißig Leuten vor der Tür, auf dem Bürgersteig, und schaute aufmerksam hin und her. Es war eindeutig, dass sie einen Angriff erwarteten. Wir setzten uns in Bewegung, in Richtung des hinteren Teils der Gaststätte.

Uniform trat an zwei seiner Bekannten aus Yorkshire heran:

- Einer weiß, männlich, 25 Jahre, dunkles Haar, Schnurrbart, Hemd der Marke „XTG": Zielperson Vole,
- der andere weiß, männlich, 18 Jahre, blondes Haar: Zielperson Whiskey.

Als ich die Toiletten aufsuchte, befanden sich bereits zwei unbekannte Männer dort. Der eine sagte gerade zum anderen: „Ich musste nochmal schiffen, bevor es losgeht!"

Als ich an die Bar zurückkehrte, trat gerade die vorher draußen stehende Gruppe in den Gastraum ein. Jemand rief: „Auf jetzt! Alle los!" Daraufhin verließen alle das Lokal. Viele griffen während des Rausgehens nach Flaschen und Gläsern und steckten diese ein.

Mit etwa 150 Personen wendete sich die Gruppe nun nach rechts auf die Kings Road. Einige Polizeikleinbusse näherten sich, verlangsamten das Tempo, und die Beamten im Inneren beobachteten unsere Gruppe. Als sofortige Reaktion spalteten sich etwa 20 Gruppenmitglieder vom Hauptteil ab und wechselten die Straßenseite.

Wir befanden uns am Ende der Gruppe. Unmittelbar vor uns waren die Zielpersonen Kilo, Bravo und Chaz. Als die Beaufort Street erreicht wurde, wechselten auch Kilo und 10 weitere Männer die Straßenseite. Dann beschleunigten sie ihre Schritte und eilten uns voraus. Kurze Zeit später wechselte der gesamte Rest die Seite und verfiel in langsames Laufen, der ersten Gruppe hinterher, die von Kilo, Bravo, Chaz, Delta, March, Uniform, Vole und Whisky geführt wurde.

Nachdem wir eine weitere kurze Strecke hinter uns gebracht hatten, ertönte von vorne lautes Rufen, und die gesamte Gang wechselte erneut die Straßenseite, auf den Pub „Man in the Moon" zulaufend. Die Ersten der Gruppe warfen mit

> Flaschen und mobilen Halteverbotsschildern, die vor der GS aufgestellt waren. Ein Fenster des Pubs sprang. Nach einem Augenblick des Zögerns auf der Straße ging man erneut auf den Pub los. Ein junger Mann nahm einen Verkehrskegel und versuchte damit, die bereits gesprungene Scheibe gänzlich zum Zerbrechen zu bringen. Ich konnte einige Leute im Inneren des Pubs erkennen. Zudem war die Straße voller Passanten. Als mehr uniformierte Polizei am Tatort erschien, wurden die Angriffe sofort eingestellt.
> Die Gruppe setzte nun unter lauten „Manchester"-Rufen ihren Weg entlang der Kings Road fort. Immer wieder forderten einzelne Gruppenmitglieder ihre Nebenleute auf, zusammenzubleiben und Kontakt zu halten. Rufe nach vorn veranlassten die Führenden, das Tempo zu drosseln.
> Nach einigen Minuten verlangsamte die Nachhut ihr Tempo und hielt schließlich an, um sich einigen Chelsea-Fans zu stellen, die unserer Gruppe gefolgt schienen. Ein Mann mit Londoner Dialekt rief: „Los, die kriegen es jetzt nochmal!" Der führende Teil unserer Gruppe jedoch setzte seinen Weg zwischenzeitlich fort, so dass man dann schnellen Schrittes folgte. Zielperson Tango wurde wenig später von der Polizei angehalten und befragt.
> Vor dem Stadion standen Kilo, Bravo, India und Chaz in einer großen Menge vor dem Eingang des Gästebereichs. Viele der dort befindlichen Personen hatten keine Eintrittskarte. Insgesamt herrschte Aufregung, man befand sich im Alarmzustand.
> Ein Cockney Red gab die Parole aus: „Es sind nur ein paar von ihnen da. Wenn wir jetzt irgendeine von den Seitenstraßen reingehen, folgen sie uns garantiert. Und dann haben wir sie." Dann begann er, auf Leute in der umstehenden Menge zu zeigen, die er als Chelsea-Fans kannte.
> Ich betrat das Stadion. Etwa 70 United-Fans blieben draußen.

Ein anderer Beamter hatte den Angriff auf den Pub ebenfalls in seinem Protokoll erwähnt: „Als die Hauptgruppe die Beaufort Street erreichte, wechselte Kilo mit etwa zehn anderen die Straßenseite, beschleunigte dann und setzte sich vom Hauptteil ab. In dieser kleinen Spitzengruppe befanden sich Bravo, Chaz, Delta, India, July, March, Uniform und Vole sowie einige Cockney Reds.

Dann wurde es laut, und die gesamte Gruppe lief auf den Man in the Moon zu. Ich sah, dass Verkehrshütchen gegen die Scheiben flogen, und hörte das Klirren von Glas. March war mittendrin, nahe der Eingangstür der Kneipe. Dann wurde mir der Blick verstellt.

Die Gruppe setzte ihren Weg entlang der Straße fort. Chaz bemühte sich, ein Schaufenster einzutreten, das zwar erschüttert wurde, jedoch seinen Bemühungen standhielt. Die Kings Road war sehr voll von nachmittäglichen Einkaufsbummlern. Eine Menge Leute zeigten sich erschreckt und verstört von der randalierenden Gruppe. Nach einiger Zeit erschienen zusätzlich Kräfte, die versuchten, die Männer in Schach zu halten."

Die Beamten der Operation Mars gewannen den Eindruck, dass sie langsam Fortschritte machten. Vor einem Heimspiel gegen Luton Town hörten sie angeblich mit, wie sich Tony O`Neill im Dog and Partridge über den Zustand eines während der Kämpfe gegen Manchester City schwer verletzten United-Fans informierte. „Wie geht`s dem Typen auf der Intensivstation?", fragte O`Neill. Und dann erging er sich über die Geschehnisse in London anlässlich des Chelsea-Spiels: „Wir haben sie kaputtgemacht in Euston, Chelsea und Tottenham. In der U-Bahn gab es auch Ärger. Bullen überall, aber wir sind trotzdem draufgegangen. Dann waren wir im Trafalgar, bis es Zeit wurde zu gehen. Sind dann bis zu ihrem Pub. Polizei auch hier, aber wir haben trotzdem Alarm gemacht. Und dann haben sie uns bis zum Stadion geführt."

Eine große Zahl Reds ohne Eintrittskarten machte am 10. März 1990 den kurzen Abstecher zu Sheffield United. Zu jener Zeit war die Blades Business Crew eine der aktiveren Gruppen im Lande, und entsprechend wurden Gewalttaten erwartet. Unmittelbar vor dem Anstoß wurde offensichtlich, dass United die für Heimfans reservierte Tribüne des Kop infiltriert hatte. Siebzig Gästeanhänger standen in einer der unteren Ecken und machten sich lautstark bemerkbar. Kaum war das Spiel angepfiffen, da ging es rund um das United-Kontingent zur Sache, und einige kletterten über den Zaun auf den Platz. Dort nahm sie die Polizei in Empfang und eskortierte sie hinüber, um sie auf einen leeren Stehplatzbereich unterhalb der Westtribüne zu führen. Als man den Haufen die Außenlinie entlangführte, spendete der Rest des United-Anhangs herzlichen Beifall. Nur fünf Minuten später wurde eine weitere Gruppe United-Fans von den heimischen Stehplätzen geholt.

United gewann das Spiel 1-0, und Uniteds Fans verhöhnten den langsam das Stadion verlassenden Heimanhang. Immer wieder flogen Fausthiebe durch den trennenden Zaun, bis dann auch hier die Polizei einschritt und die Massen trennte. Eine Gang von ungefähr 100 bis 150 United, darunter viele der im Rahmen der Operation Mars beobachteten, setzte sich dann in Richtung Bahnhof in Bewegung. 50 davon streunten über den nahegelegenen Omnibusbahnhof, immer auf der Suche nach möglichen Gegnern. Berittene Polizei vertrieb sie aber aus diesem Bereich. Im Bahnhof selbst zeigte sich später eine Gruppe von Sheffield United, die aber durch eine Hundestaffel eines Besseren belehrt wurde.

Am 18. März spielte Liverpool am Old Trafford. Schon während des Spiels wurden einzelne Liverpool-Fans im Block B bedroht, und nach dem Abpfiff sammelten sich etwa 200 United an der Ecke von Warwick Road und Chester Road, im Bereich vor den Schnellimbissen. Die Liverpool-Anhänger wurden per Eskorte die Warwick Road entlanggeführt, und als sie in die Nähe der Kreuzung kamen, begann ein Angriff der „United!" schreienden Heimfans auf den Geleitzug der Gäste. Zwar gelang es der Polizei, den Angriff abzuwehren, aber der Heimmob sammelte sich schnell wieder: mitten auf der Straße, entlang des Mittelstreifens.

Ein kleiner Haufen Liverpool-Fans – etwa zehn – verabschiedete sich aus der Eskorte und nahm die Chester Road Richtung Stretford hinauf. „Dies erweckte sofort das Interesse der United-Fans, die sich auf ihre Fährte hefteten und dabei in großer Zahl über den Mittelstreifen setzten", berichtet einer der Polizeibeobachter. Man verfolgte die Scouser bis zu einem blauen Kleinbus, den sie vor dem „Charlie Brown Auspuff- und Bremsencenter" geparkt hatten. „Jetzt kam es zu einem kurzen Moment des Abwartens, bis dann United zum Angriff überging", schrieb Polizeibeobachter John O. „Zielperson Uniform stand mir am nächsten. Er schrie: `Los, rauf auf die Bastarde!` Er lief daraufhin los, leicht humpelnd, weil er beim Klettern über die Leitplanke des Mittelstreifens zuvor gestürzt war (wobei ihm die zuvor im Imbiss besorgte Portion Pommes Frites mit gebackenen Bohnen aus der Hand gefallen war)."

Zwanzig oder dreißig United waren an dem Angriff beteiligt. „Einer der Liverpooler, ein Fan in einem weißen T-Shirt, wurde geschlagen und getreten", notierte Undercover-Beamter Derek M. „Er stand mit dem Rücken zur Wand der Werkstatt und versuchte, sich zu verteidigen, war aber von der Übermacht überwältigt. Beinahe sofort waren Polizeikräfte zugegen..."

Anlässlich der nächsten Spiele hatten die Polizisten jedoch wenig zu berichten - außer einem leicht komischen Zwischenfall, als United sonntags an der Maine Road im Pokal gegen Oldham spielte. Die Undercover-Kräfte entdeckten Tony O`Neill und beschrieben ihn als „entweder volltrunken oder voller Drogen, in jedem Fall aber gut drauf." Einer der Beamten, Simon C., erinnerte sich sogar, O`Neill habe ihn umarmt und gefragt: „Hi, Alter, na, alles klar?"

„Was sagste zum Liverpool-Ergebnis?", fragte Simon in dem Versuch, Konversation zu betreiben.

„Verfickte Scouser-Schweine, wir töten alle Liverpool-Schweine, die uns in den Weg kommen", war die Antwort.

Das war so ziemlich der Gipfel der Gewalttaten in den kommenden zwei Monaten, einschließlich des Pokalfinales gegen Crystal Palace am 12. Mai 1990. Zielperson Kilo wurde im April bei Tottenham von der Londoner Metropolitan Police aus dem Stadion geführt, aber die Undercover-Einheit konnte nicht nachvollziehen, warum. Die Saison endete mit Uniteds Sieg im FA-Pokal, aber in der Liga schaffte der Verein nur einen höchst unbefriedigenden 13. Platz.

3

Hochgenommen

Die Saison 1990-91 begann, wie es üblich ist, mit dem Charity Shield im Wembley. Manchester United spielte gegen den Meister Liverpool, eine Ansetzung, die in früheren Zeiten mit einem dicken, schwarzen Kreuz auf der Liste möglicher Krawallspiele gekennzeichnet worden wäre. Aber seit Heysel 1985 und der erschreckenden Katastrophe von Hillsborough 1989 waren die Aussichten, dass Liverpool-Fans für Hauereien antreten würden, extrem gesunken. Nichtsdestotrotz waren die Beamten der Operation Mars unterwegs, um die Massen United-Fans im Auge zu behalten, die in den irischen Pubs rund um Kilburn tranken. Tony O`Neill, so wurde festgestellt, war „in äußerst guter Stimmung... und trat überall an Gruppen von United-Fans heran, um mit ihnen ein Wort zu wechseln." Wie aber nicht anders zu erwarten, verlief die Paarung ohne nennenswerte Zwischenfälle.

Genauso unspektakulär gingen die ersten Heimspiele der neuen Saison ins Land. Die Undercover-Beamten schienen die meiste Zeit damit zu verbringen, zwischen den Kneipen hin- und herzuspazieren, während allgemeine Ereignislosigkeit zu verzeichnen war, um dann hinter den Fans in Richtung Stadion zu trotten, wenn man ein bekanntes Gesicht erblickt hatte. Es war völlig klar: Sie kamen kaum voran, die inneren Zirkel des United-Mobs zu infiltrieren. Obwohl die Beamten mittlerweile in der Lage waren, maßgebliche Leute zumindest zu erkennen, und sogar dann und wann nahe genug an sie herankamen, um Gesprächsfetzen aufzuschnappen oder gar mal ein „Hallo!" anzubringen, waren sie noch weit davon entfernt, ins Vertrauen gezogen zu werden, wenn es darauf ankam.

Eine Tour nach Leeds jedoch, zum ersten Auswärtsspiel, versprach endlich den Durchbruch, dessen sie so sehr bedurften. Leeds, dessen Anhang die United-Fans leidenschaftlich hasste, war gerade erst wieder ins Oberhaus aufgestiegen, und das Spiel an der Elland Road würde ihnen die Möglichkeit geben, ihren Hass auf United wiederaufleben zu lassen. Die Ansetzung, am 28. August, war ein Abendspiel, und United versammelte aus diesem Anlass einen hervorragenden Mob seiner besten Hauer auf einer Raststätte an der Autobahn M62, bevor man dann geschlossen nach Leeds hereinfuhr, um in die Schlacht zu ziehen. Aber irgendwie sollten die Undercover-Polizisten zwei der größten Prügeleien der letzten Jahre versäumen.

> GMP Observationsprotokoll,
> Leeds vs Man Utd, 28.8.90
> Verlasse den Bahnhof [Victoria] und bewege mich zum Rasthof Hartshead Moor an der M62, östliche Fahrtrichtung. Auf dem Parkplatz haben sich etwa 150 bis 200 Fans von Manchester United eingefunden. Ich beobachte Zielpersonen Bravo, Lima, Kilo, November, Oscar, Quebec. Nur Minuten nach meiner Ankunft beginnt die Gruppe, ihre Fahrzeuge zu besteigen, und setzt sich in Bewegung. Etwa 20-25 Autos im Konvoi.
> Ich reise selbst nach Leeds. Auf der A58 Halifax nach Leeds sehe ich erneut eine Gruppe von 150-200 Männern, die sich Richtung Stadion LUFC bewegt. An der Spitze Ziele Kilo und Oscar. Gang wird in die Gelderd Road geführt. Unter der Autobahn wendet sie sich rechts weiter Richtung Stadion.
> Sehe die Gang dann wieder, während sie an den Gästeeingängen vorbeigeht und sich hinter der Südtribüne entlangbewegt. Hier setzt sich Kilo von der Gruppe ab. Wechselt die Straßenseite und bewegt sich zwischen den Fahrzeugen, die auf dem dortigen Parkplatz abgestellt sind. Sieht sich ausgedehnt um, tritt dann wieder an seine Gruppe heran.
> Die Gang setzt sich erneut in Bewegung und kommt nun am Pub „Old Peacock“ vorbei. Eine große Anzahl Leeds-Fans ist hier versammelt. Manchester-United-Supporter fordern jetzt

Leeds-Fans auf, an sie heranzutreten.
Gruppe setzt Weg fort. Geht dann durch die Tore, die in den Bereich hinter der Westtribüne führen. Dieser Teil des Stadions ist voller Leeds-Fans.
Nach ein paar Minuten zieht sich die United-Gang wieder aus diesem Bereich zurück. Wieder führen Kilo und Oscar, dicht gefolgt von November und Bravo. Nun wird die Gruppe zu den Gästeeingängen geleitet.
Leeds-Fans zeigten sich erzürnt über diesen Vorgang. Wie man hören konnte, war man der Meinung, United hätte es nicht gelingen dürfen, auf ihrer Seite aufzutauchen. Wäre ihnen selbst dieses früher im Old Trafford geglückt, dann wäre man hochzufrieden gewesen.
Manchester sammelte sich auf der anderen Straßenseite, gegenüber des Gästeeingangs. Ich betrete die Südtribüne, sehe Zielperson Kilo im Bereich der Getränkestände. Er schaute aus den Fenstern, von denen man einen Blick aus dem Stadion hinaus auf die Hauptstraße hat.
Verlasse das Stadion kurz vor dem Abpfiff. Draußen, auf der rückwärtigen Seite des Parkplatzes, hat sich eine Bande von Leeds versammelt, bestehend aus ungefähr 60 - 80 Personen. Uniformierte Polizei zerstreut sie. Konnte ein Gespräch zweier Leeds-Fans mithören. Einer sagte: „Hat keinen Zweck, in die Stadt zu gehen. Sie sind nicht mit dem Zug hier.“ Schließlich zur Gelderd Road, vorbei am Wheatsheaf Pub. Auch hier haben sich Leeds-Fans gesammelt. Kurze Zeit später mit United umgedreht und erneut zum Wheatsheaf. Mittlerweile jedoch dortige Gruppe verschwunden, viele Einsatzfahrzeuge vor Ort.
Fahre die A58 Halifax Road. Komme an einer Ansammlung auf dem Parkstreifen vorbei; offenbar Konflikt zwischen Anwohnern und einer Gruppe junger Männer. Nichts Näheres zu erkennen, niemand identifiziert.
Fahre Raststätte Hartshead ab. Zielperson Oscar und weitere 20 Personen verlassen soeben mit ihren Fahrzeugen den Rastplatz.

TONY: Okay, wenn wir zu diesem Abendspiel nach Leeds fahren, dann müssen wir definitiv unsere Taktik ändern. Ich habe eindeutig die Nase voll davon, dass diese Schaf-Ficker ständig vorher ankündigen, uns unsere Köpfe eintreten zu wollen, dann aber regelmäßig nur auf Einzelne und unsere Durchschnittsfans losgehen. Es liegt also an uns, sie zu stellen. Ein vorheriger Treffpunkt ist zwingend erforderlich, ebenso ein geeigneter Punkt, um in Leeds auszusteigen. Also macht sich einer der Jungs ein paar Wochen vorher auf den Weg. Er fährt in Manchester los und prüft diverse mögliche Routen zu jenem Treffpunkt, wo wir Leeds hinzitieren werden. Unser Ziel ist das Wheatsheaf, eine Kneipe, die ein ganzes Stück abseits des Stadions liegt und zudem gut zu erreichen ist. Das eigentliche Problem ist, dort unentdeckt hinzukommen. Und natürlich die Tatsache, dass wir uns in Lebensgefahr begeben. Denn diese Begegnung, wenn sie in die Hose geht, könnte durchaus unser Ende bedeuten. Leeds und Manchester hassen sich auf den Tod, und wenn es losgeht, wird garantiert niemand Gnade erwarten können.

Um die Sache also gut hinzubekommen, müssen wir die Polizei austricksen. Die Bullen in Yorkshire sind dabei nicht die Herausforderung – die muss man nämlich nicht großartig überlisten, aber das können unsere Leser auch gern selbst entscheiden, nein, unsere Aufmerksamkeit gilt den Herren in Manchester. Wie also vermeidet man, Aufmerksamkeit zu erregen, bevor man nach Yorkshire reingefahren ist? Wir diskutieren die Möglichkeiten, mögliche Anreiseformen und Fahrstrecken, und entscheiden dann, mit Autos zu kommen und uns auf dem Rastplatz Hartshead Moor an der M62 zu treffen. An der nächsten Abfahrt geht es dann raus - das ist die A58 –, dann rechts abzubiegen und auf dieser Straße ganz durchzufahren bis zum Ende. Und wo ist das Ende? Das zu entscheiden ist meine Aufgabe, denn ich fahre im ersten Auto mit und weise den Weg.

Auf dem Rasthof Hartshead Moor versammeln sich über 180 unserer Leute für diesen Schachzug. Das ist es, was das Ganze ausmacht! Nach Leeds reinzufahren, nicht wissend, wie viele von ihnen dort auf uns warten, ob und in welcher Form sie bewaffnet sein würden: Mein Körper war von einem nervösen Frösteln erfasst. Meine Beine zitterten, mein Magen rebellierte und mir war leicht übel. Kaum ein Wort wurde gewechselt auf dem Rastplatz; beinahe alle fühlten sich so wie ich - nur Wing nicht. Wing ist es seit 25 Jahren nicht gelungen, ein einziges Mal seine Klappe zu halten. Wing könnte auch eine Hauskatze ins Koma labern, würde sie lange genug stehen bleiben. Fußballgewalt ist sein Lebensinhalt, und darüber zu sprechen noch viel mehr. Schon nach nur einer Minute ist er ein Albtraum.

180 Leute waren also gekommen und nun auf dem Weg zu dem ultimativen Treffen, etwas, das wir seit Jahren erprobt haben; kein Verstecken hinter Polizeilinien, keine Entschuldigungen und Ausreden.

Da United insgesamt für dieses Spiel nur 800 Eintrittskarten zugewiesen bekommen hatte, waren wir schon gut dran, überhaupt Tickets gekriegt zu haben.

Die Route, die wir einschlugen, war ereignislos, abgesehen von einer roten Ampel dann und wann, die unsere Fahrzeuge komplett ignorierten und schlicht weiterfuhren: Anhalten war keine Option. Würden wir getrennt werden, hätte das zu einem Desaster führen können.

Ungefähr anderthalb Kilometer vor dem Wheatsheaf hielten wir an, in der Nähe eines Gewerbegebietes. Ich stieg als erster aus. Und dann haute es mich um. Die Aufregung und die Spannung, die mich schon den ganzen Tag ergriffen hatte, kam mit ganzer Macht über mich. Ich brach auf dem Grünstreifen am Straßenrand zusammen, unfähig, aus eigener Kraft wieder aufzustehen. Egal, in wie viele Hauereien man schon verwickelt war: Die Anspannung kann merkwürdige Dinge mit dir machen, und ich verlor eben für einige Sekunden die Kontrolle über meine Beine. Eigentlich war es eher halbwegs komisch als wirklich beunruhigend, und mein Fahrer Mario und ich mussten plötzlich loslachen. Und dann war es auch schon vorbei, während sich bei mir wieder Konzentration einstellte. Da waren sie nun alle, parkten ihre Autos sorgsam ein, stiegen aus, dehnten sich und sprangen herum, begierig darauf, den Weg nun fortzusetzen. Noch eine halbe Stunde bis zum Anpfiff, Dunkelheit, keine Polizei, nur ein guter Mob auf dem Weg zum Pub, um richtig draufzuhauen.

Leeds hatte vorher diverse Male eindeutige Signale erhalten, dass wir kommen würden. Keine Sorge, wir kommen durch, egal wie. Wartet auf uns. Und diese Spannung muss auch ihnen zugesetzt haben, denn als wir um die Ecke bogen, sahen wir sie vor uns, etwa 500 Meter voraus, bereits auf dem Weg zum Stadion. Warum sie nicht gewartet haben, weiß ich nicht. Vielleicht dachten sie, sie seien einer Finte erlegen, und dass wir bereits am Ground wären. Aber das wäre untypisch gewesen:

Wir waren immer für freches Frontalvorgehen – das ist der Grund, warum uns alle anderen so hassen. Ohne United gäbe es in der Liga keinen Spaß.

Einige Augenblicke warteten wir am Straßenrand, um die Truppe wieder zu sammeln und um zu sehen, was vor sich ging. Es war offensichtlich, dass man uns nicht bemerkt hatte. Also weiter. Immer schneller wurden unsere Schritte, und dann liefen wir fast, um zu ihnen aufzuschließen. Nicht mehr lange, da bemerkten uns ihre Nachzügler, aber ihnen blieb nicht viel Zeit, zu reagieren: Jetzt waren wir unmittelbar hinter ihnen. Leeds versuchte, sich schnell zu organisieren, aber in der Dunkelheit, kalt überrascht, hatten sie kaum eine Chance, uns aufzuhalten. Ihre Nachhut bekam bereits Haue. Wer immer mutig genug war von ihnen und stehen blieb, kassierte Ohrfeigen oder wurde niedergetrampelt. Die Mehrzahl von Leeds entschied sich dann auch für das einzig Richtige – weiterzulaufen bis unter eine Brücke, wo einige Polizeibeamte versuchten, sich dazwischenzustellen. Weitere knappe zweihundert Meter ging es zur Sache, bis wir dann am Stadion angelangt waren, wo uns nur die Möglichkeit blieb, nach rechts abzubiegen. Mittlerweile hatte die Polizei ihre Knüppel gezogen und ließ sie eifrig kreisen. Und damit war die Sache beendet. Keiner von uns hatte da Zweifel oder machte sich gar die Mühe einer Diskussion. Es gab keinen Grund, die Streiter für Recht und Ordnung noch über Gebühr zu verärgern: Wir hatten erledigt, wofür wir gekommen waren. Keiner war verhaftet worden. Warum sie also ärgern?

Leeds war immer noch in Bewegung und gelangte nun in die Unterführung am Stadion; man beschritt also genau den Weg, den wir auch nehmen mussten. Es war klar, dass es ab der Unterführung noch einmal recht feindselig zugehen würde, aber jetzt hatten sie kaum noch eine Chance. Die Polizei bemühte sich, unsere Route zu sichern, aber als wir aus der Unterführung heraustraten, spielte sich dasselbe alte Lied ab wie immer bei Leeds: Ziegel und Steine flogen uns entgegen, und ein paar unserer Leute wurden getroffen. Damit muss man schlicht rechnen an der Elland Road. Wieder wurde die Stimmung heftig: Gedrängel und Geschiebe, Lärm, und hier und da ein dummer Yorkshire-Mann, der sich in unseren Geleitzug einzuschleichen versucht und sofort umgekegelt wird. Ins Stadions reinzukommen war somit auch kein Problem mehr: Die Polizei hatte den gesamten Gästeeingang umstellt und leitete uns sofort hindurch. Die Erleichterung war bei allen spürbar. Alle waren am Witzeln und Herumblödeln, man fragte uns, wer dabei war und was passiert sei. Karnevalsstimmung. Die, die unsere Aktion verpasst hatten, wollten jetzt genaue Informationen. Großartig. Der Plan hatte funktioniert.

Ich erinnere mich nicht an das Spiel oder das Ergebnis. Es war egal. Was jetzt zählte, war, heil nach Hause zu kommen; vor allem: geschlossen, zusammen und unversehrt. Es war klar, dass man uns für mindestens zwanzig Minuten im Stadion halten würde, und das wiederum bedeutete, dass Leeds überall entlang der Route auf uns warten würde, um die Möglichkeit einer Revanche zu bekommen - was ja nur natürlich ist.

Das Spiel endete, und vor den Eingängen der Gästeseite warteten Tausende, völlig am Durchdrehen. Eine absolut normale Sache bei Leeds, denn dort ist man eindeutig in den Siebzigern stehen geblieben. Entsprechend mussten wir auch länger als die vermuteten zwanzig Minuten warten, doch dann, irgendwann, war der Bereich rund um die Ausgänge freigemacht. Wir hatten uns unter der Tribüne, vor den Ausgängen, versammelt und gingen jetzt geschlossen los, links herum, in Richtung der Unterführung. Auf der anderen Seite standen die Busse; also schlossen wir uns den Busreisenden an, die mit ihnen zurück nach Manchester fahren würden. Die Polizei war jetzt massiv vertreten und beobachtete jeden unserer Schritte argwöhnisch. Daher erwarteten wir, sie würden uns begleiten, um die unvermeidlichen Angriffe entlang des Weges, die jetzt kommen mussten, abzuwehren. Aber - und wir fassten es kaum - als wir an den Bussen vorbeischlenderten, hielten sie an, um die Busmeute ungefährdet in ihre Fahrzeuge einsteigen zu lassen. Unserem Mob, der darauf brannte, noch ein paar Yorkies zu erwischen, schaute man nur mittelmäßig interessiert hinterher. Deutlicher kann man wohl kaum machen, wie dumm die Polizei von Yorkshire ist. Das alte Problem der Jungs in Blau: Anweisungen befolgen, bitte nicht selbst denken.

Ich will keine Lügen erzählen: Obwohl wir ein guter Haufen waren, machten sich nicht wenige unserer Leute Sorgen. Die Dinge konnten jetzt auch richtig schiefgehen. Warnungen wurden jetzt einander zugerufen, und die Gespräche in der Gruppe bekamen einen nervösen, unkonzentrierten Unterton. Man rückte noch enger zusammen. Das Ende der Straße kam näher. Nun galt es, links abzubiegen, auf jene Straße, an der Leeds vor dem Spiel eine Packung kassiert hatte.

In der Ferne wurde der Wheatsheaf Pub sichtbar. Die Straße schien frei, aber wir waren auch noch nicht unter der Brücke hindurch und somit kaum zu erkennen. An jeder Einmündung der vielen, kleinen Seitenstraßen zu unserer Rechten rechneten wir fest mit einem Angriff. Aber nichts geschah.

Erst als wir die Brücke hinter uns hatten, kamen sie aus dem Wheatsheaf und den umliegenden Hauseingängen hervorgequollen. In breiter Front kamen sie die Straße herunter, uns entgegen. Ein furchteinflößender Anblick, aber zugleich auch aufregend, spannend.

Schnell fächerten wir auch über die Breite der Fahrbahn aus, eng aufschließend und unsere Marschgeschwindigkeit haltend. Keiner hatte mehr die Chance, jetzt noch abzutauchen. Leeds hatte sich ebenfalls über die ganze Breite der Straße verteilt, kam aber weniger geschlossen als wir. Die ersten fünfzehn oder zwanzig ihrer Leute waren dem Hauptmob voraus. Die letzten Meter rannten wir ihnen entgegen. Sie fielen. Ich brach durch ihre Linie, einige andere folgten mir, und dann auch der Rest. Schläge und Tritte, aber wir schritten weiter voran, austeilend, so gut es nur ging. Leeds begann sich aufzulösen. Einen unserer Jungs jedoch hatten sie gepackt, und sie donnerten seinen Kopf immer wieder gegen das Metallgeländer am Straßenrand. Aber kein Mitleid, wir wussten, was uns erwarten würde, also kein Grund unsererseits, jetzt zu jammern.

Überall flogen die Stiefel, besonders in den ersten Reihen. Auch wir waren jetzt in Auflösung begriffen, dafür aber überall; auf der ganzen Straße, vor dem Pub, auf den Parkplätzen davor. Die Jagd war erst vorbei, als die Polizei eintraf. Die Tatsache, dass wir in Unterzahl waren, hatte sich zu unserem Vorteil ausgewirkt: Wir waren konzentrierter, zusammenhängender. Leeds war mit zu vielen Leuten angetreten und zeigte sich nicht gerade organisiert. Und in unseren Augen hatten sie jeden Respekt verloren. Nicht, weil sie gelaufen sind - das ist allen von uns schon passiert -, sondern vielmehr wegen der Sache, die hinterher passierte: Als wir alle in unsere Autos verschwanden und uns Richtung Rasthof Hartshead Moor absetzten, um dort eine „Abschlussbesprechung durchzuführen" (nicht meine Worte, sondern die von Wing - man muss einfach drüber lachen...), versuchten einige von Leeds` so genannten „Top-Leuten", eine einzelne Fahrzeugbesatzung zu stellen und noch zu erwischen. Auch das gelang ihnen allerdings nicht, denn sie wurden mit Hilfe der glücklicherweise im Auto herumliegenden Drehmomentschlüssel, Wagenheber und Schraubendreher zügig vertrieben. Als die Polizei dann auftauchte, hatten diese Spitzenleute nichts Besseres zu tun, als die Fahrzeugbesatzung zu verpfeifen - inklusive Zeugenaussagen auf der Wache.

Das Treffen auf der Raststätte etwa dreißig Minuten später war kaum zu beschreiben. Jeder, der schon einmal an solcher Aktion teilgenommen hat, wird ahnen können, was los war; Schulterklopfen, Gelächter und Freude überall. Selbst jene, denen das Blut aus dem Gesicht lief, waren begeistert, vielleicht sogar am meisten von allen. Wir hatten Leeds weggehauen, richtig gut weggehauen.

Die Polizeikräfte jenes Abends hatten uns vorher auf dem Rasthof gesehen und im Rahmen ihrer verdeckten Ermittlungen bereits Fotos gemacht. Aufhalten konnten sie die Aktivitäten dann jedoch nicht. Oder war ihre Zurückhaltung Absicht? Die Undercover-Arbeit der Bullen war eine merkwürdige Sache: Sie wussten, dass wir wussten, wer sie waren. Und konnten wir sie auch nicht sehen, war uns immer klar, dass sie in der Nähe waren.

Dieses Mal hatte es funktioniert, doch als wir das nächste Mal nach Leeds fuhren, ging die Sache gründlich in die Hose. Wir nutzen dieselbe Route, wieder über Hartshead Moor, und etwa in gleicher Mannstärke. Jedoch kamen wir diesmal zu früh in Leeds an, und als wir am Wheatsheaf Pub vorbeischlenderten, war dort alles ruhig. So dachten wir jedenfalls. Denn in diesem Augenblick kam Leeds aus einer der Seitenstraßen hinter uns gestürmt. Sie flogen ohne Zögern in unsere Reihen hinein, und die paar Beamten, die vor dem Pub herumstanden, waren natürlich nicht in der Lage, den Angriff aufzuhalten. Entsprechend flüchteten wir die Straße hinunter, und erst nach einiger Zeit gelang es uns, uns zu sammeln und zumindest nicht weiter zurückzuweichen.

Leeds machte eine gute Figur an jenem Tag. Und die Wahrheit ist, so muss man leider sagen, dass sie einige gute Tage gegen uns hatten, genauso wie wir einige gelungene Auftritte gegen sie hatten. Aber dieses Mal waren sie zahlenmäßig stark und zudem mit jeder Menge Steine und anderen Wurfgeschossen ausgerüstet, so dass wir einige Kopfverletzungen zu verzeichnen hatten. Daher war es auch gar nicht einfach, gegen diese Art Attacke eine vernünftige Gegenwehr auf die Beine zu stellen.

Regelmäßig bekamen wir zu jener Zeit nur etwa zwischen 800 und 1.200 Eintrittskarten zugewiesen. Die Durchschnittsfans schenkten sich meist die Fahrt nach Leeds gänzlich. Die Stadt war für einen gewöhnlichen United-Schalträger einfach zu heftig geworden. Wir fuhren, egal, was kam, jahrein, jahraus, und machten die Sache schließlich für United klar.

Heutzutage fahren unsere Durchschnittsfans nach Leeds, aber wir bekommen keine Karten mehr.

Während der kommenden neun Spiele setzten die Undercover-Beamten ihre Arbeit fort, konnten jedoch kaum einmal von irgendwelchen gewalttätigen Zwischenfällen berichten. Tatsächlich war der Besuch von Wrexham, einem Verein aus den unteren Klassen, wochentags, am 23. Oktober, das erste Spiel nach langer Zeit, das wieder so etwas wie Aufregung verhieß. Fünfzig Gästefans hauten sich am Eingang des Toll Gate Pub, weil die Türsteher sie nicht reinlassen wollten. Die Partie gegen Manchester City am 27. Oktober sollte - so war man sich allgemein sicher - eine ganz andere Angelegenheit werden - und zudem, völlig unerwartet, zur Verhaftung ihrer damaligen Nummer eins führen.

TONY: Teil einer Fußball-"Firma" zu sein, und dann auch noch eins ihrer bekanntesten Gesichter - das hat schon seine Nachteile. Einer der maßgeblichsten ist ohne Frage die ständige Polizeipräsenz, eine Woche nach der anderen; im Grunde, seitdem man 1988 bei der Polizei anfing, die Arbeit der „Football Intelligence" ernsthaft zu betreiben. Ihre Aufgabe ist es, Beweise für unsere Aktivitäten beim Fußball zu sammeln, um eine Verurteilung und möglichst eine Haftstrafe zu erwirken. Das bedeutet, dass dich die meisten Cops kennen, du sie aber manchmal nicht. Und es führt dazu, dass sie dich hassen und denken, es sei ihre Pflicht, dich für jeden Scheiß zu verhaften, sei er auch noch so geringfügig. Etwas, das mir diverse Male passiert ist.

Wir hatten gerade gegen Manchester City gespielt, und am Abend hatten wir uns mit mehreren Hundert United-Fans in einer Kneipe namens „The Ship“ niedergelassen; die liegt zwischen Salford und dem Stadtzentrum. Allen war klar, dass heute nichts laufen würde angesichts der massiv vor den Fenstern aufgefahrenen Polizei; also hatten wir uns damit abgefunden, blödelten herum, unterhielten uns und ließen uns das Bier schmecken. Nach einigen Stunden waren wir erwartungsgemäß in bester Laune. Zwar stehen in einer Ecke, in einem Nebenraum des Ladens, ein paar Stammgäste herum, aber wir lassen sie in Ruhe, und ihnen geht es gut.

Aber wie in jeder Situation, in der große Menschenmengen zusammenkommen, so geschieht auch hier etwas: Drei Typen geraten miteinander in Streit. Nichts Ernstes, zumal ich mit einigen Freunden dazwischengehe und die Lage sich schnell beruhigt. Von uns unbemerkt jedoch hat sich eine Frau aus der Gruppe der Stammgäste aus dem Laden geschlichen und bei der Polizei gepetzt, die selbst seit Stunden völlig gelangweilt in ihren Fahrzeugen hockt. Jetzt aber kommen sie in einer langen Reihe in den Pub marschiert. Alles wird still. Sie schauen hierhin und dorthin, aber wir sind zufrieden mit dem Laden und halten unsere Füße still. Womit die Polizei keinen Vorwand hat, uns vor die Tür zu setzen. Ein echtes Dilemma für die Herren in Blau - bis sie in den hinteren Teil kommen, um die Ecke, denn da stehe ich. Bingo.

Plötzlich hat mich diese Schwuchtel von einem Cop im Schwitzkasten und zieht mich, Kopf voran, Richtung Tür. Alle anderen blauen Jungs folgen im Schlepptau. Kaum haben sie mich draußen, liege ich auch schon quer über der Motorhaube eines ihrer Fahrzeuge. Verstärkungen treffen ein, und allgemein haben sie sich entschlossen, völlig durchzudrehen. Ich lasse über mich ergehen, was die Polizei so gern „gerechtfertigter Einsatz körperlicher Gewalt“ nennt und wohinter sich schlicht ein paar Hiebe in den Magen verbergen, einige Tritte in die Beine, ein auf die Motorhaube geknallter Schädel und bis zum Anschlag nach hinten verbogene Arme. Immer wieder erstaunt es mich, wie die Polizei einen noch weiterhin anschreit, jede Gegenwehr zu unterlassen, wenn sie schon deine Arme fast aus den Gelenkpfannen gekugelt hat. Dabei wehrt man sich gar nicht. Der einzige Grund, warum es ihnen nicht gelingt, Handschellen anzulegen, ist die Tatsache, dass deine Arme so hoch hinter deinen Nacken gedreht sind, dass sie dort kaum noch herankommen. Und man selbst ist bemüht, nicht vor Schmerzen aufzuschreien oder - was auch schon vorkam - zu weinen.

Man stößt mich in einen Kleinbus, fährt mich weg, und ich sitze bis Montag ein, um dann erst einmal auf Kaution rauszukommen. Die Frau zu Hause bekommt wieder den Standardsatz zu hören („Ich habe nichts gemacht, ehrlich!") und ich als Folge davon wieder einmal eine Woche kein Essen gekocht und keine Wäsche gewaschen.

Aber mir war auch klar, dass irgendwo die Jungs von der Football Intelligence mit ihren Kameras gesessen haben. Und das könnte sich noch als Vorteil herausstellen.

Weitere Spieltage gingen ins Land, und das Team von Operation Mars konnte wenig Berichtenswertes notieren. Aber die Führungsetage der Polizei und die Staatsanwaltschaft schienen der Meinung, dass man genug Beweismittel gesammelt habe, um eine Massenanklage zu formulieren. Am 22. November 1990 verkündete die *Manchester Evening News*:

Mehr als 30 Hooligans von Manchester United wurden am heutigen Morgen im Rahmen eines koordinierten Polizeizugriffs verhaftet. Dies war der Höhepunkt einer 15-monatigen verdeckten Ermittlung der „Omega"-Einheit, die von der Polizei von Manchester zur Bekämpfung von Fußballgewalttätern eingerichtet worden war.

Durchsucht wurden Wohnungen in Manchester, London, Leeds, Barnsley, Bedford und Middlesex. Die Beschuldigten, unter denen sich auch ein Lehrer sowie ein Mann aus dem Umfeld der Polizeikräfte befinden sollen, wurden am Nachmittag in neun verschiedenen Wachen im Großraum Manchester vernommen.

Beamte stellten Messer, Baseballschläger und andere Waffen sicher.

Mehrere Festgenommene sollen Mitglied zweier Banden sein; der „Cockney Reds" sowie der „Young Munichs", einer schockierenden Anspielung auf das Flugzeugunglück von 1958.

Weitere Festnahmen stehen offenbar bevor.

Der stellvertretende Chief Constable, Malcolm George, erklärte, man hoffe, die Polizeioperation habe die „Generäle" enttarnt, die ihre Hooligans in Schlägereien überall im Land geführt hätten. „Wir sind überzeugt, jetzt die Rädelsführer zu haben und sie somit aus dem Verkehr ziehen zu können", sagte George. Zwischenfälle in Liverpool,

Norwich, Hereford, Newcastle und Manchester werden in diesem Zusammenhang erneut untersucht.

Die morgendlichen Hausbesuche waren also tatsächlich wahr geworden. Tony O`Neill und der Rest wurden in den frühen Morgenstunden aus den Betten geholt und zu Befragungen abgeführt. Tony wurde noch am Tage seiner Verhaftung auf der Wache Longsight von einem Wachtmeister und im Beisein eines Kommissars verhört. 24 Namen seiner angeblichen Komplizen wurden ihm einer nach dem anderen vorgelegt. Er verneinte, auch nur einen von ihnen zu kennen. „Vielleicht kenne ich jemanden vom Sehen, aber nicht mit seinem Namen", gab er an. Dann befragte man ihn über das Spiel gegen Manchester City am 23. September 1989, welches zum Auslöser der Operation Mars wurde.

Frage: An jenem Tage wurden Sie gegen 14.00 Uhr von Beamten in der Nähe des Grey Parrot gesehen. Zu der Zeit waren dort ungefähr 500 Leute. Wir halten Ihnen vor, diese 500 Leute die Upper Lloyd Street hinauf in Richtung des Stadions von Manchester City geführt zu haben. Ist das korrekt?

Antwort: Was meinen Sie mit „geführt haben"?

Frage: Sie waren an der Spitze der Gruppe, richtig?

Antwort: Ich habe niemals irgendwen irgendwohin geführt. Ich mag an der Spitze einer Gruppe gewesen sein – was ich nicht erinnere –, aber das bedeutet nicht, ich hätte sie angeführt.

Frage: War es Ihre Absicht, diese Leute zu einem Angriff auf die Gaststätte „Clarence" zu bewegen?

Antwort: Es war an diesem Tage – wie an jedem Tage – meine Absicht, ein Fußballspiel zu sehen.

Frage: Während des Spiels kam es zu einer Auseinandersetzung auf der Nordtribüne. Eine Anzahl United-Fans hatte den Bereich aufgesucht, der eigentlich für City-Fans vorgesehen ist. So kam es zu Schlägereien. Waren Sie ebenfalls auf der Nordtribüne?

Antwort: Nein, war ich nicht. Ich habe damit nichts zu tun.

Man befragte Tony zu einigen anderen Zwischenfällen, immer aber stritt er ab, in Schlägereien verwickelt gewesen zu sein. „Ich habe in den zwanzig Jahren, in denen ich Spiele von Manchester United besuche, noch nie Ärger im Old Trafford gemacht", sagte er. Dann wurde er zum

Spiel gegen Manchester City am 3. Februar 1990 befragt:

Frage: Waren Sie vor dem Spiel im Grey Parrot?

Antwort: Ja.

Frage: Man hat Sie gegen 11.00 Uhr dort ankommen sehen. Warum waren Sie so früh am Vormittag dort?

Antwort: Ich kann mich nicht erinnern.

Frage: Um 13.50 Uhr an jenem Tage verließen zwei große Gruppen das Grey Parrot. Wir wissen von Polizeibeamten, dass Sie eine dieser Gruppen anführten. Ist das richtig?

Antwort: Ich war vielleicht zufällig an der Spitze einer dieser Gruppen, aber das bedeutet nicht, dass ich sie angeführt habe.

Frage: Man sah Sie, wie Sie den Bahnhof Picadilly mit ungefähr 150 bis 200 Personen verließen. Wieder waren Sie vorne in der Gruppe. Was haben Sie dort gemacht?

Antwort: Ich erinnere nicht, dabei gewesen zu sein.

Frage: Gingen Sie die Oldham Street entlang?

Antwort: Ich bin zig Male die Oldham Street langgegangen, um dort irgendwo auf ein Bier einzukehren.

Frage: Waren Sie an diesem Tag auch in der Gaststätte „Merchants"?

Antwort: Mag sein, dass ich auf ein Bier dort war. Aber ich kann mich nicht genau erinnern.

Frage: Was geschah in dieser Gaststätte?

Antwort: Erinnere ich nicht.

Frage: Gab es eine Schlägerei?

Antwort: Habe ich mich geschlagen?

Frage: Ja.

Antwort: Nein.

Frage: Führten Sie die genannten Fans in dieses Lokal?

Antwort. Ich führte niemanden irgendwohin.

Frage: Wir haben Aussagen, wonach Sie im Grey Parrot den anderen Fans zuriefen: „Es ist Zeit! Bewegt euch! Auf geht`s!" Stimmt das?

Antwort: Nein.

Frage: Während des Spiels – gaben Sie damit an, was wenig zuvor nahe der Gaststätte passiert war?

Antwort: Wo soll ich mit irgendetwas angegeben haben?

Frage: Im Stadion.

Antwort: Wo genau?

Frage: Hinter der Tribüne.

Antwort: Nein.

Frage: Sie haben also nicht gezeigt, was vorgefallen war?

Antwort: Gezeigt? Was meinen Sie?

Frage: Sie fuchtelten mit Ihren Fäusten herum.

Antwort: Vielleicht habe ich mit meinen Fäusten herumgefuchtelt, weil wir über einen Boxkampf im Fernsehen gesprochen haben oder so etwas in der Richtung. Boxhiebe anzudeuten ist etwas anderes als tatsächlich zu schlagen. Irgendetwas werde ich wohl erzählt haben - geschlagen habe ich nämlich den ganzen Tag nicht. Ich schlug niemandem an jenem Tag.

Frage: Ihnen wird vorgeworfen, Sie seien nochmal zurück zum Grey Parrot zurückgegangen, und auf dem Weg dorthin hätten Sie gesagt: „Wenn alles wie geplant läuft, wird das ein netter Abend!" Haben Sie etwas Entsprechendes geäußert?

Antwort: Wer hat das gehört?

Frage: Ein Polizeibeamter.

Antwort: Ich habe nie etwas Derartiges gesagt.

Frage: Um 18.30 Uhr an jenem Abend haben Sie die Gaststätte Grey Parrot mit einer großen Anzahl weiterer Fans von Manchester United verlassen. Wieder haben Sie diese Gruppe angeführt. Sie haben sie zur Eile getrieben und immer wieder „Los, los, kommt schon!" gerufen. Das trifft doch zu?

Antwort: Das trifft nicht zu.

Frage: In der Gaststätte befanden sich ungefähr 300 Leute. Beinahe alle sind aufgebrochen, als Sie aufbrachen. Die meisten von ihnen nahmen leere Gläser und Flaschen mit sich, als sie den Pub verließen. Warum, meinen Sie, haben sie das gemacht?

Antwort: Wenn Gäste eine Kneipe verlassen, dann kommt das schon mal vor, dass sie ihr angebrochenes Getränk mitnehmen. Ich weiß nicht, warum die Gäste aufbrachen. Ich weiß auch nicht, wann das war. Ich weiß auch nicht mehr, ob ich in diesem Pub war.

Frage: Polizeibeamte haben ausgesagt, Sie hätten diese Gruppe von der Gaststätte bis in den Stadtteil Hulme geführt, bis dorthin, wo der Crescent-Wohnblock steht. Stimmt das?

Antwort: Nur weil ich an der Spitze gehe, heißt das nicht, dass ich jemanden anführe. Wenn ich an der Spitze war, dann war ich das zufällig.

Man befragte Tony nach dem Angriff auf die beiden Undercover-Polizisten, nach der Schlägerei auf der Kings Road vor dem Spiel bei Chelsea, dem Treffen am Hartshead Moor vor dem Leeds-Spiel - aber alles blieb fruchtlos. Auch der Aufforderung der Polizei, anhand von Videoaufzeichnungen bekannte Gesichter zu identifizieren, kam Tony nicht nach. Dennoch kam die Staatsanwaltschaft zu dem Entschluss, man habe jetzt genug Beweise, um die Anklagen mit hinreichender Erfolgswahrscheinlichkeit formulieren zu können. 24 Männer wurden schließlich beschuldigt, bei Fußballspielen verabredungsmäßigen Landfriedensbruch begangen zu haben. Ein Besuchsverbot für sämtliche Fußballspiele im Vereinigten Königreich wurde bereits vorab ausgesprochen.

Besonders nachteilig für Tony war, dass man ihn beschuldigte, den Angriff auf die beiden Undercover-Polizisten angeordnet - ein Vorwurf, den er stets verneinte - und auch den Angriff entlang der Kings Road angeführt zu haben. Nach einem ersten Anfall hektischen Aktionismus` jedoch kamen die Mühlen der Justiz schnell wieder zum Stillstand. Weitere achtzehn Monate sollte es dauern, bis der Fall schließlich vor Gericht kam. In der Zwischenzeit hatte sich Tony wegen der Sache an der Gaststätte The Ship zu verantworten.

TONY: Die Polizei ist ja eine menschliche Institution, und somit haben alle Polizeibeamte auch jene Charaktereigenschaften, die den Rest von uns Sterblichen so auszeichnen: Eifersucht, Neid, Betrug, Dummheit - und Dummheit ist es, über die wir in diesem Zusammenhang sprechen. Man hatte mich wegen gewalttätigen Verhaltens angeklagt wegen der Sache am Ship. Sie behaupteten, ich wäre in eine groß angelegte Hauerei in dem Laden verwickelt gewesen, in deren Verlauf die Polizei mit Gläsern und Flaschen beworfen worden wäre. Man ließ durchblicken, ich könnte wohl mit fünf Jahren Bau rechnen. Die Dinge stehen schlecht - aber am Ende bin ich derjenige, der glücklich aus der Wäsche guckt.

Nicht die Jungs von der Football Intelligence hatten mich verhaftet; es war der übliche Mob von der Einsatzpolizei. Aber ich wusste: Wo auch immer ich am Spieltag hingehe, da ist die Football Intelligence nicht weit, um mich zu beobachten. Also riskiere ich es und bitte meine Anwälte, die Einsicht in jegliches Video-Beweismaterial zu verlangen, was an dem Tage vor dem Ship entstanden ist. Und dieses Gesuch ging an die FI, nicht etwa an die Jungs, die mich verhaftet hatten. Unglaublich - die FI bestätigt tatsächlich, dass es Material gebe, und irgendwann in den Wochen darauf übersenden sie es uns auch tatsächlich. Deutlich ist zu erkennen, wie die Schnitte aus dem Laden kommt und sich bei den Polizeitrupps in ihren Bussen über uns beschwert. Daraufhin sieht man die Jungs in Blau aussteigen, im Pub verschwinden und bald darauf mit mir im Schwitzkasten wieder aus einer anderen Tür des Ladens hervorkommen. Man kann erkennen, wie sie mich auf eine Motorhaube schleudern, und dann folgt das Geschiebe und Gedränge, während die Polizei alle aus dem Laden holt. Diese Aufnahmen sind eminent wichtig, denn sie widerlegen entsprechende Schilderungen der Polizei über den Tathergang und machen somit ihre gesamte Berichterstattung unglaubwürdig.

Zunächst aber muss ein Polizeiinspektor in den Zeugenstand - und er hat keine Ahnung, über welches Material wir mittlerweile verfügen. Er verneint, mich zu kennen oder zu wissen, wo ich wohne. Selbst als wir nachhaken, ob er Wythenshawe kenne und insbesondere die Gladeside Road, in der mein Haus steht, antwortet er: „Nein!“ Auch Elaine und John, meine Nachbarn drei Eingänge neben meinem, kenne er nicht.

Ein paar Minuten fährt er in diesem Stil fort, dann zuckt er plötzlich zusammen, als wäre ich von der Anklagebank gesprungen und hätte ihn mit dem Hammer erwischt: Er kapiert plötzlich, dass das Spiel zu Ende ist - denn er traf sich früher mit meinen Nachbarn regelmäßig, um mit den Hunden zur Jagd zu gehen; und nicht nur das: Bei diesen Anlässen war er immer wieder auch mit meiner Familie in Kontakt gekommen und hatte mich selbst viele Male persönlich gesehen. Da steht er also nun, aufrecht, aber höchst verspannt, an die Decke starrend und genau das zugebend, was er einige Minuten zuvor noch intensiv abgestritten hat.

An diesem Punkt tanzte ich innerlich bereits vor Freude, nicht nur wegen seines offensichtlichen Unbehagens, sondern wegen der Art, wie sich die Geschworenen auf ihrer Bank vorbeugten und plötzlich sehr genau zuhörten. Bisher hatte man gesehen, wie sehr sie diese

Verhandlung schätzten: Nichts Kompliziertes, einfach nur ein gewöhnlicher Gewalttäter, Verletzungen und Chaos. Und nun, plötzlich, begann sich das Lügengeflecht der Polizei zu entwirren.

Das einzige Problem, dem ich mich jetzt noch gegenübergestellt sah, war der Richter. Denn eigentlich hätte er hier das Verfahren beenden können. Doch er führte es fort. Dies sollte sich für mich als noch besser herausstellen - denn der nächste Beamte im Zeugenstand erklärte ebenfalls, er wisse nicht, wer ich sei. Nun, ich hatte meine Hausaufgaben erledigt und war durch alle Fälle gegangen und hatte alle Aussagen gesichtet, die in meinen Verfahren seitens der Polizei so gemacht worden waren. In den Unterlagen zur Operation Mars fand ich eine vier Seiten lange Aussage - von jenem Beamten, der hier im Zeugenstand vor mir stand. In seiner Aussage schildert er, er hätte mich mehrere Male als Anführer großer Fangruppen gesehen, die in Manchesters Innenstadt Schlägereien anzettelten. Von diesen Fangruppen allerdings, so das Protokoll, sei nur ich ihm namentlich bekannt. Hier steht er nun also, behauptend, mich nicht zu kennen, aber wir haben den schriftlichen Beleg darüber, was er achtzehn Monate zuvor aussagte. Noch weiß er nichts davon. Immer wieder verneint er, mich zu kennen. Mein Anwalt ist ganz in seinem Element und scheint an der Sache noch mehr Gefallen zu finden als ich. Und dann überreicht er dem Beamten seine eigene Aussage, um sie noch einmal zu lesen.

Während der Polizist dies tut, sieht man förmlich, wie das Blut aus seinem Gesicht entweicht. Peng! Langsam scheint es bei ihm zu klingeln; er ist im Arsch, und er weiß es jetzt. Die Dokumente werden dem Richter übergeben, und der weiß es jetzt auch. Nur die Geschworenen sitzen da und kratzen sich verständnislos ihre Köpfe, weil der Polizei-Idiot plötzlich seine Angaben widerruft und nun zugibt, mich doch zu kennen. Die Verwirrung ist komplett.

Es gesellt sich zur Dummheit der Polizei auch noch ihr Neid aufeinander. Die Fußtruppe hat es nicht immer sonderlich gut bei den Jungs in Blau, aber wenn du bei der FI bist, dann hat man es vergleichsweise bequem. Damit das so bleibt, hält man andere Abteilungen möglichst unwissend über die eigene Arbeit und die eigenen Ermittlungsergebnisse. So kann man jederzeit die Bedeutung des eigenen Tätigkeitsfelds gegenüber anderen demonstrieren - und nicht zuletzt auch zeigen, wie überlegen man ist.

Ein Informationsaustausch zwischen den Einheiten kommt also selten vor.

Das Video, das ich von der FI angefordert hatte und das die Ereignisse an jenem Abend vor dem Pub zeigt, kommt pünktlich zur Gerichtsverhandlung: Eine Polizeieinheit hat mir also Beweismaterial überlassen, ohne die Staatsanwaltschaft oder die Beamten, die damals die Verhaftung vorgenommen hatten, zu informieren. Einziges Problem: Die Staatsanwaltschaft will das Band sehen, bevor wir den Prozess fortsetzen. Wir erheben keinen Einspruch, und auch die Polizei wirft einen Blick drauf. Hinterher kommen sie alle aus dem Vorführraum, lachend und feixend: „Da ist ein Scheiß drauf zu sehen! Überhaupt nichts!"

Falsch. Da war etwas zu sehen auf dem Video. Einer der Wachtmeister hatte ausgesagt, dies sei die übelste Kneipenhauerei gewesen, die er je gesehen hätte, mit Bierkrügen, Gläsern und Flaschen, die an seinem Helm zersplitterten, und dass es überhaupt nur seinem Helm zu verdanken gewesen wäre, dass er ohne schwere Verletzungen den Abend überstand. Auf dem Video jedoch ist deutlich zu erkennen, wie er hinter dem Inspektor als zweiter Mann die Kneipe betritt - ohne Kopfbedeckung. Seine Aussage entsprach also nicht der Wahrheit. Als ich die Aufnahme anforderte, hielt es die FI nicht für nötig, ihren Kollegen mitzuteilen, dass ich jetzt über dieses Beweismittel verfügen würde. Entsprechend erwischte ich sie völlig auf dem falschen Fuß. Die fünf Verhandlungstage entwickelten sich zunehmend schlechter für die Cops, und schließlich endete auch dieses Verfahren mit meinem Freispruch.

Letztlich wurden 28 unserer Leute im Rahmen der Operation Mars angeklagt, und in den nächsten Monaten wurde bei mir zu Hause unsere Verteidigungszentrale eingerichtet. Ich verfügte über alle Aussagen, alle Fotos, alle Videos, und nicht selten saßen bis zu zehn Jungs in meinem Wohnzimmer, um die Beweismittel zu sichten und zu archivieren. Wir verglichen Aussagen mit Videos, Videos mit Bildern, Bildern mit Aussagen, und hielten jede Anomalie, jegliche Abweichung fest.

Von den frühen Abendstunden bis zum Morgen des nächsten Tages standen wir unter Hausarrest, drei Mal pro Woche mussten wir in der örtlichen Wache erscheinen und unser Vorbeikommen per Unterschrift bestätigen, und der Besuch von Fußballspielen war uns untersagt. Zur gleichen Zeit marschierte United durch Europa, unterwegs, um am Ende im Feyenoord-Stadion von Rotterdam den Pokal der Pokalsieger gegen

Barcelona zu holen. Sparky Hughes machte die Tore. So etwas konnte ich einfach nicht verpassen. Also buchte ich eine Woche Urlaub in Holland und ging zum Spiel. Erstaunlicherweise hatte das keine Folgen. Zu jener Zeit wäre es der Polizei erlaubt gewesen, bei dir aufzutauchen und nachzuschauen, ob du zu Hause bist - sie machte es aber nicht. Ich kam davon. Als einziger mit Ausgangssperre und Stadionverbot sah ich das Spiel.

Irgendwann hob man dann die Ausgangssperren auf; der Prozess zog sich schlicht viel zu lange hin.

Viele Leute haben mich zwischenzeitlich gefragt, welche Wirkung die Operation Mars auf Uniteds Mob hatte. Die Antwort ist: Keine sonderlich große. Ein Beispiel: 1992, während der Fall noch verhandelt wurde, spielten wir im Ligapokalfinale gegen Forest im Wembley. Forest, das wurde klar, sah die Situation als ideale Möglichkeit, United wegzuhauen, und stellte einen der größten Haufen auf die Beine, mit der der Verein jemals irgendwo aufgetreten war. Damals tranken unsere Leute häufig in Kilburn, wenn wir zu Pokalspielen in London waren, manchmal schon ab neun Uhr morgens, und auch an Sonntagen. Jeder wusste: Dieser Stadtteil ist in United-Hand. Große Überraschung also, als Forest mit 250 Leuten dort die Hauptstraße entlangkam.

Man kann sich kaum vorstellen, wie glücklich alle waren, als dieser Haufen in Lebensgröße in unsere Richtung stromerte. Alles drängelte sich hinaus, um nicht zu weit hinten zu landen. Der Morgen war wunderschön; sonnig und ruhig, und die Vorstellung, dass hier ein Mob auftauchen könnte, hatte sich in kaum einem anwesenden Kopf entwickeln können. Um so überraschender, wie jeder sofort den Schalter umlegte und in den Kampfmodus wechselte. Einziges Hindernis war das ungestüme Gedrängel - jeder wollte als erster am Gegner sein.

Wäre ich einer von den Forest-Jungs gewesen, dann hätte ich auch getan, was sie jetzt taten: Sie flüchteten. Kilburns High Road bestand nun aus einer Masse Kopfgestörter, die auf die Besucher losging, fast herzzerreißend hinter ihnen herrufend, nun doch bitte stehen zu bleiben und nicht zu fortzulaufen. Ohne Erfolg. Forest lief davon und wurde für eine kleine Ewigkeit ergebnislos verfolgt, bis dann die Polizei auftauchte und sich alles schlagartig beruhigte. Kein Kampf war zustande gekommen, aber so war es nun einmal, wenn man am Endspieltag versuchte, etwas auf die Beine zu stellen.

Irgendwann ist es dann soweit, und wir müssen vor Gericht. Als wir den großen Saal betreten, räumt die Polizei gerade die Besucherbänke. Die Öffentlichkeit ist ausgeschlossen. Der Zeugenstand ist durch Stellwände vor unseren Blicken abgeschirmt; der aussagende Beamte soll nicht von uns erkannt werden.

Wir sitzen alle auf der Anklagebank. Der Richter kommt herein, lässt seinen Blick schweifen - und verliert seine Fassung. Wer das alles angeordnet habe, will er wissen. Der Staatsanwalt meint, aussagende Polizisten müssten ihre Anonymität wahren dürfen. Es folgt eine Woche juristisches Gezanke um diesen Punkt. Irgendwann im Laufe dieser Debatte schreit der Richter den Staatsanwalt sogar an, er würde das gesamte Verfahren einstellen, wenn seinen Anweisungen nicht innerhalb von 15 Minuten gefolgt werden würde.

Wir sitzen auf der Anklagebank und können uns vor Lachen kaum halten.

Schon in den ersten Verhandlungstagen hatte der Prozess mit schwerwiegenden Problemen zu kämpfen. Die Polizei bestand darauf, dass ihre Undercover-Beamten nur hinter einem Sichtschirm aussagen würden. Anderenfalls, so argumentierte man, müsse man wohl mit Racheakten von Freunden der Angeklagten rechnen, die das Verfahren von der Galerie aus verfolgten. Die Verteidigung hingegen beharrte auf ihrem Standpunkt, Zeugenaussagen nur hinter Sichtschutz vornehmen zu lassen sei eine deutliche Vorverurteilung ihrer Mandanten, da doch den Geschworenen auf diesem Wege die Schuld der Angeklagten quasi schon vorab suggeriert werden würde. Im Oktober 1991 kam dann von Richter David Owen die verbindliche Anweisung, die Sichtschutzwände aus dem Gerichtssaal zu entfernen. Beinahe zeitgleich verwarf er auch den bei vielen Angeklagten erhobenen Vorwurf der Verabredung zum gemeinschaftlichen Verbrechen - zu viel Zeit, so der Richter, sei zwischen einigen der vorgeworfenen Taten und dem Prozessbeginn inzwischen verstrichen. Der leitende Oberstaatsanwalt reagierte darauf, indem er beim übergeordneten Gericht beantragte, Richter Owens Entscheidungen zu korrigieren.

Im April 1992 wurde der Prozess wiederaufgenommen, und

Staatsanwalt Rodney Klevan umriss seine Sicht der Dinge wie folgt: „Seit einiger Zeit schon gibt das Verhalten einer kleinen, aber dennoch nicht zu vernachlässigenden Zahl von Fußballfans Grund zur Sorge. Die Probleme, die diese Leute verursachen, sind nicht nur auf Geschehnisse innerhalb der Stadien zu reduzieren, sondern werden auch und vor allem vor und nach den Spielen deutlich. Nicht wenige Male kam es zu Gewalttaten an Orten und zu Zeiten, die ganz offenbar in keiner Beziehung zu Fußballspielen standen, sondern einzig zum Zwecke des Angriffs auf Anhänger anderer Vereine verübt wurden.

Als die achtziger Jahre sich ihrem Ende neigten, war die Situation so intolerabel geworden, dass der Begriff `Fußballfan` beinahe beleidigend verstanden werden konnte. Bei dem Versuch, der Lage Herr zu werden, intensivierte die Polizei die Überwachung der Zuschauer. Bei den Spielen wurden die Polizeikräfte verstärkt und auf ganz unterschiedliche Weise eingesetzt, entweder in Ordnerfunktionen, als Eskorte von Bus- und Eisenbahnhöfen zum Stadion und zurück oder, in traditioneller Rolle, als Hundeführer oder berittene Einheit. Vermehrt jedoch auch ausgestattet mit Videokameras für den Einsatz im Umfeld der Stadien. Denn in den Stadien selbst hatten sich die Kameras schon lange bewährt.

Da jedoch die Gewalttaten immer planvoller und organisierter verübt wurden, schienen konventionelle Polizeimethoden zunehmend erfolglos. Entsprechend musste innovativer vorgegangen werden. Besonders ausgebildete, verdeckt ermittelnde Beamte begannen sich als Fußballfans auszugeben und sammelten auf diese Weise Beweismittel gegen involvierte Personen. Es wird Sie nicht überraschen, dass dies eine gefährliche Aufgabe ist, aber auf keinem anderen, leichteren Wege wäre eine solche Zusammenstellung von Beweisen ähnlich erfolgreich möglich gewesen.

Die Beweise, die die Staatsanwaltschaft darzulegen gedenkt, entstammen der Ermittlungsarbeit uniformierter Polizeibeamter, Undercover-Beamten und unschuldigen Zivilisten, die in die Gewalttaten hineingerieten oder gar von ihnen beeinträchtigt wurden. Zudem existiert in gewissem Umfang Videomaterial über die Angeklagten, das zumeist zum Zwecke ihrer Identifizierung gemacht wurde.

Wir beschäftigen uns hier mit den Aktivitäten einer Gruppe Manchester-United-Fans. Obwohl einige aus dieser Gruppe tatsächlich aus Manchester kommen, leben andere Angeklagte in durchaus weiterer Entfernung. Wir werden von den `Cockney Reds` erfahren und den

`Barnsley Reds` - `Reds` natürlich wegen der Farben von Manchester United."

Der Staatsanwalt fuhr in seiner Eröffnungsansprache an die Geschworenen fort, indem er erläuterte, dass die Anklage auch „Verabredung zum gemeinschaftlichen Verbrechen" - was bedeutet, dass sich zwei oder mehr Leute zur Ausübung einer Straftat verabreden - und „Landfriedensbruch" - zwölf oder mehr Leute drohen mit oder verwenden tatsächlich ungesetzliche Gewalt zu einem gemeinsamen Zweck - beinhaltet. „Ihnen wird detailliert dargelegt werden, was sich bei insgesamt zwanzig Fußballspielen zutrug, bei denen die Polizei Observationen vornahm. Um die gewonnenen Informationen zuordnen zu können, gab man den jeweiligen Personen `Zielbezeichnungen`. Daher werden Sie in der Folge Namen wie Alpha, Bravo oder Hotel hören; ein Name jedoch wird immer und immer wieder genannt werden. Die Staatsanwaltschaft ist sich sicher, dass die treibende Kraft hinter den hier zu verhandelnden Straftaten Kilo ist. Kilo ist die Zielbezeichnung für O`Neill. Diese Gruppe suchte ihren Anführer, ihren Richtunggeber, und sie fand ihn in O`Neill. Nur wenn O`Neill nicht zugegen war, übernahmen andere das Ruder - so etwa Zielperson November, und zwar während der Vorfälle in Newcastle."

Erneut jedoch wurde die Verhandlung durch den nach wie vor bestehenden Streit über die Sichtschirme aufgehalten. Die übergeordnete Instanz befand, man wäre hinsichtlich dieser Sache nicht zuständig, und beließ somit die Entscheidung bei Richter Owen. Allerdings, so wurde festgestellt, hatte er zu Unrecht die Anklage hinsichtlich der Verabredung zum gemeinschaftlichen Verbrechen fallen gelassen. Diese Entscheidung jedoch wurde dann von der Verteidigung zur Prüfung ans House of Lords weitergereicht - und im Mai 1993 entschieden die Lords dann, dass die übergeordnete Instanz kein Recht gehabt hätte, Richter Owens Entscheidung zu korrigieren.

Damit war das Verfahren nicht mehr aufrecht zu erhalten. Zweieinhalb Jahre nach ihrer damaligen Verhaftung kam die überwiegende Mehrzahl der im Rahmen der Operation Mars Angeklagten als freie Bürger aus dem Gerichtssaal - nur zwei hatten sich bereits zu einem früheren Zeitpunkt im Prozess der „schweren öffentlichen Ruhestörung" schuldig erklärt. Beinahe am gleichen Tage gewann Manchester United nach 26 Jahren wieder die Meisterschaft.

Tony O`Neill hingegen hatte wenig zu feiern. Er lag im Krankenhaus und kämpfte um sein Leben.

4

Willkommen in der Hölle

Nach dem Zusammenbruch der Operation Mars waren Uniteds Hooligans wieder bereit, loszulegen. Der Verein, Manchester United, war ebenfalls im Begriff, eine bisher noch nicht erlebte Periode des sportlichen Erfolgs zu beginnen, die ironischerweise viele der alten Hooligans aus den Achtzigern wieder zum Fußball locken sollte. Alex Ferguson hinterließ als Trainer seine Marke, endlich waren die guten Tage gekommen, und viele, die sich von den Stehrängen zurückgezogen hatten, nahmen jetzt wieder ihre alte Sonnabend-Beschäftigung auf.

Einer von jenen, die sich urplötzlich wieder in der Szene zurückmeldeten, war Paul Doyle. Geboren als eins von vielen Kindern in einer Großfamilie in Lower Broughton, einer üblen Ecke von Salford, hatte Doyle schon seit früher Jugend das Leben eines Kriminellen geführt - seinen ersten Bruch beging er mit sieben. Die meiste Zeit verbrachte er in Erziehungsheimen, bevor er dann mit achtzehn, neunzehn begann, die Kneipen und Clubs mit dem Rest seiner Crew aus Salford unsicher zu machen. Doyle war schlicht ein Krimineller, und ein ziemlich harter dazu; ein befreundeter Gangster aus Salford verpasste ihm den Spitznamen „One Punch", „ein Hieb", wegen seiner Fähigkeit, Gegner mit nur einer gezielten Geraden niederzustrecken - ein Talent, das er oft bewies.

Sein erstes Spiel mit Manchester United - eine Tour nach Newcastle, wo die Polizei ihn und zwanzig seiner Freunde von der Gästetribüne führte, und sie sich dann durch Hunderte von Geordies durchprügeln mussten, um wieder zu ihrem Bus zu kommen - begeisterte ihn so sehr, dass der Bazillus ihn sofort gepackt hatte. Fußballgewalt war für Doyle

„Spaß", „Unterhaltung". Das Verbrechen war seine Arbeit. Manchmal allerdings gelang es ihm, beides zu kombinieren: Bei seinen Reisen mit United erkannte Doyle, wie einfach es war, im Chaos einer großen Menschenmenge etwa einen Juwelier zu berauben, Geldbörsen zu klauen und zu stehlen. Auch mit Schecks und Kreditkarten machte er so seine Erfahrungen. Irgendwann Mitte der Achtziger machte er sich mit einigen anderen aufsteigenden Jung-Kriminellen Salfords auf eine Betrugstour quer durch Europa, mit gefälschten Banknoten, gezinkten Schecks und jeder Menge Plastikkarten, um einen draufzumachen und säckeweise Designerklamotten zu kaufen. Als dann die Kriminalpolizei sie hochnahm, umfasste die Anklageschrift die „Einfuhr gefälschter Banknoten" und den „gemeinschaftlich begangenen Betrug zum Nachteil der Banken des nationalen Geldverkehrs". Doyle wurde zu einer Freiheitsstrafe von drei Jahren und fünf Monaten verurteilt.

Als sich das Jahrzehnt dem Ende näherte, wurde Doyle entlassen; mitten in die schnell wuchernde Rave-Szene Manchesters, die neue und lukrative Möglichkeiten des Geldverdienens für diejenigen eröffnete, die bereit waren, das Gesetz zu umgehen. Auch seine Fußballfahrten nahm er wieder auf. Und sein erstes Auswärtsspiel nach langer Zeit hätte nicht lebhafter werden können: Leeds United. In einem Zeitraum von nur siebzehn Tagen sollten die beiden Vereine drei Mal an der Elland Road gegeneinander antreten: am 29. Dezember 1991 in der Liga (ein Unentschieden), am 8. Januar im Ligapokal (United gewann) und am 15. Januar im FA-Cup (wieder ein United-Sieg). Und jedes Spiel wurde von Unruhen begleitet.

PAUL: Als ich 1990 rauskam, ging ich mit den gleichen Jungs wieder zum Fußball, die ich schon von früher kannte. Da gab es Keith, dessen Spitzname „Fünf Sterne" er sich verdient hatte, weil er immer überaus modisch gekleidet daherkam; Ted, ein Ein-Meter-Neunzig-Mann und ein schwer übergewichtiger Charakterkopf, der dir in null Komma nix die Taschen leerklaute, egal, ob Freund oder Feind; Jacko, der sich mit seinem Pferdeschwanz immer für einen Pornostar hielt; Ashy, ebenfalls ein großer Kerl, den man auch unter dem Namen „der Kiefer" kannte, weil er auf Fahrten ohne Unterbrechung am Reden war; Wing; dann Mark aus Lincoln, noch so ein Eins-Neunzig-Typ mit 120 Kilo Lebendgewicht, dem jede Boxerei Spaß machte, und schließlich Dot, der uns auf jeder

Fahrt als Verarschungsopfer diente; ein richtiger, wirklicher Fan, der sich abends, nach dem letzten Bier, wenn er voll war, regelmäßig in einen üblen Verbrecher verwandelte. Das war ein echter Haufen Typen.

Mein erstes Spiel nach meiner Rückkehr aus dem Knast war Leeds auswärts, jene Phase, in der wir dort drei Mal in drei Wochen antreten mussten. Die Fußballszene war voller neuer Gesichter. Einen Mob gab es jetzt, der sich „The Young Firm" nannte. Die trafen wir in einer Kneipe nahe der Elland Road. Als wir uns irgendwann Richtung Stadion aufmachten, ging durch unsere Gruppe das Kommando: „Wenn es losgeht, läuft keiner! Klar?" Und - bumm! - ging es los! Leeds kam aus allen Ecken, allen Hauseingängen. Ich drückte mich nicht weg und hatte daher sofort eine ganze Gruppe von Typen vor mir, mit denen ich mich herumhauen musste. In meinem Kopf klang es nach: „Nicht laufen!" Das war die letzte Parole, die wir uns ausgegeben hatten, also würde ich nicht laufen - auch wenn jetzt immer mehr Leeds auftauchten.

Dann höre ich: „Holt ihn von den Füßen! Los doch!" Die meinen mich! Ich drehe mich um; wo bleibt der Support? Er flüchtet die Straße entlang. Von wegen, nicht rennen! Unsere Leute machten den Schuh! Also musste auch ich mich wortwörtlich durchboxen; ein Spießrutenlauf, Schläge und Tritte, während ich versuchte, die anderen einzuholen, die sich mittlerweile hinter eine Polizeieskorte geflüchtet hatten.

Leeds beginnt jetzt, der Eskorte zu folgen, und einzelne versuchen, sich hineinzumogeln. Nun, es war so ein spezieller Trick von mir, seitlich an irgendeinen Typen heranzutreten, Schritt zu halten und ihn dann mit einem gewaltigen Schwinger von den Füßen zu holen. Nicht gerade besonders fair und gentleman-like, zugegeben, aber sehr effektiv. Man nennt das „Sidestep", und ich kann jedem Beliebigen einen schönen Sidestep verpassen. Also näherte ich mich diesem breitschultrigen Riesen, der sich in unsere Eskorte eingeschlichen hatte, vollführte einen Sidestep, und er fiel nach vorne. Ich weiß noch; er hatte ein weites Holzfällerhemd an. Schnell versuchte er wieder, auf die Beine zu kommen, aber seine Füße versagten ihm den Dienst, und er stolperte wieder zu Boden. Um uns herum lachten ihn unsere Leute schallend aus.

Leeds-Fans hängen sich stolz ihre Anzeige eingerahmt an die Wand, wenn man sie gegen United festgenommen hat. Bei ihnen gilt das als Ehrenzeichen. Bei einer anderen Gelegenheit waren wir mit Autos in Leeds, und die Polizei kam uns auf die Schliche. „So, Jungs, euer Haufen geht jetzt mit uns zusammen zum Stadion!", sagten sie. Und ich dachte nur: *Gott sei`s gedankt!* Wir kamen der Leeds-Seite des Stadions näher, ihre Hooligans kamen auf uns zu - und die sechs Polizisten, die uns bis dahin begleitet hatten, machten sich aus dem Staub. Zusammen mit Mick Racey stand ich mit dem Rücken an einer Mauer, und wir hauten um uns wie verrückt. Irgendwann sprangen dann die Robocops des Einsatzkommandos dazwischen und vertrieben unsere Angreifer. Und weil ich nicht mit ihnen weglaufe, werde ich festgenommen. Wohl, weil ich mich verbotenerweise mit dem Rücken an die Mauer lehnte. Während man mich wegführte, war man gerade dabei, Tet und Godsell wieder aufzusammeln, die flach auf der Straße gelegen hatten. Es war ein Schlachtfest gewesen.

Zusammen mit einem Haufen Leeds-Fans wurde ich in einen Polizeibus verfrachtet und zu einer Wache gefahren. Dort standen die Fans bereits Schlange, um ihre Personalien aufzugeben, und diese Schlange war so lang, dass sie einen weiten Halbkreis beschrieb. Neben beinahe jedem Einzelnen stand ein Polizist. Und trotzdem sangen die Leeds-Fans aus vollem Halse: „Wir hassen Man U!" Als ich dran war und meinen Wohnort angeben sollte, flüsterte ich: „Manchester" - worauf der Cop lauthals meine Aussage wiederholte („MANCHESTER!"), so dass es auch ja jeder hören konnte. Und aus den bereits belegten Zellen erklang: „Du verfickter München-Bastard!"

Einige Wochen später wurden drei unserer Jungs in die zentrale Polizeibehörde am Chester House gebeten. Man befragte sie: „Was hat Paul Doyle mit euch zu tun?" Sie antworteten: „Wieso? Wir hängen schon jahrelang mit Paul herum. Er ist ein guter Freund von uns."

„Nein", sagte der Beamte, „Paul ist eine andere Kategorie. Er ist mehr als nur ein Fußball-Hooligan."

Ihre Besorgnis war gerechtfertigt. Paul Doyle war weit mehr als ein Fußballschläger. In den frühen Neunzigern wurde Manchester nicht so sehr wegen der Hooligans als vielmehr wegen seiner ausufernden Bandenkriege bekannt. Gruppen aus den Stadtteilen Cheetham Hill und Moss Side hatten bereits seit langer Zeit blutige Fehden miteinander ausgefochten. Nun wurde Alexandra Park, eine der Siedlungen in der

Moss Side, durch den Bürgerkrieg zweier Gangs quasi auseinandergerissen. Zur gleichen Zeit machten sich einige der großen Nummern aus Salford in Manchesters boomender Clubszene der Nach-Rave-Zeit breit und übernahmen Türsteherjobs, kassierten Schutzgelder und verhökerten Ecstasy.

Es war unvermeidlich, dass Manchesters Unterwelt auch irgendwann ihren Eindruck auf den Tribünen der Stadt hinterlassen würde. Schwarzhändler, Schieber und Taschendiebe waren seit den ersten Auswärtsausflügen in den Siebzigern Bestandteil der Szene gewesen, vor allem mit Beginn der Europatouren. Viele Kriminelle waren eingeschworene Fans, entweder von City oder United. United bezog seine Zuschauer traditionell zu einem maßgeblichen Anteil aus Salford.

Paul Doyle wurde in einen „Krieg der Türsteher" verwickelt, in dessen Verlauf mehrere Leute angeschossen wurden. Die Polizei vermutete zudem, Paul wäre auch auf internationaler Ebene kriminell tätig – eine Vermutung, die später noch schwerwiegende Folgen für Uniteds Hooligans haben sollte.

Das plötzliche Auftauchen von Schusswaffen in der Stadt und die Bereitschaft vieler Krimineller, von ihnen auch Gebrauch zu machen, sollte Tony O`Neill beinahe das Leben kosten. An einem Abend im April 1993 – Tony wartete noch auf das Ergebnis der Operation Mars – hielt er sich in einem Club namens „Ossie`s" in seinem heimatlichen Stadtteil Wythenshawe auf, als dort eine Schlägerei ausbrach.

TONY: Das war eigentlich ein interner Streit, in dessen Verlauf ich angeschossen wurde. Ich war in diesem Club im Süden Manchesters. Irgendwann verlor ein Gast die Fassung, und es geht los. Ich helfe aus dem Hintergrund und gehe dazwischen, doch jemand zieht `ne Schrotflinte. Ich kriege die Kugeln als Querschläger ab; in die Seite und in einen Arm. Es tat nicht mal besonders weh – es war zwei Uhr morgens und jede Menge Bier wurde bereits konsumiert. Also dachte ich: Kein Problem. Später aber bekam ich Gelbsucht, denn einige der Kugeln hatten meine Leber und meinen Darm erwischt. Eigentlich sahen die Verletzungen wirklich nicht besonders schlimm aus, aber nach zwei weiteren Tagen kam dann auch noch eine Blutvergiftung hinzu. Die Folge war, dass ich fünfeinhalb Wochen auf der Intensivstation verbrachte. Fünf Operation hatte ich. Am Ende hatten sie keine Lust mehr, mich zusammenzunähen, und ich wurde nur noch geklammert. Das war im April. Und was passiert? United wird Meister! Ich hörte davon im Krankenbett. Da warte ich nun all die Jahre auf einen Meistertitel, und dann holen sie ihn, wenn ich nicht dabei sein kann...

Wie ich später hörte, soll der Staatsanwalt gesagt haben: „Wenn Kilo stirbt, wird dieses Verfahren scheitern". Den Vorwurf der „bandenmäßig begangenen" Taten ließen sie daraufhin schon mal fallen.

Die Schießerei sorgte dafür, dass ich für die Hälfte der folgenden Saison ausfiel. Von 108 Kilo magerte ich auf gerade mal 60 ab. Und während ich weg war, tobte der größte Mob aller Zeiten durch das Land, denn United spielte wieder um die Meisterschaft mit - während ich all die Jahre genau darauf gewartet hatte. Stattdessen kämpfe ich um mein Leben. Weil ich ein großer Kerl bin, kam ich letztlich durch. Wie? Das wusste man allerdings nicht so genau zu erklären.

1993, als gerade erst gekrönter Meister der Liga, musste United in der Champions League gegen den türkischen Meister von Galatasaray antreten. Nach einem 3:3 im Hinspiel in Manchester sahen Team und Anhänger einem grauenhaften Trip nach Istanbul entgegen, der in die Annalen der Fans eingehen sollte. Die Tour sollte gekennzeichnet sein durch die intensive, fast hysterisch anmutende Feindseligkeit der Einheimischen gegenüber den Gästefans. Selbst die Mannschaft von United wurde am Flughafen mit „Willkommen in der Hölle"-Bannern empfangen.

Am Abend vor dem Spiel brach ein Mini-Krawall an einem der Hotels aus, in dem viele unserer Fans untergebracht waren. Das Hotel wurde von einem Mob geifernder Türken belagert, während die dort wohnenden United-Fans später von der Direktion beschuldigt wurden, die Bar auseinandergenommen und schwere Verwüstungen auf den Zimmern angerichtet zu haben. Was nie an die Öffentlichkeit drang: Der Aufruhr war eine Reaktion darauf, dass einige unserer Jungs den Türken mit einer israelischen Fahne vor den Gesichtern herumgewedelt hatten.

PAUL DOYLE: Galatasaray 1993 war das bisher mit Abstand beste Auswärtsspiel, soweit es mich betrifft. Ein Unternehmen namens UF

Tours hatte die Reise organisiert und etwa 200 Leute als Mitreisende zusammenbekommen - zwanzig unserer Jungs und jede Menge Bekloppte. Eine lustige Gesellschaft, also. Wir besteigen das Flugzeug, und UF Tours gibt sich alle Mühe, dass wir uns auch ja benehmen. Tet war auch mit von der Partie, wie immer völlig durchgeknallt und kaum zu bremsen. Keiner konnte ihn im Sprücheklopfen schlagen, wenn er in Form war; das einzige Mal, dass ich ihn in dieser Disziplin unterlegen sah, war, als wir mal in einem Zug auf den Komiker Foo-Foo Lamarr trafen - der nahm Tet sprüchemäßig auseinander. Aber das war ja auch ein Profi.

Ich bin ein Halbjude, also, dachte ich mir, nehme ich doch mal eine israelische Fahne mit, um die Türken damit ein bisschen zu verarschen. Genau genommen plane ich, Tet das Ding um die Schultern zu hängen, denn er wird die Bedeutung der Sache nicht kapieren, und es wird bestimmt lustig, die Reaktion der Einheimischen zu verfolgen.

Inzwischen ist aus dem hinteren Teil des Fliegers einer von den Bekloppten gekommen; schon jetzt absolut volltrunken, obwohl wir noch nicht einmal abgehoben haben. Tet legt ihm den Arm um die Hüfte, stimmt mit ihm ein „Ooh, aah, Cantona!" an, zieht ihm dabei das Portemonnaie aus der Tasche, zockt die Scheine und steckt es wieder zurück.

Nach der Landung werden die Mitfliegenden in Busse geleitet, wir aber nehmen uns stattdessen ein Taxi, und Tet zahlt, denn er ist ja zu Geld gekommen. Aber zuerst fahren wir zu einem falschen Hotel, und wir müssen den Rest, zu unserer eigentlichen Unterkunft, gehen. Der Weg ist nicht weit. Aber selbst auf diesem kurzen Stück fühlen wir uns beobachtet wie die Tiere im Zoo. Keine einzige Frau ist auf der Straße, und die Einheimischen beglücken uns mit hasserfüllten Blicken. Irgendwer bespuckt uns sogar. Ich drehe mich um und sage: „Du schmieriges Arschloch!" Aber Tet fleht mich an, mich ruhig zu verhalten. Selbst bei den Durchschnittstürken merkt man, wie die Stimmungslage ist.

Endlich erreichen wir das Hotel. Alles hängt an der Rezeption herum, um die Pässe zu hinterlegen; wir dagegen gehen direkt auf unsere Zimmer. Wir sind ohnehin unter falschem Namen unterwegs. Und dann wird es Zeit für etwas zu essen. Also machen wir uns wieder auf den Weg, komplett mit umgehängten Kameras und allem; echte Touristen, also. Für nicht mal ein Pfund gibt es einen riesigen Teller. Hervorragend.

Plötzlich kommen zwei United-Fans vorbeigelaufen, verfolgt von ungefähr dreißig Türken. Ich sage zu Tet: „Los, komm. Wir müssen helfen!“

„Lass sie doch. Sind doch eh nur Bekloppte“, sagt Tet.

Nach dem Essen geht es zum Stadion, um ein paar Bilder zu machen. Mit dabei ist auch ein Freund von mir, Ashy, ein blonder Riese von ein Meter neunzig. Im Hinspiel hatte Uniteds Torwart Peter Schmeichel einen Türken geschnappt und vom Platz geworfen. Wie wir hörten, hatten die Türken dafür Rache geschworen und angekündigt, Schmeichel würde in Istanbul richtig Schläge bekommen, würde er sich zeigen. Da auch einige Türken am Stadion herumstanden, ging ich auf die erstbeste Gruppe zu, tippte einem von ihnen auf die Schulter, zeigte dann auf Ashy und erklärte: „Peter Schmeichel“. Ein Typ aus der Gruppe, ein Geschäftsmann mit einer Aktentasche, zögerte nicht lange. Er rannte zu Ashy hinüber und verpasste ihm einen Hieb ins Gesicht. Und danach musste Ashy in ein Taxi flüchten, weil Aktentaschenmann und fünf andere die Jagd auf ihn eröffnet hatten. Ich musste mir den Bauch halten vor Lachen.

Zurück zum Hotel. Mittlerweile ist es sieben Uhr abends. United ist seit langer Zeit gerade erst wieder in einem europäischen Wettbewerb. Zudem war keiner je in der Türkei; wir wissen nicht, was uns erwartet. In jedem Fall sind in der Stadt keine Frauen zu sehen. Und ich trinke kaum mal etwas. *Was also sollen wir den ganzen Abend hindurch machen?*, überlege ich. *Das wird ja schön beschissen langweilig werden.* Mit zehn Leuten gehen wir in eine Bar. Der Rest der 200 hat sich in der Stadt verstreut; wir sitzen in diesem kleinen Café, in dem es auch Bier gibt. Drüben, auf der anderen Straßenseite, sehen wir andere unserer Fans sitzen, in einem weiteren Lokal. Langsam beginnt sich die Straße zu füllen mit Türken. Wir werden angestarrt. Auch in unserem Café sind jetzt einige. Jedes Mal, wenn Tet hochschaut und seinen Blick auf die Einheimischen richtet, hört er von denen: „Was gibt es zu gucken, fettes Schwein?“

Ich sage: „Tet, wirf ihm doch einfach `ne Flasche an den Kopf!“

Aber alle haben „12 Uhr nachts – Midnight Express“ gesehen, diesen Film über einen amerikanischen Studenten, der Hasch schmuggeln will und in einem türkischen Knast landet. Man hat also Schiss. Keine Hand rührt sich. Die United-Fans von der anderen Straßenseite kommen zu uns rüber und sagen: „Es wird langsam haarig.“ Es bedurfte nun nur noch des berühmten kleinen Funkens, und der ließ nicht lange auf sich warten: In unserer Gruppe war auch ein Mädchen. Massey aus Rochdale nimmt ihr Top, zieht es ihr hoch bis zum Hals und ruft: „Na? Was würdet ihr mit diesen Dingern anfangen?"

Die Hölle tut sich auf. Wir müssen uns Barhocker greifen, um die Türken davon abzuhalten, uns umzubringen. Irgendwann fährt die Polizei in zwei Kleinbussen vor und zerrt uns in die Fahrzeuge. Das erste Mal in meinem Leben fühle ich mich, wie sich wohl auch ein Kinderschänder nach seiner Verhaftung fühlt: Draußen schreien die Türken nach uns, und sie hämmern und schlagen an die Bordwände der beiden Busse und versuchen, sie umzukippen.

Nun geht es zurück zum Hotel. Nach nur einer halben Stunde sind alle 200, die sich in die Stadt aufgemacht haben, um ein paar Getränke zu sich zu nehmen, wieder im Hotel. Kaum einer, der nicht blutet, aber alle mit einer Geschichte zu berichten. Einige wurden von der Polizei zurück zum Hotel geprügelt, schneller, als es der sie verfolgende Türkenmob je geschafft hätte. Halb zehn am Abend, und alle sind wir wieder da. *Gott sei Dank wieder zu Hause. Hier sind wir sicher.*

Irgendwelche unserer Leute griffen dann im Verlauf des Abends die Tresenbesatzung der Hotelbar an. Manager und Bedienung sind geflüchtet, und die Bar gehört uns. Weil ich nun aber der Typ bin, der ich bin, fällt mir sofort die Frage ein: *Wo ist der Safe?* Einer der Jungs springt hinter den Tresen und findet, nach einigem Suchen, Geld. Viel Geld. Türkische Währung, Banknoten, die nach einem kleinen Vermögen aussehen. Wir gehen zu unserem Zimmer und teilen das Geld unter uns auf, wie man so etwas eben macht. Wir sind sechs oder sieben Leute.

Da sagt Ashy: „Habt ihr bitte mal nach draußen geschaut?"

Wir sind im zweiten Stockwerk des Hotels untergebracht und schauen hinaus auf die Straße, die an diesem Teil der Gebäudefassade ungefähr in unserer Augenhöhe vorbeiführt. Draußen stehen hunderte türkischer Männer, und weiter die Straße hinab etwa zweitausend weitere, zurückgehalten von einer Polizeiabsperrung.

Ich sage: „Okay, schnell, gebt mir die Israel-Fahne!"

Wir hingen die Fahne aus dem Fenster, als würden wir einem Stier ein rotes Tuch zeigen. Jedes Mal, wenn ich die Fahne schwenkte, kam aus der Masse ein wildes Geschrei, und ein Gedränge und Geschiebe zeigte an, dass die Türken versuchten, ins Hotel zu gelangen. Die Leute aus der Bar versuchten, den Eingang zu verteidigen, mit Stühlen, Tischen, großen Wandbildern; mit allem, das sie schnell genug greifen konnten. Die Türken weiter die Straße hoch versuchten währenddessen, unsere Fenster einzuwerfen. Coco war begeistert und hatte jetzt die Aufgabe übernommen, immer wieder die Fahne aus dem Fenster zu halten und zu schwenken.

Einige Male versuchte die Gruppe der United-Fans aus Birmingham Ausfälle; man stürmte hinaus, den Türken entgegen, hielt sich für ungefähr zwei Minuten, und dann mussten wir ihnen hinterher, um sie wieder in den Schutz des Hotels zu ziehen. Jeder Einzelne von ihnen war voller Blut.

Dann begannen sich die Ereignisse zuzuspitzen. Es war klar, dass bald die türkische Polizei hereinstürmen, das Gebäude räumen und uns verhaften würde. Wir schauten angestrengt hinaus. Keiner hatte den Mumm, aus einem der rückwärtigen Fenster zu springen, hinaus in die Höhle des Löwen, aber die Wahl war, entweder verhaftet zu werden und sich den Arsch im Knast penetrieren zu lassen - oder sich durch die hinteren Fenster zu verabschieden. Ich entschied mich als Erster für das Fenster, und obwohl ich sicher nicht der beste Läufer bin, legte ich die schnellsten einhundert Meter hin, die du je gesehen hast.

All unseren Jungs gelang die Flucht, und wir checkten uns in ein anderes Hotel ein.

Ich selbst gehe gut als Italiener oder Türke durch, vor allem, wenn ich etwas Sonne bekommen habe. Nach einer vernünftig langen Zeit des Wartens also schleiche ich mich zu unserem alten Hotel zurück, um mal zu sehen, was da los ist. Neugierig, eben. Gerade werden die United-Fans in Mannschaftswagen verfrachtet. Ich ziehe mich in einen Kebab-Imbiss zurück und bestelle eine Portion, während ich weiter beobachte. Natürlich hört man mein Englisch. Ich muss flüchten, ohne meinen Döner, aber verfolgt von etwa fünfzig Gästen aus dem Laden. Eine Hotel-Lobby scheint mir ein geeigneter Zufluchtsort, aber dort greift man gleich zum Hörer und holt die Polizei herbei. Die nehmen mich fest und fahren mich erst zu einer Wache, in der man meine Fingerabdrücke nimmt, dann zu einer zweiten, um ein Foto von mir zu machen, schließlich zu einer dritten, in der man mich befragt. Sie suchen nach den Leuten, die das Geld aus der Bar geklaut haben, aber die Kohle ist schon lange in irgendwelchen Sitzritzen irgendwelcher Hotelsessel verschwunden. Die Jungs aus Birmingham bekommen eine Anzeige, weil sie voller Blut sind, der

Reiseveranstalter bekommt ebenfalls eine - ich bekomme keine.

In dem Knast, in dem wir die Nacht verbringen, treffen wir ein paar junge Schwarze, die seit ungefähr vier Wochen nichts anderes als Brot gegessen haben. Die Toilette bestand aus einem Loch in der Mitte des Raumes. Als seien wir in die Steinzeit zurückgekehrt.

Am nächsten Morgen hatten wir uns vor der Polizeiwache hingesetzt und warteten darauf, dass einer unserer Freunde, dem man einen kurzen Ausflug gestattet hatte, mit sechs Döner-Portionen zurückkam. Während wir so dem Frühstück entgegensahen, kam ein Passant vorbei, sah uns, hielt an, kam zu uns herüber und haute dem ihm am nächsten Sitzenden von uns drei kräftige Ohrfeigen. Dann ging der Spaziergänger zu dem Polizisten, der uns beaufsichtigte, wechselte kurz ein paar Worte mit ihm, um dann zurückzukehren und erneut Ohrfeigen zu verteilen. Man hasste uns.

Um sieben Uhr abends wurden wir in Busse geführt. Vor den Bussen rangierte sich ein Panzer in Position. Alle 200 hatte man sardinengleich in die Fahrzeuge gestopft. Mit einer Eskorte von geschätzten 400 Polizisten fuhr man uns nun an das Flughafengelände heran. Als wir angehalten hatten, hatte die Polizei bereits eine Gasse von den Bussen zum Flughafengebäude gebildet. Einem Junge, der versuchte, mit seiner Kamera ein Bild von den aufmarschierten Kräften zu machen, wurde der Fotoapparat entrissen und in tausend Teile zerschlagen, bevor er dann selbst einige Schläge kassierte und schließlich in die Reihe zurückgeschubst wurde.

Erst im Flugzeug bekamen alle ihre Pässe wieder. Über die Lautsprecheranlage hörten wir den Piloten: „Glückwunsch allen, die es bis hierher geschafft haben! Wir müssen nur noch auf zwei weitere warten." Tet und Massey waren die einzigen, die es tatsächlich zum Spiel geschafft hatten. Als die dann endlich an Bord waren, hörten wir vom Piloten: „Okay, und jetzt lasst uns so schnell wie möglich aus diesem verschissenen Land abhauen!" In die Pässe der beiden Nachzügler hatte man „Abgeschoben" gestempelt. Ein Ausflug voller Hass, von der Minute an, in der wir landeten.

Fantastisch.

Uniteds Erfolg auf dem Rasen und der Reiz exotischer Trips auf das europäische Festland sorgten dafür, dass mehr und mehr Leute von früher wieder zum Fußball kamen. Langsam klangt auch die Euphorie und allgemeine Freundlichkeit ab, die die Rave-Szene ausgezeichnet hatte: Fußballgewalt wurde wieder modern unter den Männern um die dreißig. Und irgendwie hatten sie es alle ohnehin nicht völlig ablegen können. Man kannte sich seit Jahrzehnten, und die Folge war eine besonders eng zusammenhaltende Truppe, die durch keinen Undercover-Cop, keinen Journalisten infiltriert werden konnte. Einer dieser Truppe war „JB", der von einem fünf Jahre andauernden Ausflug ans andere Ende der Welt zurückgekehrt war.

JB: Eigentlich war ich sowohl ein Krimineller als auch ein Fußballverbrecher. Ich hatte mit Kreditkarten zu tun und mit Schecks. 1986, als ich von der Weltmeisterschaft mit England zurückkam, fuhr ich erst einmal für 15 Monate ein, und danach dachte ich, ich sollte wohl besser mein Leben in geordnetere Bahnen bringen. Deswegen wanderte ich 1988 nach Australien aus. Viele andere Jungs taten dasselbe.

Die Gang, mit der ich unterwegs war, verlor zu dem Zeitpunkt ohnehin irgendwie das Interesse am Fußball. Es wurde eigentlich mehr gesoffen und gezockt. United hatte eine Bande junger Rabauken, die immer auf eine Hauerei Lust hatten, aber die waren damals so um die achtzehn, neunzehn Jahre alt. Ich war Mitte dreißig. Mit den Young Guvnors von City hatten wir jede Menge Scharmützel in der Innenstadt, und für eine Zeitlang hatte City sogar die Oberhand, einfach, weil viele ihrer Jungs ständig in der Stadt herumhingen.

Fünf Jahre war ich unten bei den Aussies, dann kam ich zurück. Die Fußballhauereien seien tot, eine Sache der Vergangenheit, sagten sie mir. Die Grounds wären reine Sitzplatzangelegenheiten, und man ließe gegnerische Fangruppen sogar zeitgleich das Stadion verlassen; ohne jegliche Probleme.

November 1993 fuhren wir mit siebzehn alten Freunden zu Everton; Doyley, Massey, Tet und der Rest. In der Vergangenheit war das eine von den Paarungen, wo du all deinen Mut zusammennehmen musstest - jetzt war die Stimmung vor Ort vollkommen anders, beinahe lieblich und entspannt. Wir kamen von der Haupttribüne, und normalerweise wäre man jetzt am Laufen und kampfbereit. Stattdessen kam ich mir vor wie in den Ferien.

Doch da hörte ich: „Da sind sie! Da sind die Münchner!" Zwanzig Everton hatten auf uns gewartet, angeführt von Andy Nicholls. Er ging direkt drauf, ohne Zögern, und wir hatten einen richtig guten Nahkampf, über eine vergleichsweise lange Zeit, hin und her. Das war der Abend, als Nicholls auf One Punch traf und sich kurzzeitig auf dem Pflaster ausruhen musste.

Dieser Zwischenfall bewies mir, dass es noch nicht zu Ende war. Nur der Umfang hatte abgenommen. Aus Mobs von 400, 500 Leuten waren jetzt Gruppen von 30 oder 40 geworden, die dafür aber um so entschlossener agierten. Und die Polizei hatte eindeutig keinen Plan. Seit einigen Jahren schon hatten sie Auswärts- und Heimfans zeitgleich aus dem Old Trafford entlassen, und inzwischen war man vor Sorglosigkeit wohl schon fast eingeschlafen. Der Mob war deutlich kleiner, als ich von den Aussies zurückkehrte, aber es gab sie noch, die bekannten Gesichter. Wie Tony. Die jungen Psychopathen waren verschwunden, aber die alte Bande war noch da.

5

Die Football Intelligence

Das Versagen der Operation Mars zwang die Polizei, andere Wege zur Bekämpfung ihrer Zielpersonen zu bestreiten. Zusammen mit den anderen Polizeibehörden überall im Lande versuchte man nun, die Informationsgewinnung zu forcieren, dabei hoffend, Kämpfe schon im Vorfeld zu vereiteln, anstatt aufwendig die scheinbar unlösbare Aufgabe zu verfolgen, die stammesähnlichen, eng zusammenhaltenden Fußball-Banden zu infiltrieren.

Die Idee, umfassender Informationsgewinnung den Vorzug vor kostenintensiven Undercover-Aktionen zu geben, hatte bereits seit einiger Zeit Raum gegriffen. Im Sommer 1988 hatte England im Rahmen der Europameisterschaft gegen Deutschland anzutreten. Das Turnier war von einer Reihe von Gewalttaten begleitet, und einige der United-Leute waren dabei. Die Regierung folgerte, ein neues, engmaschiges Netz zur Informationsgewinnung sei erforderlich, um solche Szenen in der Zukunft zu verhindern. Im März 1990 versandte das Innenministerium eine Dienstanweisung an alle Polizeibehörden, mit der Einrichtung einer nationalen Football Intelligence Unit zu beginnen. Diese sollte die zentrale Stelle werden, in der Informationen über die maßgeblichen Hooligans des Landes gesammelt, analysiert und bei Bedarf ausgegeben werden, um Polizeioperationen besser zu koordinieren, mit ausländischen Kräften besser zusammenarbeiten und insgesamt Umfang und Natur der Fußballgewalt und ihres kriminellen Umfelds besser einschätzen zu können. Zudem würde diese neue Einheit technische und operationale Hilfestellung „bei der Nutzung optischer Beweissiche rungsausstattung“ (also Camcorder und Kameras) und bei der Analyse von Videomaterial gewähren. Obwohl die NFIU ihre Zentrale in London hatte, war ihr Leiter ein Polizist aus Manchester; Adrian Appleby. Als United 1990 einen Mob mit nach Italien brachte, wurden von einigen der Jungs Bilder gemacht, die dann in einer neuen Datenbank, einem bildgestützten System namens Picdar, landeten. Die NFIU wurde später Teil des National Criminal Intelligence Service (NCIS).

Zur gleichen Zeit startete die Polizei von Greater Manchester eigene Maßnahmen und hatte schon bald zwei Vollzeit-FI-Beamte, die sich nur um United kümmerten. Einer der beiden war Steve Barnes, ein Wachtmeister aus der Drogenfahndung.

STEVE BARNES: In den Anfängen war unsere Polizeiarbeit geradezu reaktionär. Wir hatten hunderte Polizisten ohne jegliche Idee, mit wem sie es beim Fußball eigentlich zu tun hatten. Wenn es zu Schlägereien kam, dann sprangen unsere Einheiten dazwischen und wirbelten mit ihren Schlagstöcken. Die Idee, dass eine Football-Intelligence-Gruppe, eine verdeckt arbeitende Aufklärungseinheit, eine sinnvolle Sache sein könnte, kam der Polizei nach den Krawallen von Leeds bei Birmingham, 1985, als dort eine Mauer am Stadion zusammenbrach und man mit Polizeipferden quer über den Platz ritt. Allgemein galt dieses Spiel als Wendepunkt. Aber am Anfang ging es natürlich träge voran.

Die Greater-Manchester-Polizei hatte erkannt, dass es engere Zusammenarbeit zwischen den Klubs und den Staatsorganen geben müsse, und man war entschlossen, dieser Erkenntnis Taten folgen zu lassen. Das Resultat waren die Fußball-Verbindungsbeamten. Die allerdings gehörten noch nicht zur FI im eigentlichen Sinne. In den nächsten zwei bis drei Jahren, so um 1987-88, wurde aus den Verbindungsbeamten dann Mitarbeiter der Football Intelligence, einige nur zeitweise abgeordnet, andere in Vollzeit. Dann ereignete sich die Katastrophe von Hillsborough, 1989, und von da ab gewann die ganze Sache an Dringlichkeit.

Seit 1978 wurde ich bei Fußballspielen eingesetzt, ab 1988-89 auch teilweise als Beobachter. Man lernte Gesichter und Leute kennen und durchblickte die Angelegenheit mehr, und das interessierte mich. Ohnehin konnte ich mich gut an Gesichter erinnern. Ab 1991 arbeitete ich dann noch vier Jahre in der Drogenfahndung, und dann wechselte ich als Vollzeitkraft in die Football Intelligence.

Eine computergestützte Datenbank gab es zu der Zeit noch nicht. Wir hatten ein kleines Büro in der Wache Stretford, und Bob Betts war der zuständige FI-Mann. Ich entwickelte meine eigenen Überlegungen, wie man der Fußballgewalt Herr werden könnte, und diese unterschieden sich von Bobs Vorgehensweise. Es kam zu Spannungen zwischen uns. Die Animositäten wurden so schlimm, dass er mich irgendwann nicht mehr zu den Spielen schickte. Worauf ich eine Dienstbeschwerde an den Polizeipräsidenten schickte, inklusive meiner Kritik an der bisherigen Arbeit der FI. Ich trat Betts die Beine weg, sozusagen.

Etwa um 1993 herum wurde Hooliganismus wieder zu einem schwerwiegenden Problem. Drei Gruppen konnten wir eindeutig identifizieren: die älteren United-Leute, die jungen Mancs und die Cockneys. Der größte Teil des harten Kerns von United wurde effektiv durch die Londoner gestellt, durch die Cockney Reds. An einem normalen Spieltag sah man dreißig, vierzig von den Älteren, dreißig oder vierzig von den Jungen, aber sicher mindestens siebzig oder achtzig Cockneys. Die Alten machten ihr eigenes Ding; das waren harte Typen, die davon überzeugt waren, eher ungestört eine Prügelei inszenieren zu können, wenn sie sich von den anderen fernhielten. Zu ihnen gehörten O`Neill, Wing Commander, Doyle, Massey, Ashton und Harry the Dog. Bei den Jüngeren schien es, als hätten sie keinen Anführer, aber nicht selten orientierten sie sich an den Cockneys, denn die Alten hatten, außer bei den großen Spielen, an ihnen kein Interesse.

Bei den Londonern gab es eine ältere Gruppe, geleitet von Banana Bob, und eine jüngere, die äußerst aktiv war. Ich war erschreckt, wie viele sie waren. Und für diese Jungs war der Tag noch nicht vorbei, wenn sie Manchester verließen. Für sie ging es noch weiter; am Bahnhof London-Euston oder in der U-Bahn.

Zunächst war es sehr schwierig, zu Erkenntnissen über das aus Manchester kommende Kontingent zu gelangen. Sie waren extrem gewieft und zutiefst misstrauisch gegenüber Fremden, und ihr starker Anteil an Kriminellen sorgte auch dafür, dass sie sehr gut über die Arbeitsmethoden der Polizei informiert waren. Älter, klüger und finanziell besser ausgestattet, buchten sie sich bei weiteren Fahrten in Hotels ein, abseits der United-Horden, um ihr eigenes Ding zu machen.

Gewalt und schlechtes Benehmen waren aber beinahe immer auf der Tagesordnung.

PAUL DOYLE: Wir übernachteten in Hotels wie dem Tower Bridge, wenn wir in London waren, und leerten dort die Bar. Einer von uns rief, sagen wir, in Raum 126 an und fragte: „Entschuldigung, spreche ich mit Herrn Davidson?"

Dann kam etwa als Antwort: „Nein, tut mir leid, hier ist Philips."

„Oh, entschuldigen Sie bitte."

Damit hatten wir Namen und Zimmernummer eines Gastes. Am Abend, wenn es an die Getränke ging, ließen wir alles aufschreiben – auf die Rechnung von „Herrn Philips, Zimmer 126". Einmal waren wir im Nachtclub des Hotels und hauten uns den Champagner rein, und alles ging zu Lasten eines deutschen Geschäftsmannes, der auch noch mit uns trank. Die Rechnung belief sich auf ungefähr 1.800 Pfund.

1994 spielten wir gegen Villa im Ligapokalfinale. Hierfür hatten wir uns im Britannia Hotel in den Docklands einquartiert. Irgendwann landeten wir alle im Club des Hotels, standen dann aber nur herum, weil wir eben zu hässlich sind, um die Frauen dort klarzumachen. Eigentlich musst du in dem Etablissement schick gekleidet sein, Anzug und so. Doch da kommen zwölf Millwall durch die Tür, nur in Shorts und Sommerhemden: Die Türsteher sind zu ängstlich, um die Truppe abzuweisen. Millwall macht den Lauten, die Lichter gehen an und die Polizei kommt irgendwann, um Millwall aus dem Laden zu werfen.

Wing geht zu ihnen rüber. „Hört zu, Leute. Wenn Ihr es wissen wollt, geht ein paar hundert Meter die Straße lang, weg von der Polizei, und dann gibt es auf die Ohren."

„Wer bist Du denn?!" wird gefragt.

„Scheiß drauf, wer ich bin", sagt Wing. „Wir treffen uns gleich draußen, da hinten an der Straße."

Ein paar Minuten verstreichen, und die Millwall-Leute sind immer noch im Laden. Wieder geht jemand aus unserer Gruppe zu ihnen rüber und wechselt ein paar Worte. Es dauert etwas, und dann kommen sie an uns vorbei, auf ihrem Weg nach draußen. Die Warterei hat zu lange gedauert: Einer von ihnen, ein glatzköpfiger Typ, bekommt eine Budweiser-Flasche über den Kopf gezogen. Los geht es, und es steht fünfzig zu fünfzig. „Rauf auf die Nord-Schweine!" schreien sie, wohl, um den Rest der Gäste auf ihre Seite zu ziehen. Wieder taucht die Polizei auf, dieses Mal jedoch mit zwei Hundertschaften. Weil wir Fußball-Hooligans sind und wissen, wann man sich haut und wann nicht, sorgen wir schnell für entspannte Stimmung im Foyer. Draußen allerdings sieht man Tet, wie er von einem riesigen Schwarzen über den Parkplatz gejagt wird. „Hilfe! Hilf mir, Doyley!“

„Nix werd` ich tun!“ rufe ich zu ihm rüber. „Du bist allein!“

Im folgenden Jahr mussten wir gegen Everton im Pokalfinale ran, und wieder residierten wir im Britannia Hotel. Es war üblich bei uns, sich ein Hotel mit einem angeschlossenen Nachtclub auszusuchen. Wir hätten sonst nie und nimmer in London einen Club gefunden, der uns vierzig eingelassen hätte. Also, wir kommen da an mit gut zwanzig Leuten - und zusätzlich hatten wir eine Familie hochrangiger Gangster aus Manchester eingeladen. Wir betreten zusammen den Club und treffen im Foyer auf sieben oder acht Scouser. Die waren mit ihren Bentleys vorgefahren, waren selbst also hochrangige Kriminelle aus Liverpool. Unsere Gangster nehmen uns beiseite und sagen: „Hört mal, Jungs, das sind Bekannte von uns. Lasst sie in Ruhe, ja?“

Mark aus Lincoln kotzte das an. „Scheiß-Gangster, scheiß Kriminelle. Die gehen mir richtig auf den Sack!“ Fußball-Hooligans ticken eben etwas anders.

Es hätte übel aus dem Ruder laufen können, aber am Ende ließen wir sie in Ruhe, und man verbrachte den Abend gemeinsam. Aber wir können uns einfach nicht längere Zeit verstellen: Als die meisten schon auf ihren Zimmern sind, sieht einer von uns einen der Scouser, völlig besoffen in einem der Korridore liegend: Der Scouser wird beklaut, und man steckt ihm eine Zeitung in die Hose und zündet die dann an.

TONY: Anders als Forest ein paar Jahre zuvor, tauchte Villa bei unseren Stammkneipen in Kilburn nicht auf. Viele ihrer Leute allerdings hatten sich einige Stationen mit der U-Bahn entfernt niedergelassen. Ich hatte mich mit ein paar Kumpels abgesetzt, um unseren eigenen kleinen Geschäften nachzugehen, als wir rein zufällig in einer der U-Bahn-Stationen in ein ausgewachsenes Handgemenge zwischen United und Villa liefen. Nun, die Bierdose in meiner Hand fliegt ohne Bedauern an den Kopf des nächstbesten Villa-Typen, und wir springen, aus unserer Richtung kommend, hinein ins Getümmel. Das Blatt wendete sich, als es United gelang, Villa vom Durchbruch durch die Absperrungen der Fahrkartenkontrolle abzuhalten. Jetzt kommt United von der anderen Seite, um uns zu unterstützen. Ohrenbetäubender Lärm in der Enge des U-Bahnhofs. Jeder schlägt auf jeden ein; wir stehen viel zu dicht gedrängt.

Ich bin immer wieder aufs Neue erstaunt, was in solchen Situationen abgeht, was man beobachten kann: Ein Feuerlöscher landet auf irgendeinem Kopf. Leute schwingen Stangen, sogar Kehrbesen, herum und lassen sie niederkrachen. Ganz ehrlich; es ist super. Es hat alles. Nicht zu schlagen, einfach überwältigend.

Und das machten wir auch mit Villa – wir überwältigten sie. Endlich hatten wir sie zurückgeschlagen, aber, um fair zu sein, sie hatten sich gut gehalten. Ein großes Problem stand ihnen jedoch noch bevor: Sie mussten es bis nach Wembley schaffen, mit der U-Bahn. Damit war die Sache für sie noch lange nicht vorbei. Wie in den *Warriors*, diesem Film, in dem die Gang zurück nach Coney Island fahren musste und an jeder Haltestelle ein anderer Mob wartete.

Villa versuchte, den Zug zu wechseln, geriet dabei jedoch in eine andere große United-Gruppe, die bereits in den Waggons stand. Villas Jungs standen gerade auf dem Bahnsteig und beschimpften unsere Schalträger, als dieser Zug einlief. Die Türen gehen auf, und Villa bekommt Ohrfeigen. Am Ende war es die Polizei, die Villa bis zum Wembley Way eskortierte. Und wie traurig die Herren aus Birmingham aussahen. Der ganze Anmarschweg war voller United, die sich nicht die Chance nehmen lassen wollten, eventuell noch mal einen schnellen Hieb anbringen zu können. Aber keine Chance; Villa hatte die Nase voll. Kein Mucks war von ihnen zu hören, während sie den Wembley Way hinauftrotteten. Nicht als Mob, sondern eher in kleinen Grüppchen. So, als würden sie sich nicht kennen. Ein insgesamt eher schlechter Tag für Villa.

Ein weiteres Endspiel des Jahres 1994 war das gegen Chelsea, das United 4:0 gewann. Wie üblich waren wir schon am Freitag in London – Zug, Hotel, das übliche Prozedere für Pokalspiele, eben. Der Freitag ist immer eine Bombensache, weil alle bekannten Gesichter vor Ort sind. Dann kann alles passieren, und meistens passiert auch alles Mögliche: Die Bar geht kopfüber, Champagner, Bier, die Kasse verschwindet gen Westen und das Geld darin in unseren Taschen, Essen und

Getränke gehen auf Kosten irgendeines Hotelgastes, dessen Name und Zimmernummer man frühzeitig erspäht hat. Und manchmal wird man selbst zum Opfer, zur Freude der anderen.

Sonnabendmorgen um neun ist alles bereits auf den Beinen. Kilburn war angesagt, für Uniteds Gesamtmob, denn es war an Chelsea, uns dort zu besuchen. Bereits um zehn Uhr war die High Road in Kilburn auf ganzer Länge voller United. Einige Kneipen waren bereits voll, obwohl noch gar nicht offiziell geöffnet war: Die Gastwirte hatten netterweise die Türen zum Hof aufgeschlossen. Um elf werden bereits die ersten unruhig und fragen sich, was los ist. Denn noch war nichts los. Aber wenigstens hält uns das in Alarmbereitschaft.

Wir waren alle davon ausgegangen, dass Chelsea auflaufen würde, und vor allem, dass sie es früh tun würden. Taten sie aber nicht. Und wir glaubten, dass sie, weil sie sich für die erste Sahne halten, uns dies auch beweisen wollten. Aber es schien, dass sie so früh am Tage einfach noch nicht ihre Mannstärke zusammen hatten.

Ein Uhr durch, und jetzt endlich kommen sie. 500 bis 600 Gestalten kommen die Straße hoch, auf ganzer Breite. Unsere Leute stecken in sechs oder sieben randvollen Kneipen; wer Lust hat, kann sich unsere Stärke also selbst ausrechnen. Das ärgerliche Problem: Chelsea ist von Polizei umgeben, von Polizeieinheiten von geradezu unglaublichem Umfang. Man möge sich die Szene vorstellen, als sie langsam näher kamen: Die High Road voll von United, langsam Chelsea entgegengehend und höflich zum Kampf auffordernd. Die meisten von uns allerdings wissen, dass nichts passieren wird: Die Polizei sperrt die Straße mit Bussen und einer Pferdestaffel, und die beiden Mobs werden auseinandergehalten. Kurze Zeit später drängen sie Chelsea ab, zurück, die Straße entlang, die man gerade gekommen ist.

Totale Ernüchterung, völlig enttäuschend. Welch ein großer Haufen Scheiße, der immer dann passiert, wenn einige Leute denken, sie seien die Top-Hooligans und könnten enthemmt mit ihrem Mobiltelefon herumtelefonieren. Viel zu häufig war das bereits geschehen, und vor allem mit Chelsea passierte das immer wieder. Sie klären gern die Sache vorher und lassen sich ungern überraschen, besonders, wenn es gegen United geht.

Ich selbst wurde kein Augenzeuge irgendwelcher Schlägereien an jenem Tag, aber hörte Berichte von United-Fans, denen man auf dem

Weg zum und vom Stadion ein paar gelangt hatte, obwohl sie nicht auf irgendwelchen Ärger aus waren. Ihr nennt euch Fußball-Hooligans? Das klingt mir aber eher nach feiger Aufschneiderei!

Das einzige Zusammentreffen mit Chelsea – bei dem sie dann auch sofort zweiter Sieger blieben – geschah gleich am oberen Ende des Wembley Way, bei den Toiletten, wo Chelsea mit ein paar Leuten herumstand und den Breiten machte. Einige unserer Jungs entgingen der Aufmerksamkeit der Polizei, schlichen aus Richtung der Kioske heran und sprangen dann zwischen Chelseas Hartmänner, um ihnen einige nette Schläge ins Gesicht zu drücken und sie zurückzudrängen, bis die Polizei dazwischenkam.

Der Grund, warum dies der einzige nennenswerte Zwischenfall blieb, war sicher der Regen, der eimerweise aus den Wolken brach und jeden von den Straßen vertrieb. Weil man jedoch Chelsea kennt, darf man sicher sein, dass sie vermelden, dass einhundert ihrer Jungs 2.000 United in die Flucht geschlagen haben, immer die M1 hinauf. Oder sind solche Behauptungen eher West-Ham-Stil? Ganz bestimmt hingen die auch irgendwo herum am Finaltag. Einer von beiden wird sicher bald das Buch mit dem Titel „Wir laufen nie" veröffentlichen.

PAUL DOYLE: In Kilburn, beim Chelsea-Spiel, hatten einige von den Jungs noch ihre Hotelpuschen an den Füßen – so schnell hatten sie den Abgang gemacht, um nicht bezahlen zu müssen. Anstoß war um drei, aber alle waren früh am Start.

Zwei Chelsea kommen vorbeigeschlendert. Wing beginnt eine Unterhaltung mit ihnen, weil er ein Netter ist und so. Ich stelle mich dazu und frage: „Was ist los?"

Wing sagt: „Ich erkläre ihnen, wo wir uns treffen, wenn sie Bock drauf haben."

Ich schalte mich ein: „Gib diese Nachricht weiter", sage ich zu einem der Chelsea-Typen, „deine Leute werden mehr abbekommen als dies!" Damit hämmere ich ihm eine ins Gesicht und breche ihm die Nase.

Es dauerte keine zehn Minuten, da kommen Hunderte von ihnen die Straße entlang und versuchen einen Angriff, aber die Polizei hält sie ab.

Dies war das einzige Spiel, bei dem wir mit vierzig Mann den Wembley Way entlangkamen. Wenn wir beim Spiel sind, kann sich jeder mit einem Trikot oder einem Schal um den Hals neben uns setzen und uns fußballmäßig vollquatschen. Kein Problem. Kommt man aber ohne Schal, dafür mit Designer-Klamotten an, dann ist man Kandidat für einen Einlauf. An jenem Tag prügelte Chelsea auf unsere Bekloppten ein. Wir mussten zwar den Wembley Way entlang und uns alle dreißig Sekunden umdrehen, um uns zu stellen, aber wir verloren nicht eine Hauerei den ganzen Tag. Die Cockneys hingegen suchten sich als Opfer Väter mit Kindern.

Nach dem Spiel sammeln wir uns vor dem Stadion. Mark ist im hinteren Teil, ich bin ganz vorne. Chelsea kommt sowohl von vorne als auch von hinten, zeitgleich. Sie hatten einen schwarzen Typen dabei, der hinten, im Nacken, dick „Chelsea“ stehen hatte, in solch riesigen Lettern. Ich weiche ihm aus wie ein lieber Junge, und dann haue ich ihm eine, und er ist sofort weg. Zur gleichen Zeit erwischte Mark im hinteren Teil ebenfalls einen. Chelsea ist erledigt, und da laufen sie auch schon den Wembley Way runter. Unser Undercover-Polizist berichtete uns später, dass beim nächsten Spiel von United gegen Chelsea der riesigste Schwarze, den er je gesehen hatte, herumrannte und jeden fragte: „Wo ist One-Punch Doyley?“ Der war vielleicht am Kochen!

STEVE BARNES: Als ich das erste Mal unser Büro in Stretford betrat, hingen da dreißig oder vierzig dumme Fotos an der Pinwand, und wir hatten keinen einzigen Namen. Als ich übernommen hatte, hingen da 400. Mein Gedanke war: Wenn ich sie alle kenne, und wenn sie wussten, dass ich sie alle kenne, dann würde das schon eine erste Abschreckung sein, wenn sie mich am Spieltag auftauchen sehen. Ich hatte Fotos, Aktenzeichen und Adressen. Wenn also Kollegen reinkamen, die am Spieltag zum Dienst eingeteilt waren, dann konnten sie einen Blick an die Pinwand werfen: Ich wollte, dass jeder im Bilde war, wer wer ist. Nach einiger Zeit hatten wir eine überaus beeindruckende Galgenvogel-Gallerie, über die wir später sogar Jalousien montierten, die wir runterlassen konnten, wenn jemand im Büro war, dem wir keinen Blick auf die Pinwand gestatten wollten.

Drei, vier Jahre war ich als Beobachter eingesetzt und lernte so das Geschäft. Ich sah, wie Bob Betts arbeitete, und lernte Namen und Gesichter, und sie lernten mich kennen. Ich verstand, dass eine Verhaftung das letzte war, was meine Klienten wünschten, sah aber auch, dass einige sich direkt vor Bobs Augen prügelten und meinten, damit davonkommen zu können. Da, so meinte ich, könnten wir doch etwas präventiver tätig sein.

Betts wurde schließlich versetzt und arbeitete als bürgernahe Beamter in Partington. Übrig blieben also ich und ein Typ namens Dick Giddings. Wir waren nun die Football Intelligence Officers, die „FIO". Nach zehn Monaten wurde Dick durch Kieran Murray ersetzt. Er war bereits mein Partner in der Trafford-M-Drogeneinheit gewesen und seitdem mein Freund. Mein erstes Spiel als FIO war ein Pokalspiel im Januar 1995 bei Sheffield United. Unsere Basis war das Büro in Stretford. Es war super. Die Drogeneinheit hatte mir schon gut gefallen, aber dies hier war ein Traumjob. Ich musste mich jeden Tag selbst erst einmal kneifen, um zu sehen, ob ich nicht träume. Ich arbeitete spät, Überstunden, unbezahlt, nur um schnell zu lernen, welches Gesicht sich hinter welchem Namen verbirgt. Und dann machte ich mich auf die Suche nach Informanten.

Von einem der wichtigen Typen bei den Cockneys vermutete man, dass er schwer im Kokaingeschäft stecken würde. Er war ein typischer Londoner „Wideboy"; ein Straßenkrimineller, und entsprechend vermittelte er den Eindruck, einen ziemlich luxuriösen Lebensstil zu führen. Als ich von Bob Betts übernahm, merkte ich sofort, dass mich dieser Typ austestete. Wir spielten bei Norwich, und er griff sich direkt vor meiner Nase einen Norwich-Fan und begann, ihn zu bedrohen und zu beleidigen. In der Vergangenheit war er, so schien es, immer damit durchgekommen. Ich aber ging jetzt zu ihm hin, packte ihn am Kragen seiner Jacke, wuchtete ihn gegen eine Mauer und schrie ihn an: „Was, glaubst du, tust du da gerade?! Wag` es nicht, nochmal vor meinen Augen so herumzuspinnen!" Er verstand die Botschaft. Insgeheim hätte ich mir gewünscht, der Norwich-Fan hätte ihm schön eins auf die Nase gehauen.

1995 hatten wir das letzte Spiel der Saison bei West Ham. Wir hätten den Titel holen können, aber am Ende wurde Blackburn Meister. 250 Leute vom United-Mob trafen sich in einem Hotel nahe des Bahnhofs Euston. Von den 250 waren nach meiner Einschätzung nur etwa 70 aus Manchester selbst.

Für uns verlief der Tag positiv; wir hatten einen guten Standort für unsere Beobachtungen gewählt, nahe des Bahnhofs, und konnten lückenlos verfolgen, wie Manchester aus dem Bahnhof kam und sich sammelte. Dann ließen wir sie weiträumig umstellen. Das war nötig, denn auch etwa 180 Leeds waren in London aufgetaucht, und zudem 120 vom harten Kern von Middlesbrough. Und natürlich waren jede Menge Cockney-Gangs unterwegs.

Londons Metropolitan Police übernahm dann die Durchsuchung jedes einzelnen Fans aus dem Hotel und machte auch Videoaufnahmen in bildfüllender Portraitqualität. Diese Aufnahmen wurden dann unsere Bibel in den kommenden Jahren. Das hervorragende Ergebnis dieses Tages war, dass wir bis dato nur wussten, wer wer war, nun aber auch sagen konnten, wer bevorzugt mit wem Kontakt hielt; wir durchblickten jetzt den inneren Aufbau des Mobs.

In der Folge erhielten wir vermehrt Anfragen der Kriminalpolizei wegen einiger unserer Zielpersonen, denn die hatten nicht selten nicht nur mit Fußballgewalt zu tun, sondern auch mit anderen Straftaten. Davon profitierte ich als FIO in ungeahntem Ausmaß, denn ich kannte ja mittlerweile unsere Klientel sehr genau. Nicht selten stellte ich mich mitten zwischen sie und plauderte mit ihnen, und wenn sie mich fragten, warum ich denn mit ihnen sprechen würde, sagte ich ganz ehrlich: „Auf diesem Wege lerne ich euch alle kennen."

Nahe der Aufgänge zum Old Trafford gab es eine fest installierte Kamera, und wo sich die Jungs auf dem Vorplatz trafen, stellte ich einen Beamten mit einer weiteren Kamera hin, der das ganze Spiel über filmte. Jeden Montag darauf ließen wir dann von einem Videostudio Standbilder von Großaufnahmen ihrer Gesichter machen und diese auf Fotofilm ausdrucken. Gab es irgendjemanden, den ich bisher noch nicht kannte, holte ich meinen Informanten ran und ließ ihn herausfinden, um wen es sich handelt. Dann, beim nächsten Spiel, ging ich zu dem Neuen hin und sagte: „Hallo, John" oder wie auch immer er hieß, und meistens fiel demjenigen dann die Kinnlade runter vor Überraschung, dass ich ihn kannte.

Ich erbte von Bob Betts seinen Informanten. Der taugte allerdings nicht viel. Ich war entschlossen, aus jeder der drei großen Gruppen bei United einen für meine Zwecke zu gewinnen. Der erste Durchbruch gelang dann, weil ich gute Kontakte zu Einheit CO11 bei New Scotland Yard in London hatte; das ist die Truppe, die für Landfriedensbruch und solche Delikte zuständig ist. Der leitende Inspektor dort war Barry Norman, ein ganz netter Typ. CO11 war zudem federführend für die FI. Die waren super dabei; andauernd kamen von denen Anfragen, und wenn wir Info benötigten, kam immer sehr schnell eine Reaktion. Ich hatte jede Menge mit denen zu tun, denn wir waren einzigartig, so gesehen: Ein Verein aus dem Norden, der einen großen, gewalttätigen Anhang im Süden des Landes hatte, der sich zudem noch fernab der Spieltage mit anderen Mobs im Süden haute. Die Cockney Reds waren in London nicht gerade beliebt, aber sie konnten sich problemlos behaupten und bei Bedarf auch in großer Zahl antreten.

CO11 hatte bereits einen Informanten unter den Cockney Reds, den sie als nützlich erachteten. Und bei irgendeinem Spiel wurde dann einer von den jungen Mancs festgenommen. Ich besuchte ihn in der Zelle und erpresste ihn, im Grunde genommen: Ich sagte, er würde eine Anzeige bekommen und dürfe Knast entgegensehen, aber wenn er kooperierte, könnte ich eventuell auf die Anzeige verzichten. Er wollte nicht in den Bau, und vor allem wollte er nicht mit dem Etikett „Hooligan" versehen werden. Ich machte klar: „Ich will von dir keine Namen. Nur die Treffpunkte, und wie eure Pläne aussehen. Und du musst jederzeit für mich per Telefon erreichbar sein." Er stimmte zu und erwies sich für über zwei Jahre als guter Zuträger.

Am Ende hatte ich 600 Fotos in meinen Ordnern und vier Informanten: Zwei unter den Cockneys, einer bei den alten United-Leuten und einen bei den jungen Mancs. Damit, so war ich eigentlich überzeugt, hatten wir die nächsten etwa vier Jahre im Sack, und wir waren auch erfolgreich. Schwer war nur, alles geheim zu halten.

Ein Informant stach besonders hervor. Er bekam für seine Arbeit 600 Pfund zuzüglich Bonuszahlungen und war damit aller Wahrscheinlichkeit nach der bestbezahlteste Fußball-Informant des Landes. CO11 jedenfalls hielt ihn für den besten, den sie je hatten.

Wir klassifizierten unsere Informationen in unterschiedliche Stufen, je nachdem, wie wir sie in ihrer Wichtigkeit und Verlässlichkeit einschätzten: A1 war eine Quelle, die in der Vergangenheit stets punktgenaue Angaben gemacht hatte. Und die Kategorien gingen dann runter bis X4. X ist nicht unbedingt die schlechteste Information; sie stammt aber aus unbekannter Quelle, ist unbelegt. Es kam vor, dass jemand bei einem Beamten anrief und berichtete: „Ich war eben in den Toiletten vom Bulls Head, und da haben sich zwei Typen über ein Match unterhalten, irgendeine dicke Hauerei, die morgen Abend stattfinden soll." So etwas wäre bei uns als C2 klassifiziert worden. Wenn dann in der Folge weitere Info reinkam, die diese bestätigte, wurde die Kategorie geändert, die Information aufgewertet und als Zusammenfassung übermittelt an die Polizeibehörde, in dessen Zuständigkeit United sein Spiel austragen würde. Wenn die Einheiten dort fit waren, würden sie diese Information verwenden können.

Klar, nicht immer klappte alles so, wie wir es uns vorstellten. Einmal hatten wir einen von Uniteds Rädelsführern in unser Büro gebeten, um ihn wegen eines Zwischenfalls zu befragen. Wir versuchten im Laufe des Gesprächs, ihn als Informant zu gewinnen. Nach ein paar Minuten, in denen wir uns abmühten, entdeckten wir, dass in seiner Jackentasche ein Diktiergerät steckte. Ich dachte nur: *Ach du scheiße, das wird er jetzt der ganzen Truppe vorspielen!* Aber, äußerst fair, sagte er nur: „Schon gut - das Teil ist nicht angeschaltet." Als wir ihn zur Tür brachten und er das Gebäude verließ, wartete dort Tony O`Neill auf ihn. Er war es, der den Jungen mit dem Aufnahmegerät ausgestattet hatte. Er hatte vorausgesehen, was wir vorhatten.

Es ist nur menschlich, einige Leute mehr zu mögen als andere. Für viele der FI-Trupps im Lande hatte ich nicht sonderlich viel über. Tottenham war gut; der Beamte dort war äußerst fit. Liverpool war ebenfalls recht gut, und auch Arsenal, wo Ray Whitworth einer von den FI-Beamten war. Ray, muss man wissen, ist zugleich auch der Verbindungs- und Sicherheitsbeauftragte der Polizei bei England-Länderspielen. Wo immer England spielt, da ist auch er. Die Polizei in den West Midlands hingegen verhaftete meist nur, und das oft wegen ausgesprochener Kleinigkeiten. Die taten alles, um es sich mit den Fans zu verscherzen. Und die Zellen waren immer gerammelt voll. Mit den Informationen, die ihnen zur Verfügung gestellt wurden, gingen sie weitaus weniger engagiert um.

Bei Auswärtsspielen waren wir immer dabei. Bei mehr als 150 Kilometern Anreise machten wir uns am Vorabend auf die Reise und übernachteten dort (und holten uns aus einem indischen Imbiss immer ein Currygericht; das war Tradition). Dann gab es eine Dienstbesprechung mit den örtlichen Cops. Idealerweise nahmen wir auch an der Einsatzbesprechung teil und gaben in dem Rahmen auch unsere Informationen zum Besten; meistens war das so um 8.00 oder 8.30 Uhr morgens. Dann gab es die Anweisungen für die unteren Dienstgrade, und auch da sollten wir eigentlich immer dabei sein. Zum Schluss wurden die für die Beobachtung eingesetzten Beamten gebrieft.

Drei Besprechungen, so hielten wir es immer - es sei denn, dies würde mit den Geschehnissen draußen kollidieren; wenn also etwa Fans mit einem der Frühzüge eintreffen würden. Dann musste man draußen sein und seine Arbeit machen, statt sich zu besprechen.

Aber nicht alle Polizeibehörden des Landes sahen das ähnlich. Bei Derby County kam ich mit Nachrichten an, wonach ein großer United-Haufen in Begriff war, aufzutauchen. Die zuständigen Beamten allerdings fand ich in der Kantine: Es fand die Ausgabe der Essenmarken statt - zu der gleichen Zeit, in der der Zug aus Manchester einlief. Mit unseren Leuten an Bord, die entschlossen waren, die Stadt ins Chaos zu stürzen. So etwas konnte einen schon verrückt machen.

6

Herausforderer

Ungeachtet der Kampfstärke von Uniteds Hooligans Mitte der Neunziger gab es eine ganze Anzahl von Herausforderern, von Mitbewerbern um den inoffiziellen Titel der übelsten Hooligans Großbritanniens. Wie schon in den achtziger Jahren, so fand man auch jetzt viele der größeren und aktiveren Gangs bei Teams unterhalb der ersten Liga. Besonders nennen muss man hier die Soul Crew (von Cardiff City), die Naughty Forty (von Stoke City) und Birminghams Zulu Warriors.

Zu Beginn der Spielzeit 1994-95 hing Birmingham City zwei Ligen unterhalb der von United herum; seit nunmehr acht Jahren hatte man dort nicht mehr im Oberhaus Fußball gespielt. Birminghams multiethnischer Zulu-Mob jedoch, benannt nach ihren „Zulu, Zulu!"-Rufen, die man immer hören konnte, wenn sie zum Angriff übergingen, war sicher einer der gefürchtetsten Haufen. Im September 1994 sahen die Zulus endlich eine Gelegenheit, ein paar Leute anzugreifen, die sie für Uniteds Mob hielten.

Ein beliebter Boxer aus Salford, Steve „Viking" Foster, sollte im National Exhibition Centre, dem großen NEC in Birmingham, im Halbmittelgewicht gegen Robert McCracken antreten, und zwar als Vorkampf eines Weltmeisterschafts-Fights von Nigel Benn. McCracken, ein Bewohner Birminghams, ein „Brummie" also, war Fan der Blues und hatte gute Kontakte zu den Zulus. Foster hatte ebenfalls eine gewalttätige und extrem harte Fangemeinde, die sich überwiegend aus den großen Gebieten sozialen Wohnungsbaus in Salford rekrutierte. Wie auch ihr Boxidol, so hörten auch sie auf den Namen „The Vikings" und hatten sogar ihren eigenen Sprechchor, den sie aus einem Film gleichen Namens hatten, dem von 1958 mit Kirk Douglas und Tony Curtis. Man hörte sogar von Geschichten, wonach die Salford Vikings auf seltsame Art Boxerfolge ihres Helden Steve Foster feierten: Sie zündeten alte Autos an und fuhren diese brennend in den Manchester Ship Canal.

Viele aus diesem Haufen waren eingefleischte United-Fans.

Wie es später schien, hatten die Zulus geplant, nach ihrer Rückkehr von ihrem Auswärtsspiel bei Oxford United die Jungs aus dem Norden in der Boxarena des NEC zu überfallen. Die brutale Hauerei, die daraus entstand, gilt als das Heftigste, was sich je rund um einen Boxring in Großbritannien abgespielt hat.

SALFORD VIKING: Die Straßen Salfords sind nicht gerade mit Gold gepflastert, sondern eher mit Hundescheiße und dem Blut der letzten Nacht, aber tief drinnen in jedem Salforder Jungen schlägt ein Herz aus Gold. Als also einer unserer Jungs um den Titel boxte, führte das zur größten Reisewelle aus Salford seit den letzten Armenviertel-Säuberungen. Über 1.100 Leute fuhren, alles liebe Jungs, wenn sie gute Laune hatten, aber skrupellose Verbrecher, wenn es mal schattig wurde. Jede Gang war dabei: Die Jungs, die mit geklauten Kisten die Schaufenster der Juweliere einfuhren, die Gangster, die Fußball-Hooligans. Und alle hatten eins gemeinsam – sie allen waren aus Salford.

Zwei oder drei Busse fuhren vom Ashley-Brook-Pub, ein Doppeldecker vom Weaste, andere vom Woolpack in Salford Precinct, vom Priory, wo die meisten Vikings immer soffen, vom Church Inn, ein Laden der älteren Typen, die immer voll waren, aber auch losprügeln konnten, wenn es darauf ankam; genau genommen fuhren aus jeder Kneipe in Salford an dem Abend Leute die M6 nach Birmingham runter. Es gibt immer einen aus Salford, der einen anderen aus Salford nicht gut leiden kann, klar, aber an dem Tag, als alle zusammenkamen und ein gemeinsames Ziel hatten, das war schon ein erhebender Anblick.

Am NEC angekommen, stiegen wir aus unseren Bussen aus, und die meisten machten sich gleich auf den Weg ins Stadtzentrum von Birmingham. Niemand hielt es für nötig, in großen Gruppen herumzulaufen – wir erwarteten keinen Ärger an diesem Tage. Mit einem Taxi erreichten wir schon bald ein Lokal. Das war voller Zulus, und eine ganze Weile erschien es ungemütlich zu werden, aber wir saßen die Sache aus. Die Zulus machten uns gleich deutlich, dass uns Unheil bevorstand, denn, so hieß es, niemand albert ungestraft vor den Augen der Zulus herum. Weil wir nur mit einer Handvoll Leute in dieser Gaststätte waren, mussten wir das Gesagte erst einmal kommentarlos schlucken.

Wir machen uns schließlich wieder auf den Weg zum NEC, und als wir dort ankommen, sieht man sofort, dass es bereits Haue gegeben hat. Eine Busladung Nigel-Benn-Fans hatte man verprügelt, und auch eine Gruppe aus Leeds war den Einheimischen begegnet. Die Zulus waren als große Gruppe in die Halle gekommen und hingen als Mob herum. Dann griffen sie ein paar Salforder Leute an, die in der Bar der Halle Bier tranken und im Grunde nur Boxsport-Freunde waren. Aber die Sportfans waren keine Hänflinge und verteidigten sich zünftig. Zahlenmäßig jedoch waren sie unterlagen.

Als wir ankamen, war uns von all dem noch nichts bekannt. Während wir uns orientierten, brach erneut eine Prügelei aus. Ziemlich schnell erkenne ich, dass es die Truppe vom Ashley Brook ist, aus der Liverpool Street in Salford. Das gleiche Spiel; das sind alles gute Typen, aber eher Box-Fans, die nicht auf Ärger aus sind und sich zudem in der Unterzahl befinden. Sie werden von den Zulus zurückgetrieben. Aber die Zulus haben ja auch noch keine Bekanntschaft mit dem harten Kern von Salford gemacht.

Dann verlagerte sich der Streit in die Haupthalle. Die Zulus begannen, Leute zu bedrohen und Jugendlichen aus Salford Backpfeifen zu hauen. Fotografen kamen herbei, um Bilder vom Geschehen zu machen, und die Zulus entwendeten ihnen ihre Kameras. Langsam wurde man auf unserer Seite ärgerlich: „Sammelt euch, geht Richtung eurer Plätze, und dann schauen wir mal, was Anmache ist!" Die Mehrzahl war immer noch nicht eingetroffen: Ordsall war noch nicht in der Halle, der Mob aus Weaste war unterwegs von der Polizei angehalten worden, weil ein Busfenster kaputtgegangen war, Cheetham Hill hing noch irgendwo herum, und der Precinct-Mob war sehr wahrscheinlich noch ein paar Juweliere besuchen gegangen. Jede Gang war für sich.

Man hatte die Zuschauer aus Salford in einer Ecke des Oberrangs der Halle untergebracht. Die Zulus kamen über das Parkett in unsere Richtung, durch die zeitweilige Plastik-Bestuhlung, um einen Angriff zu starten. Sie hatten Sitze und Metallwinkel in den Händen. Damit ging es zum dritten Mal los: Ein brutales „Jeder-darf-mal"-Reingedresche von allen Seiten. Die Ordner waren keinen Penny wert und hatten sich schon lange in Sicherheit gebracht.

Nur etwa zwanzig Salforder standen unten. Diese zwanzig, angeführt von Mark Reddican – möge er in Frieden ruhen –, stellten sich den Angreifern entgegen. Auch Boom-Boom war unter diesen Zwanzig, lachend mal hier, mal da eine Gerade platzierend, und so hielten sie die Vorhut des Gegners, und damit eine zahlenmäßige Überlegenheit, in Schach.

Plötzlich kam eine verschreckte Durchsage über die Lautsprecheranlage: „Bitte! Salford! Bitte gehen Sie zurück!“ Aber jetzt waren die Wikinger angelandet und in der Halle. Hinter der obersten Reihe des Oberrangs kamen sie herangestürmt, mit einem Mann an der Spitze: Mad Dog. Knapp zwei Meter und mit Händen groß wie Gullydeckeln hielt er einen Treppenaufgang ganz allein, indem er seine Angreifer mal in die eine Ecke, mal in die andere ohrfeigte. Und dann kamen die jungen Vertreter des Woolpack-Mobs – Gordy, Foxy und Laney und ihre Leute – und begannen mit ihren Entlastungsangriffen von überall her.

Man kann Birmingham sicher die ersten beiden Scharmützel gutschreiben; denn sie kamen als Mob und griffen sich Boxfans. Der dritte Angriff ging für sie allerdings in die Hose – und das können sie nicht leugnen, weil es im Fernsehen gezeigt wurde: Salford hat sie weggehauen. Als Boxpromoter Don King später im Fernsehen interviewt wurde, sagte er: „Ich konnte den Viking-Song hören, diese Melodie aus dem Film. Es wurde auf den Rängen gesungen, und ich rechnete jede Sekunde damit, Kirk Douglas den Gang runterkommen zu sehen.“

Die Polizei kam zwar irgendwann, aber draußen vor der Halle ging es in großem Stil weiter. Zwar hatten wir uns alle wieder gesetzt, um dem Kampf zuzuschauen, aber auch die letzten Salford-Jungs waren inzwischen angekommen, jedoch natürlich gar nicht glücklich, die ganze Action verpasst zu haben. Auch sie würden gern noch eine kurze Anmerkung loswerden. Als der Foster-Kampf zu Ende war (er verlor nach Punkten), war das Einsatzkommando in der Halle, noch dazu eine Hundestaffel, und draußen vor der Halle schwebte ein Hubschrauber so tief, dass man ihn fast hätte berühren können. Aber auch das hinderte kleine Kommandos aus Salford nicht, immer wieder durchzubrechen und Birmingham zu jagen.

Einige unserer Leute endeten im Gefängnis Winston Green und

bekamen etwas Schwierigkeiten, weil einer der Zulus im Laufe der Auseinandersetzungen ein Auge verloren hatte. Mad Dog musste für einige Zeit einsitzen und Mark Reddican auch.

Über diesen Abend wird sicher noch eine ganze Weile gesprochen werden.

Andere „Herausforderer" aus den unteren Divisionen freuten sich auf die Möglichkeit, sich mit United messen zu können. Fußballfans pflegen ihren Hass und ihre Antipathien, und Uniteds Erfolg auf dem Rasen und sein Ruf als arroganter Verein machten den Klub schnell zum meistverachteten des britischen Fußballs. Die Lokalrivalen von Bolton Wanderers waren eine weitere Mannschaft, die lange Zeit in den unteren Ligen zugebracht hatte und dann, 1995-96, wieder Gelegenheit zu einem kurzem Gastspiel ganz oben erhielt.

TONY: Im Februar 1996 schlugen wir sie bei ihnen zu Hause 6:0. Bolton spielte die erste Saison in der obersten Liga seit 1980, und es war wie damals, denn bei Bolton war man entschlossen, sich mit United zu prügeln, egal, was da komme. Für sie war es völlig egal, ob der Gegner Lust auf `nen Kampf hatte oder nicht; man bekam seine Hiebe. Entsprechend kassierten an diesem Tag viele unserer Schal- und Trikotträger Backpfeifen - etwas, das überall im Lande typisch ist, wenn es gegen United geht. Andererseits war das für unsere Jungs immer ein Glücksfall, denn man kam so einfacher an Karten ran, zumal die Durchschnittsfans ohnehin nicht soviel auswärts fuhren wie heutzutage.

Vor dem Spiel kam es in den Straßen, die zum Stadion führen, zu richtiggehenden Kampfhandlungen, die sich unmittelbar am Stadion fortsetzten. Ein Stadion übrigens, das eine auseinanderfallende Toilette war. Ich war mit etwa 100 Leuten unterwegs, und als wir uns dem Ground näherten, konnte man förmlich den Hass spüren. Wenn man geradeaus schaute, blickte man direkt auf den Eingang zum Gästebereich, und da tobte das reine Chaos. Leute schreien und stolpern herum, jeder haut auf jeden ein. Schnell verfallen wir in einen Sprint, springen mitten hinein in das Wirrwarr und teilen aus an jeden, der nicht schnell genug verschwindet. Ein paar heimliche Kopfstöße werden noch verteilt, während schon die Polizei vor Ort ist und sich bemüht, Ordnung wiederherzustellen. Aber immer wieder geht es los. Bolton, so scheint mir, hat so viel Bier intus, dass ihnen heute die Folgen egal sind. Fäuste und Stiefel fliegen, wo immer man hinschaut. Und die Polizei beschränkt sich schließlich darauf, die United-Fans in Richtung ihrer Seite zu schieben. Keine Verhaftungen: Die Polizei hat auch so alle Hände voll zu tun. Und jeder kann das sehen.

Irgendwann sind wir dann im Stadion. Auf allen drei Seiten sind die Heimzuschauer am Toben, mit all den üblichen „München!"-Beschimpfungen, das volle Programm. Diese Stimmung war sagenhaft; vor allem, weil sie mit jedem von uns geschossenen Tor noch übler wurde. Aufregung und Vorfreude wuchsen; egal, was die Polizei veranstalten würde: Nach dem Spiel würde es rundgehen!

Fünf Minuten hielt man uns nach dem Abpfiff in einer Ecke der Gästetribüne fest. Wir brannten darauf, endlich aus dem Stadion zu kommen, denn draußen, auf den Straßen, hörte man Bolton toben. Erst das übliche Hin- und Hergedränge, und dann, endlich, raus. Chaos pur, nichts anderes war es. Während wir versuchten, uns nach links zu wenden, weg von der Polizei, hüpfte Bolton uns vor der Nase herum. Daher stürzten wir uns sofort auf die Erstbesten und schickten sie zu Boden, aber keine Fluchtbewegung setzte auf der Gegenseite ein. Vielmehr kam es zu einer Massenschlägerei mitten auf der Straße, in der beide Seiten nicht locker ließen, sondern sich gegenseitig fest entschlossen die Mageninhalte herausprügelten. Aufgeplatzte Gesichter und viel Rot ist auf beiden Seiten zu sehen.

Mehrere Minuten geht das so, bis wir das untere Ende der Straße erreichen. Jeder ist glücklich und zufrieden, zumal niemand verhaftet wurde. Sehr unangenehm fiel allerdings auf, wie brutal unschuldige United-Schalträger abseits des Hauptschlachtfelds massakriert worden waren. Aber das war das Risiko, dem United-Anhänger in Fanklamotten entgegensehen mussten. Immer wieder kam es zu solchen Angriffen auf Durchschnittsfans, aber wenn wir in der Nähe waren, hatten sie meist eine gute Chance, unbeschadet aus der Sache herauszukommen. Leider gibt es einige Möchtegern-Hooligans, die auf diese Weise ihren Kick aus der Sache ziehen und sich für harte Typen halten.

Am 5. Mai 1996 spielte Manchester United bei Middlesbrough. Dies war das letzte Spiel der Saison, und wieder würden wir als Meister die Spielzeit beschließen. Wie Bolton, so war auch Middlesbrough ein Frischling in dieser Spielklasse, und wie Birminghams Zulus, so war auch Middlesbroughs Frontline bekannt als eine der schlagkräftigsten Hooligan-Truppen im Lande. Zuhause über Jahre hinweg unbezwingbar, hatten sie die unteren Spielklassen terrorisiert und waren eine weitere jener Gangs, die es kaum erwarten konnten, sich United zu stellen.

Neben den wilden Kämpfen nach dem Spiel sollte das Aufeinandertreffen der beiden Gruppen von Polizei und Beteiligten hauptsächlich wegen eines erstaunlichen Schlages erinnert werden, ausgeführt von einem Mann, der gemeinhin als „One Punch" bekannt ist.

PAUL DOYLE: Wir hatten uns entschlossen, mit dem Bus anzureisen. Die Polizei ist uns auf der Fährte. Drei Kilometer vor dem Stadion werden wir rausgewinkt. Keiner ohne Karten wird weiter Richtung Stadion gelassen. Glücklicherweise haben wir ein Heftchen dabei mit Dauerkartenabschnitten für Boro. Zwar sind die Tickets alle für unterschiedliche Heimspiele, aber wir verteilen sie schnell und die Cops prüfen nicht die Spielnummern, sondern schauen nur kurz auf die Karten. Wir schaffen es also zum Ground. Aber die Polizei lässt den Bus wieder zurückfahren nach Manchester.

Wir sehen das Spiel. Es gibt keine Probleme. Als wir jedoch rauskommen, wird es hektisch. Was sollen wir tun? Der Bus ist weg, also ist Zugfahren angesagt. Mit 40 Leuten geht es die Straße entlang, die rechts und links von Boro beschirmt wird. Selbst unsere Undercover-Polizisten haben ihre Schlagstöcke gezückt und müssen jetzt mit aller Kraft um sich hauen. Wie bei den 300 Spartanern - wir hatten einfach keine Möglichkeit, irgendwohin zu flüchten. Wir mussten da durch.

Spaß total. Vor uns tauchen zwei Busse auf. Die Polizei hat uns quasi umstellt, doch jetzt gehen sie rüber, auf die andere Seite der Busse, denn dort haben sich Boro-Fans positioniert. Zwei der wichtigsten Boro-Typen jedoch stehen etwa zwanzig Meter vor uns, auf dieser Seite der Busse. Ich laufe auf den Ersten zu verpasse ihm einen schönen Sidestep. Bumm. Er liegt sofort, bewusstlos. Dann der andere. Auch weg. Eine halbe Stunde später, am Bahnhof, steigen wir aus den Bussen und gehen ins Bahnhofsgebäude - unter lautem Applaus der Boro-Fans.

STEVE BARNES: Wie Paul Doyle diesen Kerl umgehauen hat, das war eine abstruse Sache; etwas, das ich nie sonst in dieser Form erlebt habe.

Middlesbrough ist ohnehin ein übler Ort für ein Auswärtsspiel, denn ihr neues Stadion liegt weit außerhalb im Industriegebiet, und da ist alles nur Stein und Asphalt, und es gibt nur eine Straße, die rein und auch wieder raus führt. Und an dieser Straße liegen drei oder vier Kneipen, wo man sich immer einem Spießrutenlaufen ausgesetzt sieht, wenn man dort vorbei muss.

Nach dem Spiel standen sich die beiden Gruppen zunächst nur gegenüber und spähten einander aus. Als wir dann in Richtung eines Doppeldeckerbusses geführt wurden, wurde ich auf einen Boro-Fan aufmerksam, der ohne Pause auf die Jungs aus Manchester einschimpfte und sie beleidigte. Als sich die Fangruppen teilten, um an diesem Bus vorbeizukommen, machte der Vorlaute den Fehler, auf unserer Seite der Straße zu bleiben, zusammen mit United, während seine Freunde sich für die andere Straßenseite entschieden hatten. Gerade erst war er im Windschatten des Busses, da eilte Doyle heran und verpasste ihm eine. Ein schrecklicher Schlag. Der Kopf des Middlesbrough-Hooligans flog zurück, traf auch eine Seitenscheibe des Busses, dieses splitterte, und der Getroffene sank leblos zu Boden.

Einer von den berittenen Beamten hatte dies gesehen und versuchte nun, Doyle habhaft zu werden, Doyle aber flüchtete gegen den Menschenstrom, zurück Richtung Stadion, und zog dabei noch seine Jacke aus, um seine äußere Erscheinung zu verändern. So schnell hatte ich ihn noch nie laufen sehen. Überall wurde herzhaft gelacht. Kieran und ich hätten Doyle sicherlich aufgrund unserer Beobachtungen verhaften können, aber dieser Boro-Typ hatte es einfach verdient.

JB: Ich war schon früh wieder aus dem Stadion raus, und Boro haute unsere Schalträger kreuz und quer. Aber dann gingen die Tore der Gästeseite auf und all die feiernden Fans kamen raus; denn immerhin hatten wir den Meistertitel geholt. Sofort erkenne ich unsere Leute. Wir sammeln uns, und dann geht es los, den ganzen Weg zurück ins Stadtzentrum.

Mit unseren knapp fünfzig hat Boro uns natürlich sofort entdeckt, und man verfolgt uns beiderseits der Straße. Wir sind begeistert. In

Unterzahl, und es geht los. Und dann dieser Typ, der aussieht, als hätte ihn Mike Tyson getroffen, als Doyle ihn in die Busseite haut.

Sie kommen von hinten, von den Seiten. Leute fallen. Ich kassiere, falle, rappele mich schnell wieder auf, treffe selbst jemanden, und der kugelt in den Straßengraben. Jemand haut mir von hinten unters Kinn, und wieder bin ich auf Händen und Knien. Da greifen mich zwei Hände unter den Schultern und heben mich auf die Füße. Dabei erkenne ich das Funkgerät in der Innentasche seiner Jacke – es ist ein Polizist. Ich denke, ich bin verhaftet, aber stattdessen höre ich eine Stimme: „Jetzt verpiss dich, Joe. Ihr seid unterlegen!" Tatsächlich hat man mich damit vor ein paar kräftigen Tritten bewahrt.

Dann kommt Middlesbrough mit einem großen Angriff, mitten in unsere Reihen. Steve und Kieran scheißen sich ein; sie haben ihre Schlagstöcke gezogen, aber in den nächsten Sekunden werden sie kaputtgehen. Mit schreckverzerrtem Gesicht starrt mich Steve an. Doch jetzt ist es an mir, mich zu revanchieren:

„Keine Sorge!" rufe ich, „wir übernehmen das!"

Während sich Steve und sein Kollege nach hinten verziehen, geht es richtig zur Sache. Fünfzehn Minuten dauert der Weg stadteinwärts, und die Hauereien waren die vielleicht besten, die ich je in meinem Leben erlebt habe. Keiner gewinnt, keiner verliert. Man erreicht das Zentrum, und die Straße verengt sich noch, auf dem letzten Stück zum Bahnhof, und Boro ist überall. Aber auch die Polizei ist jetzt da und führt uns in einer dichten Eskorte. Und was dann passiert, werde ich nie vergessen: Irgendwo ertönt Applaus, und ich denke nur: Diese Schweine, jetzt wollen sie uns verarschen. Ich sage zu dem Polizisten neben mir: „Was soll die Verarsche?" und er: „Ist keine Verarsche. Man spendet euch Beifall!"

Einer ihrer Jungs sagt: „Das hat hier noch kein Mob abgeliefert."

Wir hatten blaue Augen, gebrochene Nasen, aber die Fahrt zurück war dennoch klasse. Eine Geschichte wie eine gute Auswärtstour im Europapokal.

TONY: Als wir das nächste Mal Boro zuhause hatten, kamen ihre Jungs mit dem Zug und riefen von unterwegs ein bekanntes United-Gesicht an, um mitzuteilen: „Wir kommen!" Der United-Mann erklärte ihnen: „Wenn ihr aussteigt, halten wir uns bedeckt. Ihr bekommt

Anweisungen, wo wir uns treffen werden.“ So blieben wir also, wo wir waren. Fünf Minuten, bevor ihr Zug in den Bahnhof einlief, war Boro jedoch nicht mehr zu erreichen. Sie hatten das Telefon ausgeschaltet. Dann hören wir von unseren Spähern, dass sie alle aus der Bahnhofshalle kommen und im ersten Pub auf dem Weg verschwinden, dem Waldorf. United schleicht also durch die Seitenstraßen und greift dann an. Boro steht vor der Tür und in der Einfahrt zum Hinterhof der Gaststätte, weigert sich aber, anzutreten. Nur drei Cops waren in der Nähe, also konnte man schnell den einen oder anderen Hieb verteilen, bevor die Wachtmeister Verstärkung bekamen und wir verschwinden mussten.

Warum allerdings das Telefon abgeschaltet worden war, wird uns immer ein Rätsel bleiben.

7

Gangchester United

Der kriminelle Anteil in Uniteds Mob war in Begriff, größer zu werden. Auslöser dafür war Paul Doyle, der zu dieser Zeit Teil einer großen, europaweit agierenden Bande war. Die Polizei vermutete, dass diese sich neben anderen Aktivitäten vor allem um Schmuggelei und Hehlerei in großem Stil kümmerte. Ein entscheidender Moment war dann „die Abzocke", wie die Sache später genannt wurde: Die Abteilung Salford hatte vom kontinentalen Teil der Gang Cannabis im Wert von mehreren hunderttausend Pfund bezogen - und sich dann geweigert, die Ware zu bezahlen. Die großen Bosse beschuldigten Doyle und seinen Partner, Graham Boardman, und drohten ihnen mit dem Tode, sollte das Geld nicht fließen. Es floss nicht.

Was dann geschah, wurde mittlerweile zum Bestandteil der Unterweltlegenden Manchesters. Boardman wurde nach Spanien gelockt, indem man ihm einen weiteren Drogendeal anbot, dort aber, so heißt es, von einer großen Zahl schwergewichtiger Männer entführt. Man vermutet, er wurde daraufhin zu Tode gefoltert. Sein Körper wurde in jedem Fall nie gefunden.

Dann ließ das kriminelle Kartell verkünden, Doyle sei als Nächstes dran.

Mit dieser Todesdrohung, die wie ein Damoklesschwert über seinem Kopf schwebte, sah sich Doyle einem Dilemma ausgesetzt: Viele seiner Kollegen in der Bruderschaft der Verbrecher Manchesters arbeiteten mit genau dieser Gang zusammen - und wären jederzeit in der Lage, ihn an die Kontinentaleuropäer zu verraten, würde der Preis nur hoch genug sein. Doyle brauchte also Hilfe. Auf der Suche nach Schutz wandte er sich nicht an die Unterwelt, sondern an Leute, denen er vertrauen konnte: an die Fußball-Hooligans.

PAUL DOYLE: Mein Ruf als „One Punch“ Doyley bestand, seit ich zusammen mit Paul Massey in den frühen Achtzigern nach Manchester gekommen war. Damals war ich 21. Wir sprechen über eine Stadt, die durchaus als das Chicago Englands gilt, und ich hinterließ in dieser Stadt meine Spuren. Mitte der Neunziger war ich Teil einer erstklassig organisierten, internationalen „Firma“, deren Hauptquartier Puerto Banus an der spanischen Küste war. Die jugoslawische Mafia hatte ihre Finger im Spiel, und natürlich die üblichen wichtigen Gesichter entlang der Costa Criminale. Fußball war für mich damit nur Freizeitvergnügen. Wir waren alle Typen um die dreißig, und jeder von uns hatte seine nörgelnde Ehefrau zu Hause; daher konnte man zu ihnen sagen: „Ich bin weg zum Fußball, heute Nacht um drei bin ich wieder da.“ Damit waren die Frauen ruhiggestellt.

Dann wurde einer meiner Partner umgebracht. Und die Situation für mich war die: Wohin gehst du jetzt? An wen wendest du dich? Tauche ich ab, oder gehe ich zu den Gangstern Manchesters, von denen absolut jeder käuflich war?

Ich erkenne, dass die Leute, zu denen ich gehen kann, die sind, die ich auch am besten kenne. Ich gehe zu den Fußball-Hooligans. Die kennen keinen aus der Unterwelt Manchesters. Sie leben in einer anderen Welt. Klar, es gibt die großen kriminellen Bosse in Manchester, aber die Fußballjungs scheißen auf den großen Boss. Wenn du in einen Nachtclub gehst, Gangster oder nicht, dann nimmst du keine Waffe mit rein. Wenn es also zur Sache geht, dann werden keine Wummen gezogen, dann greift man sich irgendwas, was gerade herumsteht – und dies konnten die Fußball-Hooligans besser als alle anderen. In Manchester gab es sogar eine Zeit, in der die Polizei am Wochenende Straßen blockierte und jedes Auto nach Knarren und Messern durchsuchte. Aber die am meisten verwendete Waffe ist die Budweiser-Flasche, und in so mancher Nacht hatten wir im „Henry`s“ siebzig Typen, die mit dieser Bewaffnung herumstanden. Ich könnte nicht sagen, in wie viele Kämpfe wir schon verwickelt waren. Es waren zu viele. Wir sind professionelle Hauer. Lass einhundert Leute auf uns losgehen, und dennoch weiß ich, wir werden uns nicht vom Fleck bewegen.

Wenn sich also irgendwelche gekauften Scouser an meine Fersen heften, ausgesandt vom Hauptquartier in Puerto Banus, dann werden sie mich inmitten von siebzig unserer Leute finden und erkennen: keine Chance. Schicken sie Cockneys vorbei, gilt für die das Gleiche. Ganz offen stehe ich herum - mit dem größten Mob in Manchester. Die A-Abteilung der Polizei Manchester - die ist auch für das Stadtzentrum zuständig - hatte uns höher auf ihrer Prioritätenliste als jede Bande von Kriminellen. Und meine Jungs standen hundertprozentig hinter mir. Keiner kam uns in die Quere.

Als ich Uniteds Mob kennenlernte, waren die meisten ganz normale Angestellte, Arbeiter von neun bis siebzehn Uhr, sozusagen. Und verheiratet. Die Hälfte allerdings ließ sich dann in den ersten Jahren wieder scheiden, und sprichwörtlich jeder hat irgendwann seinen Job geschmissen. So kam es, dass aus einem Teil unserer Hooligans Gangster wurden.

Obwohl in ständiger Begleitung durch die Fußballjungs, blieb Doyle doch nach wie vor ein potenzielles Opfer. Im April 1997 reiste ein großes Kontingent von United nach Amsterdam, um nach ein bisschen Spaß dann Richtung Dortmund zum Champions-League-Halbfinale weiterzureisen. Amsterdam ist zwar eine der schönsten Städte Europas, jedoch auch ein Zentrum des internationalen Verbrechens, vor allem des Drogenhandels. Das Kartell, dessen Missmut Doyle so sehr erregt hatte, verfügte über eine große Zahl einflussreicher Kontakte in der Stadt, und durch seinen Aufenthalt dort brachte sich Doyle in große Gefahr.

PAUL DOYLE: Unser Plan war einfach: Erst nach Amsterdam, und von dort aus weiter nach Dortmund. Vierzig Personen nahmen den Flieger. Einige davon, Gangster, arbeiteten nach wie vor mit Puerto Banus zusammen, andere sagten ihre Teilnahme in letzter Minute ab. Immer noch gibt es Probleme mit Leuten, die hinter mir her sind, um mich wegzumachen, und meine Reise nach Amsterdam ist eine Tour in die Höhle des Löwen. Denn die Polizei vor Ort wird keine Hilfe sein: Bist du kein Niederländer, interessieren sie sich nicht sonderlich.

Am Flughafen ziehen sie mich und Ashy aus der Schlange und erklären uns, wir seien nicht willkommen in Amsterdam. Zusammen mit vierzehn anderen United-Leuten weist man uns an, dort zu warten und dann den nächsten Flug zurück nach Manchester zu boarden. Doch es ist viel los auf dem Flughafen, und in einem Moment der Unachtsamkeit verpissen wir uns durch die Kontrollen und verlassen Schiphol Airport.

Wir sind also in Amsterdam, und langsam wird es Abend. Mit fünfzig Mann sitzen wir in dieser Bar, ich nahe des Billardtisches, leicht angetrunken und schwer gelangweilt. Herüber kommt ein Typ, große Fresse, eins neunzig.

Ich sage: „Wer bist du denn, mein Freund?"

„Ich bin der Ajax-Hooligan Nummer eins!"

„Ist das wahr? Dann darf ich Manchester-United-Hooligan Nummer eins vorstellen."

Mit diesen Worten schnappte ich einen Billard-Queue und haute ihm damit auf den Kopf. Aber es gelang ihm, das andere Ende festzuhalten. Ajax-Hooligan Nummer eins und ich machen jetzt Tauziehen um die Wette. Bis es mir zu dumm wird und ich sage: „Ach, behalt` den Stock", und mit den Fäusten reingehe.

Dann geht es los. Die Türsteher kommen heran, werden aber bombardiert mit Krügen und Flaschen und sind innerhalb von Sekunden von oben bis unten besudelt. Schnell gebe ich das Kommando: „Aufteilen und zurück zum Hotel!" Es war klar: Die Polizei würde in wenigen Augenblicken hier auftauchen.

Wir verlassen den Laden. Bei mir sind Wing und sein Bruder und einer der Gangster aus dem Puerto-Banus-Haufen. Gerade biegt ein Polizeimotorrad in eine Seitenstraße ein, die zu uns hinaufführt. Ich trug einen schwarzen Ledermantel, hochauffällig. Schnell betreten wir eine andere Bar. Es war klar, dass man nach dem Typen fahnden würde, der die Hauerei gestartet hatte, also zog ich schnell den Mantel aus und übergab ihn an Wings Bruder: „Sie werden nach mir suchen. Zieh du das Ding an und setz` dich dort hin!"

Die Polizei kommt herein, und mit dabei ist auch einer der Türsteher von eben. Der zeigt sofort auf – Wings Bruder. Man verhaftet ihn und führt ihn zu einem Auto. Sie schauen sich unsere Hände an, und dann sollen wir abhauen. Als wir aber an der Tür vorbeikommen, erkennt der Türsteher, dass man den Falschen verhaftet hat. Wir sprinten zum Hotel, bevor sie uns erwischen.

Ich erkläre den anderen: „Passt auf: Man wird ihn befragen, in welchem Hotel er ist. Dann werden sie hier auftauchen, um alle zu verhaften. Wir müssen uns für eine Weile trennen.“ Die anderen halten mich für paranoid. Und natürlich war ich das. Ich bin ein Verbrecher, und ich weiß, wie die Polizei arbeitet.

Egal. Gegen ein Uhr früh bin ich wieder im Hotel, in einem Zimmer, das ich mit Beb teile. Das Zimmertelefon klingelt.

„Hallo?“ Eine Stimme mit holländischem Akzent. „Ist dort Paul Doyle?“

Das ist die holländische Polizei, denke ich. „Er ist nicht hier“, antworte ich, „ich habe mit ihm das Zimmer getauscht. Ich hole ihn ans Telefon. Bitte fünf Minuten Geduld.“

Schnell ziehe ich meine Stiefel an, flüchte die Feuerleiter hinunter und verschwinde ins Vergnügungsviertel. Zwei meiner Freunde laufen mir über den Weg, Keith und Timo. „Ich glaube, die Bullen sind am Hotel“, sage ich ihnen. Die beiden wollen jetzt jedoch erst einmal in einer der Nuttenbuden verschwinden. Eine geschlagene Stunde muss ich warten, bis sie fertig sind.

Auf dem Weg zurück erkennen wir, dass die Polizei offenbar Anweisungen hat, alle Engländer, die man zu fassen bekommt, zu verhaften. Man erkennt uns und ruft, wir mögen stehen bleiben, aber wieder entkommen wir ihnen und flüchten zum Hotel. Ich haste auf mein Zimmer. Beb ist wach.

„Gerade eben war ein Schwarzer hier und hat nach dir gefragt. Er hat seinen Namen genannt und sagt, in einer Stunde ist er wieder da.“

Jetzt beginne ich die Sache zu verstehen. Ich weiß, wer dieser schwarze Typ war: Ein Holländer, der den ganzen schwarzen Mob hier unter sich hat. Er gehört zu denen, die mich gerne für die Herren in Puerto Banus beseitigen würden. Man hat ihm gesteckt, dass ich in Amsterdam bin, in diesem Hotel, und nun versucht er, mich zu finden, um mich zu entfernen.

Ich denke mir: *Scheiß drauf – alle aufstehen! Weck die Jungs!* – mit Ausnahme der Gangster, die aus Manchester mitgekommen waren. Denn ich wusste: Entweder haben die mich verpfiffen – oder einer von denen, die in letzter Sekunde abgesprungen sind. Also lasse ich alle Fußball-Leute im Foyer antreten. Um diese Zeit gab es nichts zu trinken. Nur Kaffee und Tee waren verfügbar.

Eine Stunde vergeht, und ein Schwarzer kommt durch die Eingangstür. Er gibt sich Mühe, ganz unbeteiligt dreinzuschauen. Sofort geht einer von den Jungs zu ihm und spricht ihn an: „Suchst du irgendwen?"

Der Schwarze sieht, wie viele wir sind, und sagt: „Nein... nein, ich wollte nur kurz telefonieren."

„Da ist das Telefon!" sagt unser Mann und zeigt in die Ecke des Foyers.

Der Schwarze schaut sich etwas ängstlich um und sagt: „Nein, hier ist... zu viel los, ich gehe woanders hin."

Dann ging er. Hätte er eine Puste gezogen, wäre er wohl der erste Mensch gewesen, den man mit Kaffeetassen und Teebechern zu Tode bombardiert hätte.

Dann erreichte mich eine Nachricht, die jemand der Hotelrezeption zugeleitet hatte. Sie kam aus Puerto Banus. „Wir wissen immer, wo du bist. Wir werden uns wiedersehen." Es war die kurze Hauerei in der Bar, die mir das Leben rettete. Denn dadurch wurde ich an jenem Tage übervorsichtig.

An nächsten Tag fuhren wir weiter nach Dortmund. Der Einfluss des Haufens aus Puerto Banus reichte nicht bis nach Deutschland. Ich konnte mich also entspannen. Stattdessen hatten wir ein paar nette, traditionelle Boxereien. Ein breitschultriger Deutscher springt zwischen uns, geht auch nicht zu Boden, als er Dutzende von Hieben von allen Seiten kassiert, haut dann aber nach zwanzig Sekunden wieder ab. Wenn die Deutschen es machen würden wie die Engländer und mit allen Mann angreifen, würden sie keine Hauerei verlieren. Beim gleichen Spiel verfolgte ich einen, der über zwei Meter groß war. Ich versuchte, ihm die Beine wegzutreten, und es war, als würde ich gegen einen Baumstamm kicken. Ich dachte nur: *Der Kerl ist riesig! Warum zum Teufel läuft er weg?*

Als wir am Stadion ankamen, hielten dort zwei Busse, und heraus stiegen Leute, die verdammt wie eine Einheit der Bundeswehr aussahen. Ich sagte noch kurz zu einem meiner Kumpels: „Das brauche ich nicht! Ich bin weg!" Weil wir in einer Gruppe von fünfzig Leuten aufgetaucht waren, gaben wir ein leichtes Ziel ab. Und natürlich – kaum hatte ich mich abgesondert, da hatte diese armeeartige Einheit auch schon unsere Fünfzig eingekesselt und abgeführt. Das Spiel durften sie dann auf einer Großbildleinwand schauen.

Die Verbindungen zur Unterwelt wurden im Laufe der Zeit immer wichtiger für den United-Mob und halfen zudem, seinen besonderen Ruf zu festigen. Andere Gruppen beim Fußball hörten erste Geschichten über „diesen Mob aus Salford", und die Geschichten hatten langsam eine psychologische Wirkung. Sich mit anderen Holligans zu hauen war eine Sache, aber bösartigen, harten Kriminellen entgegenzutreten eine völlig andere. Obwohl sie es ungern zugaben, hatten nur wenige rivalisierende Fußball-Banden Lust, gegen Uniteds harten Kern anzutreten, jene großen Kerle Ende Dreißig mit dem harten, starrenden Blick, den Narben am Kopf und den Knast-Tätowierungen. Was dieses Image noch verstärkte, war der Trend, sich in gänzlich schwarze Sachen zu kleiden; etwas, wofür die Truppe später bekannt werden sollte.

PAUL DOYLE: Wir trugen alle schwarze Klamotten, weil wir, wenn wir morgens am Spieltag das Haus verließen, nicht vor vier Uhr morgens wieder zurück sein würden. Manchester war zu jener Zeit voller schicker Weinbars, oft Läden, wo selbst die Spieler häufig anzutreffen waren, und dort kam man nicht in Jeans rein oder in den Klamotten, die die Leute sonst so zum Spiel trugen. Mit einer schwarzen Jacke und einem schwarzen Pulli jedoch wurde man eingelassen, also trug man das, wenn man morgens zum Spiel ging, denn vom Spiel ging es meist direkt in die Stadt. Daher die *Men in Black.* Aber mehr steckte nie hinter diesem Namen.

Wir waren überall auf der Piste in Manchester bekannt. Neunzig Prozent der Clubs hatten wir im Kasten; wir gingen da einfach direkt rein, ohne uns mit den anderen Gästen anstellen zu müssen. Manchmal hieß es, es sähe aus wie in dem Film *Goodfellas,* aber die mussten durch den Hintereingang. Wir gingen durch den Haupteingang rein, und die Leute in der Schlange hatten beiseite zu treten. Manchesters Gangster wussten genau, dass sie sich besser mit uns nicht anlegten, aber das hatten sie meist auch gar nicht vor; die Hälfte der Hooligans waren unbescholtene Bürger und hatten mit der Unterwelt insofern gar keine Berührungspunkte.

Die beiden wichtigsten Läden waren das Kells und das Peruvia. In diesen Clubs hatte die Welt der Hooligans und die der Kriminellen Kontakt. Und manchmal gab es Konflikte. Einer der Fußball-Hooligans war Smiley Bri, der „Smiley" hieß, weil er immer ein breites, freches

Grinsen auf seinem Gesicht trug, wenn es zur Sache ging. Einmal war im Peruvia einer unserer besten United-Spieler mit seinem Freund zu Gast. Nun, dieser Bekannte war gegenüber Smiley Bri ein bisschen vorlaut, was dazu führte, dass Smiley den Profifreund KO haute. Das lässt sich unser Fußballstar nicht gefallen. Er geht rüber zu einem hochrangigen Mitglied der Gooch-Close-Gang von der Moss Side, das sich ebenfalls in der Bar aufhält. Diese Bande besteht aus einem Haufen hochgefährlicher Typen. Der Gooch-Close-Typ kommt für ein klärendes Gespräch heran - und Smiley haut ihn ebenfalls um.

Diese Situation ist äußerst gefährlich: Ein Gang-Chef, der von einem Gast in einem Club, in aller Öffentlichkeit, zu Boden geschickt wird. Es sind schon Leute für deutlich weniger schwer verletzt oder gar umgebracht worden.

Der Sonntagmorgen dämmert, und mein Telefon klingelt. Es ist G, eine einflussreiche Persönlichkeit bei den schwarzen Gangs Manchesters.

„Paul, was war los letzte Nacht?"

„Was meinst du?"

„Einer deiner Jungs hat X umgehauen."

„Gib mir fünf Minuten, ich telefoniere mal herum und finde raus, was los war."

Ich spreche mit ein paar Leuten und rufe dann G zurück. „Scheint so, als sei es Smiley Bri gewesen", sage ich. „Was wirst du jetzt tun? Lässt du jetzt die Kanonen rausholen und riskierst, dass einer deiner Leute wegen `ner Schießerei für zwanzig Jahre abgeht, nur weil einer deiner Kumpel ein Glaskinn hat? Jetzt mit Pusten hinter dem Jungen her zu sein ist doch albern. Lass` doch mal klaren Kopf behalten."

G sagt: „Mein Mann kann gegen Smiley Bri nicht eins-gegen-eins antreten; Smiley ist zu groß für ihn. Bring ihn nächsten Sonnabend mit, nur du und er, dann entschuldigt er sich und alles ist gut."

„In Ordnung, kein Problem."

Am nächsten Sonnabend treffen wir uns im Courtneys. Paul Massey aus Salford kommt mit dreißig Leuten. Damian (Noonan, Chef der Türsteher des Hacienda) kommt mit fünfundzwanzig. Diverse andere kommen. Ich selbst bringe achtzig Fußball-Leute mit. Es ist die größte Eskorte, die je ins Peruvia einmarschierte. Das war keine Angelegenheit zwischen mir und G, der ein sehr, sehr guter Freund für mich ist; vielmehr wollte jeder bei diesem Treffen dabei sein.

Diese riesige Armee schlendert also in den VIP-Bereich des Clubs. Da saß G, mit fünfzehn seiner Leute - alle in Handschuhen. G ergreift als erster das Wort:

„Scheiße, Paul - ich dachte, ihr kommt allein?!"

„Das dachte ich von dir auch."

Und dann schlug ich vor: „Pass auf, wir haben den Jungen nicht dabei. Hätten wir ihn mitgebracht, würde die Sache hier vielleicht üble Ausmaße annehmen. Lass mich dir einfach `ne Flasche Champagner ausgeben."

Er erwiderte: „Wir vergessen die Sache. Der Junge ist kein Gangster."

Und damit war die Angelegenheit bereinigt.

Als ich das erste Mal ins Kells ging, war der Grund, dass ich mal meine Ruhe brauchte. Wenn ich in Manchester unterwegs war, in den Clubs und Bars, dann standen regelmäßig siebzig Leute auf, wenn ich zur Toilette ging, um mir den Rücken freizuhalten. Sie passten nur auf mich auf; irgendwann jedoch ging es mir auf die Nerven.

Das Kells ist nahe am Flughafen. Ideal, um mal zu chillen. Den ersten Abend, als ich dort alleine auftauchte, waren die Türsteher äußerst nett und zuvorkommend. „Paul, du bist hier willkommen". Ich stand zwar den ganzen Abend mit meinem Rücken zur Wand, hatte aber trotzdem eine angenehme Zeit. Doch dann, Tage später, erfahre ich, sie haben den Mann an der Tür entlassen, weil er mich reinließ. Eine Woche darauf hatte Ned Kelly die Tür übernommen. Ned ist auch für die Sicherheit bei Manchester United zuständig. Dieses Mal habe ich zwei, drei meiner Freunde dabei. Die ganz überwiegende Mehrzahl der Türsteher kenne ich sowieso; schließlich bin ich seit zwanzig Jahren in der Stadt unterwegs, und zu der Zeit gab es eigentlich keinen einzigen Laden, wo ich nicht reinkam. Weil ich mit allen Türleuten guten Kontakt habe. Also gehen wir rein und trinken ein paar.

Ned kommt an unseren Tisch und sagt: „Paul, hallo. Kein Problem, kein Ärger - kannst jederzeit kommen."

Als wir den Laden betraten, sah ich, wie der Besitzer in einem Mercedes auf den Parkplatz fuhr. Und daher suchte ich das Gespräch mit ihm. Als wir im VIP-Bereich saßen und plauderten, nehme ich ihn zur Seite und sage: „Hör mal; du hast neulich ein paar Türsteher entlassen, weil die mich reingelassen haben. Nur zur Klarheit: Wenn ich jemals Schwierigkeiten haben sollte, in diesen Laden zu kommen, dann mache ich nicht die Leute an der Tür verantwortlich, sondern dich ganz persönlich!"

„Mich?"

„Ja. Dich. Ich warte dann auf dich, bis du in deinem Merc hier vorfährst, dann notiere ich mir dein Nummernschild, mein Freund besorgt mir damit deine Adresse, und ein anderer meiner Freunde besucht dich dann mal."

Er war erschreckt darüber, dass ich wusste, welches Auto er fährt. Natürlich war das alles nur Scheiße; ich würde niemals solch Theater veranstalten, nur weil ich nicht in eine Bar eingelassen werde. Aber er schluckte es. „Was willst du trinken, Paul? Champagner? Kein Problem, Paul. Du bist natürlich hier jederzeit willkommen!"

Damit war klar: Dieser Laden ist mein. Eine Woche später wissen alle, wo ich im Moment verkehre, und vierzig schwarzgekleidete Typen sitzen im Kells, direkt vom Spiel dorthin gekommen. Und auch die Fußballer sind vor Ort, Uniteds große Stars, die hier einen Absacker nehmen.

So wurde das Kells zur Basis.

Das Kells war der Ort, an dem der Mob und die Spieler Kontakt hatten. Als exklusiver Club hatte der Laden spezielle Türsteher, die von Ned Kelly kamen, dem früheren Mitglied des Spezialkräftekommandos, dessen Firma SPS Security auch für die Ordner und die Sicherheit der Spieler am Old Trafford zuständig war. Entsprechend zog das Kells United-Stars an, die hier einem angenehmen Abend ohne Belästigungen entgegensehen konnten. In diesem Zusammenhang war die Nähe zu den Gangstern nützlich, hielt sie doch einige der idiotischeren Trunkenbolde von schlechtem Benehmen ab oder von dem Wunsch, sich mal mit einem Profifußballer zu schlagen.

Die Durchmischung von professionellen Fußballern einerseits und Kriminellen andererseits ist nicht neu. Oft kommen beide Personengruppen aus einem ähnlichen sozialen Umfeld, nicht selten gar aus den gleichen Siedlungen, und so besucht man auch dieselben Bars und Clubs und hat die gleichen Freizeitinteressen: Zocken, Klamotten und Frauen. Es dauerte nicht lange, und einige United-Fußballer und Mitglieder des Mobs nickten sich des Abends wiedererkennend-freundlich zu. Manchmal jedoch kam es auch zu kleineren Konflikten.

PAUL: Einmal hatten wir einige Freunde ins Kells eingeladen, zusammen mit Mark aus Lincoln. Er hat ein paar ganz fanatische Reds im Schlepptau. Gegen drei Uhr morgens gehen wir ins Four Seasons. Einige Spieler von Manchester City sind dort. Und was passiert? Marks Kumpel gehen hin und hauen Terry Phelan von City eine Sektflasche über den Schädel. Ich weiß nicht, warum. In den *News of the World* sprach man jedenfalls von „geschmackvoll gekleideten Schlägern". Das hat man davon, wenn man Schwarz trägt.

Einmal hatte Andy Cole Geburtstag. Er feierte mit etwa vierzig Freunden. Ich bin unterwegs mit Greek George, eins neunzig und 120 Kilo, und Sully, ebenfalls eins neunzig groß. Cole geht zur Toilette, kommt wieder raus, und Sully quatscht ihn an: „Mein Freund hier setzt jede Woche darauf, dass du das erste Tor schießt, und du versagst jedes Mal. Du bist scheiße!"

Ich springe auf und sage: „Sully, lass ihn in Ruhe! Die leben in ihrer Welt und wir in unserer. Entschuldige, bitte, Andy."

Als sich der Abend dem Ende nähert und die Gäste langsam das Lokal verlassen, ist Sully wieder bei Andy Cole: „Hey, Andy, pass mal den Ball rüber!"

Cole, der mittlerweile genug zu haben scheint, ruft: „Was ist dein Problem, du Pimmel?!"

„Du bist mein Problem", antwortet Sully. „Ich liebe United, aber du bist scheiße!"

Andy Cole schlüpft aus seinem Pullover: „Nur du und ich, jetzt sofort. Komm!"

Ich musste dazwischenspringen, die Türsteher kamen herbei, und Cole war so sauer, dass er Sully halb umgebracht hätte. Beide schrien sich an, während Coles Freunde sich bemühten, ihn zurückzuhalten:

„Andy, du bist ein Profifußballer!"

„Nein, das bin ich nicht. Nicht heute Abend!"

Schließlich sagte ich: „Lasst es doch gut sein, wir gehen doch alle immer wieder in der gleichen Stadt aus, oder?" Und so siegte dann gesunder Menschenverstand.

Beim nächsten Spiel schoss Andy Cole dann drei Tore, worauf ich zu Sully sagte: „Du hättest ihn schon sechs Monate früher beschimpfen sollen!"

Nach nur zwei Monaten kennt uns Cole so gut, dass er uns abends im Laden zunickt.

Dann verpflichtet United Dwight Yorke, und er und Cole werden richtig gute Freunde. Einer unserer Kumpel ist ebenfalls Profifußballer, allerdings für einen anderen Verein, und seine Frau ist mit uns unterwegs im Kells. Sie will sich kurz mit Yorke austauschen und geht zu ihm rüber: „Sie kennen vielleicht meinen Mann", sagt sie.

Er erwidert: „Wie könnte ich deinen verschissenen Mann wohl kennen?!"

Daraufhin fragt sie ihn berechtigterweise, wer er denn wohl glaube zu sein, und dass er sich wohl besser verpissen solle. Wutentbrannt kommt sie rüber zu uns und erzählt uns den Vorfall. Andy Cole, der mittlerweile gut über uns Bescheid weiß, erkennt, dass sie zu unseren Freunden gehört und kommt schnell an unseren Tisch, um uns zu fragen, ob sie eine Entschuldigung akzeptiert.

„Warum fragst du uns, Andy?" sage ich. „Frag sie selbst." Als Resultat taucht eine Flasche Champagner vor ihr auf.

Irgendwann wechseln wir vom Kells ins Hotel Four Seasons nebenan, denn die Bar dort hat auch frühmorgens noch geöffnet. Wir treten ein, und ich rede ein paar Worte mit Ned Kelly und mit einigen Fußballspielern. Plötzlich kommt es im Eingangsbereich zu einem Gerangel. Einer meiner Freunde, Mick, der keiner Prügelei aus dem Weg geht, bearbeitete sich mit einem jungen Typen. Alle schauen, was los ist, und man einigt sich darauf: „Geht uns nichts an, wir halten uns raus. Das ist `ne Eins-gegen-Eins-Sache." Aber mein Freund ist es, der ganz klar den Kürzeren zieht. „Nein!" sage ich. Zwar konnte ich mich nicht soweit herablassen, auf so einen jungen Kerl loszugehen, aber Mick hatte eine üble Packung kassiert. Wir gehen dazwischen und ziehen Mick in die Toilette.

Erst jetzt erkennen wir, warum Mick so alt ausgesehen hat: Dieser Neunzehnjährige hat ihn zwei Mal mit einer abgebrochenen Flasche in den Nacken gestochen. Das Blut läuft wie gepumpt aus Micks Hals; er ist schon ganz schlapp. Wir nehmen ihn wieder mit nach draußen, während es ihm aus dem Nacken fließt.

Der Junge, der dafür verantwortlich war, war ein Fußballer bei Stockport County. Seine beiden Freunde, die mit ihm in dem Laden waren und ebenfalls für Stockport spielten, bekamen dafür richtig ins Gesicht. Ich bin ziemlich sicher, dass Andy Cole Dwight Yorke beiseite zog und ihm zuraunte: „Schau, das hätte dich auch fast erwartet." In der Folgewoche tauchten vierzig Vermummte am Trainingsgelände von Stockport County auf, unterbrachen die Übungen, bedrohten den Trainerstab und verlangten, so hieß es, 20.000 Pfund Schmerzensgeld vom Verein. Der junge Spieler, der in die Angelegenheit verwickelt war, wurde in jedem Fall von Stockport County ins zweite Glied zurückgestellt.

Selbst Beckham tauchte ab und zu im Kells auf. Wir kannten ihn, seit er ein Teenager war. Mick musste ihn mal im Courtneys zurechtweisen, weil Beckham mit einem von Micks Mädchen rumgemacht hatte. Becks war gerne in den Nachtclubs unterwegs und tauchte meist in den Läden auf, von denen er wusste, dass wir dort abhingen. Wir saßen dann in der hinteren Ecke des VIP-Bereichs vom Kells: Ned und all die Spieler, und unsere zwanzig Mann.

Andy Cole unterhielt sich mal mit meiner Frau, die ihm stolz erzählte, sie hätte gerade einen jungen Rottweiler gekauft. Daraufhin schaltete sich Beckham ein: „Ich habe zwei Rottweiler. Überzeug mal Paul, er soll dem Hund ins Maul spucken, und du auch. So wissen die Tiere, wer der Chef im Rudel ist."

Jeanette fragt: „Du willst mir doch nicht erzählen, Posh hätte ins Maul eines eurer Hunde gespuckt?!"

„Doch."

„Ähm, das ist aber nicht sonderlich `posh`, oder?"

An diesem Abend war ich mit Ned dort, und der Club war gerammelt voll. Es mussten ungelogen 35 bis 40 Grad in dem Laden geherrscht haben, und trotzdem stand dort, keine zehn Meter weiter, Eric Cantona, in einem langen Mantel. Ned verehrte Cantona. Ich stieß ihn in die Seite und sagte: „Ned, schau mal! Er muss sich doch die Eier abschwitzen in dem Teil!"

„Mister Cool schwitzt niemals", antwortete Ned.

Wenige Minuten später kommt Eric aus der Toilette zurück. Jemand bewirft ihn mit einem zusammengeknüllten Taschentuch, und instinktiv zuckt Eric zurück und dreht sich in Deckung, als sei es eine Flasche gewesen. Vielleicht dachte er auch, es sei eine, aber so viel schon mal zu „Mister Cool“.

Manchmal stellten uns die United-Spieler auch Fragen. Sie waren mehr davon fasziniert, wie wir lebten, als wir von ihrem Lebensstil. Einmal waren wir mit zwei Spielern im Kells und wechselten dann später ins Four Seasons. Eine Woche zuvor hatte es einen Zwischenfall gegeben; ein Typ hatte den Hintern voll bekommen, und man vermutete uns als die Schuldigen. Die Polizei hatte daraufhin eine dieser glitzernden Halbkugeln installiert, in denen sich eine 5.000 Pfund teure Videokamera verbirgt, nur um uns zu beobachten. Die ganze Anlage war sorgfältig vor Zugriff geschützt, damit auch niemand die Aufzeichnungsbänder herausnehmen konnte. Am darauffolgenden Montag kamen sie dann, um sich das Material anzuschauen und genau im Bilde zu sein, was am Wochenende los war.

An diesem Abend schlenderte ich zusammen mit Beckham als letzte unserer Gruppe hinüber zum Four Seasons. Wir plauderten. Als wir ankommen, stehen zehn unserer Leute vor der Tür. „Paul, man lässt uns nicht rein.“ Sie sind alle große Kerle, wohingegen ich nicht mal ein Meter achtzig bin, aber sie haben auf mich gewartet, damit ich die Sache regele. Zwei Türsteher stehen am Eingang. Einer von ihnen wendet sich mir zu und sagt: „Jungs, wartet bitte fünf Minuten.“

Ich frage nach: „Was ist los?“

„Paul, die Türleute machen doch nur ihren Job“, sagt irgendeiner aus dem Hintergrund.

„Na schön“, sage ich, „und ich mache meinen.“ Bumm. Die Hand Gottes schießt hervor, und der Türsteher geht zu Boden. Sein Kollege flüchtet an mir vorüber in die Dunkelheit. Dann traten wir ein. Das war das letzte Mal, dass wir David Beckham sahen.

Ich entschuldigte mich noch am gleichen Abend und schenkte Ned ein Kochgeschirr-Set im Wert von fünf Riesen, das Sully in der Vorwoche für mich geklaut hatte. Ich versprach ihm, es würde keinen weiteren Ärger in dem Laden geben. Eine Woche später waren wir wieder Gäste. Man kann uns einfach nicht durch die Türsteher in Schach halten, selbst nicht in diesem Fall, wo einer von ihnen einen Weltmeistertitel im Thaiboxen inne hat. Zwar könnte man sich mit dem nicht hauen, aber wir sind wie die Hyänen; da kommen die Schläge alle zu gleicher Zeit. Wenn es zur Sache geht, dann wird nicht erst groß gerufen „Ich bin rechts von dir!“

oder so – jeder will ganz nach vorne und seine Gerade platzieren.

Ich hatte ein E eingeworfen und war am Entspannen, hinten, an der Tür zum Hinterausgang. Wenn ich E nehme, kriege ich immer Paranoia übelsten Ausmaßes. Einer der Jungs kommt zu mir rüber. An seiner Seite ist ein Scouser. „Paul, ich möchte dich mit diesem Herren hier bekannt machen."

Ich sage: „Hallo, wie geht`s?" und „Was machst du denn so beruflich?"

Er: „Ich bin `n Faker, Mann."

Ich denke nur: Typisch. Diese verfickten Scouser. „Was meinst du damit, du bist `n Faker?"

Er: „Ich handele mit gefälschten Designer-Klamotten."

„Wenn du mit gefälschten Designer-Klamotten handelst, dann sag doch einfach: `Ich handele mit gefälschten Designer-Klamotten`, und nicht: `Ich bin `n Faker, Mann`."

„Weshalb ich hier bin: Ich brauche jemanden, der mir hilft, Geld einzutreiben".

Zu der Zeit hatte ich richtig viel Kohle. Als Schuldeneintreiber zu arbeiten, das hatte ich bereits Jahre hinter mir. Diese Anfrage war eine Beleidigung.

Ich sage: „Mick, nimm deinen Kumpel weg."

Der Typ verschwand, und ich erklärte einem meiner Freunde, mit dem ich den Abend dort war, einem Spieler der irischen Rugby-Nationalmannschaft: Hätte ich Ned nicht versprochen, dass Ruhe herrscht, dann hätte ich dieses Liverpooler Arschloch durch den ganzen Laden getreten.

Zehn Minuten später bestellt meine Frau Jeanette einen Drink an der Bar. Gleich um die Ecke sitzen zwei gutaussehende, reiche Araber. Die meisten Leute im VIP-Bereich sind Millionäre. Ich schimpfe Jeanette an: „Du hast dich von denen vollquatschen lassen!" Und sie: „Verpiss dich, Paul. Hau dir mal an den Kopf, damit du klar wirst!"

„Ich haue dir gleich an den Kopf!"

Als Antwort gießt mir Jeanette ihren Drink über den Kopf. Wir geraten richtig aneinander, und alle unsere Freunde springen dazwischen, um Schwerwiegenderes zu verhindern. Am Ende läuft Jeanette schimpfend aus dem Lokal.

Ich habe mich so sehr zum Arschloch gemacht, dass es eigentlich nicht mehr schlimmer kommen kann. Also denke ich mir: Wo ist dieser Scouser? Da ist er. Ich werfe mit Budweiser-Flaschen nach ihm, und er springt durch den Laden wie ein kopfloses Huhn.

Nach diesen Vorfällen musste das Kells schließen. Sie haben daraus dann ein Fitness-Studio gemacht. Manchmal trainiere ich dort.

Die Dinge gerieten zunehmend außer Kontrolle. Die Polizei wusste, was wir vorhatten. Zu einem Freitagabendspiel fuhren wir nach Leeds – und 200 Cops vom Einsatzkommando warteten auf uns. Manchmal ließen sie uns nicht einmal in die Innenstädte.

Wir fuhren nach Lincoln. Bei einem der Spiele dort zuvor hatte die Polizei unser Hotel umstellt und gesagt: „Entweder wir eskortieren euch in euren Autos raus aus Lincoln, oder ihr bleibt die ganze Nacht im Hotel und verlasst es nicht!" Bei diesem Spiel waren wir zu zwölft. Als wir unsere Unterkunft verließen und in Richtung einer Bar marschierten, konnten wir sehen, wie sich alle Videokameras der Straße auf uns ausrichteten.

Wir kamen in den Club hinein; die letzten vier von uns allerdings mussten zahlen. Einer von ihnen war Benny, ein gutaussehender, selbstbewusster, redegewandter Typ. Bei uns hieß er Benny Redband, denn damals, als der Strangeways-Knast noch ein echter Knast war und jeder dort die Wärter hasste, da hatte Benny als Insasse so einen Redband-Job, machte also eine jener Tätigkeiten, die man nur zugewiesen bekam, wenn man als Knackie besonders vertrauenswürdig war. Eine unglaubliche Sache unter Fußballjungs. Benny ist schlau.

Das Foyer der Bar ist mit Kameras ausgestattet, und die Männer an der Tür sind alle breite Steroid-Nacken. Auch eine Frau machte dort die Tür. Es kommt zum Streit, weil Benny nicht umsonst reinkommen darf. Die Türfrau schwingt plötzlich eine von diesen Würgeketten, mit denen man Kampfhunde bändigt, und erstickt Benny fast damit. Wir sind bereits drinnen, werden aber kaum so mongo sein und die Türleute dort umhauen, wo alles voller Kameras steckt. Wir wollen, dass sie in den Laden reinkommen. Aber sie wollen nicht. Also gehen wir zur Bar, bestellen zwanzig Getränke und weigern uns dann zu zahlen. Aber auch das lockt sie nicht. Sie sind clever: Sie lösen den Feueralarm aus, um die Polizei heranzuholen, die dann aus Sicherheitsgründen erst einmal den ganzen Laden räumen lässt. Wir können nichts dagegen tun, aber wir vergessen die Angelegenheit auch nicht.

Einer meiner Kollegen ist ein Boxer internationalen Ranges, ein anderer stellt die Nummerngirls für die Kämpfe; ich habe also keine Probleme, an Eintrittskarten fürs Boxen heranzukommen. An diesem Abend soll ein großer Kampf in der MEN Arena in Manchester stattfinden. Ich muss hinfahren und mir meine Karten abholen. Es ist Sommer, und ich bin mit dem Ferrari eines Freundes unterwegs. Das Deansgate ist wieder mal aufgebuddelt und eine einzige Baustelle; die Durchfahrt ist also verboten. Aber ich habe E eingeworfen, also fahre ich dort durch. Es gab da einen beliebten Pub namens J.W. Johnsons, und an einem sonnigen Tag hatten das Johnsons und das Moon Under Water sämtliches Gestühl draußen, und die Leute saßen und genossen die Wärme.

Es ist halb sieben abends. Verkehrshütchen hindern die Leute, die Straße zu befahren, aber ich rangiere hindurch, als einziges Auto auf dem Deansgate, knalle den Ferrari auf dem rohen Teer entlang und schlittere mit einer Vollbremsung vor das Johnsons. Die Gäste johlen und applaudieren.

Tickets geholt und alle sind da.

Wenn wir zum Fußball fuhren, dann liefen uns manchmal bis zu 200 Leute hinterher. Denn es war bekannt: Wo wir auftauchten, da war eine Hauerei nicht weit. Und irgendwann war es abends so: Man fand heraus, was wir vorhatten, und erschien dort ebenfalls. Als wir uns also aus unseren Sitzen vor den Lokalen erheben, um zur Halle zu gehen, stellen 250 Leute ihre Getränke ab und folgen uns.

Man kann zur Arena kommen, wenn man durch den Bahnhof Victoria geht. Die Security an der Halle ist auf vier Eingänge verteilt. Als diese 250 Leute auftauchen, wird die Security schlicht überrannt, kein Problem. Das war die Zeit, in der Tränengas in Mode kam. Als also die Polizei kam und versuchte, die ersten Leute mit Gas aus der Halle zu sprühen, wurde einfach zurückgegast. Alle sind drin und übernehmen die besten Plätze in der Halle. Die Ordner sind hilflos, und die Polizei kommt schließlich zu dem Ergebnis: „Lasst sie einfach hier sitzen und Boxen gucken." Aber sie sind unzufrieden.

Auf dem Weg nach draußen spricht einer aus der Einsatzleitung mit Tony: „Wir wollen dich, O`Neill. Du hast mit dieser Aktion unschuldige Boxfans in Gefahr gebracht. Nicht mit uns! Wir werden dich holen!"

Tony entgegnet: „Los. Dann jetzt!"

„Nein, wir halten die unbescholtenen Bürger da raus. Sechs Uhr morgens kommen wir. Halte dich bereit, Tony!“ bekommt er zur Antwort.

Wir lassen sie stehen und verlassen die Halle.

Der Witz an der Geschichte ist, dass ein Junge aus Lincoln für einen der Kämpfe gemeldet war; ein Boxer, dessen Vater Chef genau jener Sicherheitsfirma war, deren Mitarbeiter Benny stranguliert und den Feueralarm ausgelöst hatten. Und diese Herren sind jetzt vor Ort, vor der Halle, angereist in einem Reisebus, in den wir nun quasi hineinlaufen. Es dauert nur Sekunden, da laufen sie hühnergleich herum, jeder Steroid-Nacken für sich. Und Benny fuhr nach Hause mit einem Lächeln auf seinem Gesicht.

Ich feierte meinen vierzigsten Geburtstag und hatte 700 Jungs als Gäste. Einige aus der nichtkriminellen Fraktion hatten entsprechend Angst, ihre Frauen mitzubringen. Die Feier fand im Old Trafford statt, und ich hatte eine Genehmigung bis vier Uhr morgens erhalten. Irgendwie hat United Wind von der Sache bekommen, wer denn der Typ ist, der die Stadionräumlichkeiten für seinen Vierzigsten angemietet hat, denn jetzt melden sie sich und sagen: „Wir können den Mietvertrag leider nicht rückgängig machen, denn es wurde bereits eine Kaution hinterlegt. Aber wir gestatten nur Feierlichkeiten bis elf Uhr abends.“ Wir müssen also klären, in welche Clubs wir hinterher gehen können und entscheiden uns am Ende für die Bar „Tapas Tapas“. Mein Geburtstag ist der 10. August, und am nächsten Tag wird das Spiel um den Charity Shield stattfinden, also machen wir die Party am Sonnabend und springen dann in Busse, um runter zum Charity-Shield-Spiel gegen Newcastle nach London zu fahren. Gute Idee. Wir buchen das Tapas Tapas.

Am Abend der Feier stehen Mannschaftswagen der Polizei vor dem Old Trafford, und Gäste werden fotografiert und müssen dann durch einen Korridor von Polizisten einen Spießrutenlauf antreten. Mehr Polizeikleinbusse habe ich nie zuvor auf einem Haufen gesehen. Wir haben für elf Uhr eine Reihe Stretch-Limousinen bestellt, die uns vor den Club fahren sollen, aber als es dann elf wird, hat die Polizei die Fahrer aus ihren Fahrzeugen geholt und die Autos beschlagnahmt. Irgendwann klappt es aber dann doch, und mit zwanzig Leuten in jedem Fahrzeug geht es Richtung Innenstadt. Um eins sind wir schließlich in der Bar, die wir bis vier Uhr früh gebucht haben. Kaum aber ist es zwei, da kommt ein hochrangiger Polizeibeamter herein und verlangt, die Bar zu schließen. Als er reinkam, hatte irgendjemand die Musik von „Dick & Doof“, von den Filmen mit Stan Laurel und Oliver Hardy, eingelegt, und alles war am Mitsingen und -pfeifen. Ein jüngerer Polizist im Gefolge des Einsatzchefs konnte das wohl gar nicht leiden, denn er packt sich jemanden und will ihn verhaften. Wir erklären dem Boss: „Lasst ihn in Ruhe, sonst habt ihr gleich große Schwierigkeiten".

„Ihr macht hier ohne Ärger Feierabend, und ich lasse euren Mann frei", war das Angebot.

Wir stimmten zu. Absolut jeder verließ die Feier volltrunken. Von den 400, die es eigentlich zum Charity Shield schaffen wollten, kamen gerade mal 25 an.

Nur so aus Spaß gingen wir eines Abends wenige Tage später erneut zum Tapas, „aus Rache", wie ich sagte, weil die Geschäftsführung der Polizei gesteckt hatte, dass ich dort meinen Vierzigsten feiern würde. Ich gehe durch die Tür, da hält mich der Türmann an und sagt: „Du zahlst erst, mein Junge."

Worauf ich erwidere: „Verdammte Scheiße, mein Freund. Du bist entweder sehr mutig oder sehr dumm. Ich bin mit zwanzig Leuten hier und kenne außerdem den Besitzer!"

„Der Besitzer ist heute nicht anwesend. Ich bin anwesend. Du zahlst."

Ich haue ihm eine krachende Ohrfeige, und er fällt. Ich sage: „Ach du scheiße, was wäre denn passiert, wenn ich dich richtig geschlagen hätte? Geh nach Hause und lern` deinen Job!"

Wir gehen hoch in die Bar. Wieder ist da ein Polizist, und ich denke nur: *Verdammt, die Fotze hat tatsächlich die Bullen geholt!* „Bleibt zusammen; wir gehen wieder raus. Der eine Cop wird nicht zwanzig Leute verhaften!"

Jetzt stand ein großer, schwarzer Typ am Eingang und machte die Tür. Ich kannte ihn vom Sehen. Als wir rausgingen, sagte er: „Bis bald, Paul."

Ich wende mich um: „Was meinst du damit, `Bis bald, Paul`? Als wären wir Freunde? Ihr habt zugelassen, dass dieser Laden an meinem Vierzigsten vorzeitig dichtgemacht wurde, und jetzt hast du die Bullen geholt. Dafür sollten wir uns jetzt eigentlich mal auf die gute, alte Art unterhalten!"

„Paul, du verstehst nicht."

„Ich verstehe sehr wohl", schimpfte ich ärgerlich und ging.

Und dann kam einer meiner Freunde hinter mir hergelaufen und erklärte mir, der Typ in der Polizeiuniform oben in der Bar sei eigentlich nur verkleidet und als Stripper für einen Frauenabend angeheuert worden. Ich musste also umkehren und mich in aller Form entschuldigen. Außerdem bedankte ich mich noch, dass niemand auf meine Einladung zum traditionellen Faustkampf eingegangen war.

Viele Leute zeigten sich zunehmend verschreckt von uns. Wir waren älter als der Durchschnitt, und wir waren Gangster. Manchmal kamen die Mannschaftsbusse des Einsatzkommandos an uns vorbeigefahren, und man rief uns zu: „Wing, du Pimmel!" oder „Doyle, du Arsch!"

Manchesters Polizei hatte genug von uns. Manchmal fuhren wir mit zwanzig Leuten runter nach London, und die Polizei dort wartete schon auf uns: „Sie sind alle unter Arrest. Wir geleiten Sie nun in ein Lokal. Dort werden Sie sich bis halb drei aufhalten. Dann werden wir Sie zum Stadion bringen. Nachdem Sie dort das Spiel gesehen haben, werden wir Sie auf die Heimreise schicken." Wir mussten uns förmlich nach London hineinschleichen.

Irgendwann waren wir in einer der Kneipen in der Innenstadt. Wir wussten, dass wir mittlerweile ein großes Problem mit der Polizei haben. Sie sind jetzt heiß darauf, uns von der Straße zu holen. Auch jetzt kommen sie mit voller Stärke durch die Eingangstür der Kneipe. Wir versuchen, uns durch die Notausgänge nach draußen zu stehlen. Neun unserer Männer schaffen es.

Wir kommen an den Polizeibussen vorbei, die unbewacht vor dem Pub stehen. Irgendeinem von uns fällt ein, es würde sicherlich Spaß machen, die Reifen zu zerstechen, und er setzt seine Idee in die Tat um. Dann schlendern wir weiter in Richtung unserer Autos, die zweihundert Meter weiter geparkt sind.

Ein Schrei ist zu hören: „Wing, du fettes Arschloch! Wir kriegen dich!" Wir drehen uns um, und die Herren des Einsatzkommandos kommen uns in voller Montur hinterhergelaufen. Sie umstellen das Auto, an das sich Wing gerade lehnt, und hauen es mit ihren Gummiknüppeln kaputt.

Es war nicht unser Auto.

8

Aufgeschlitzt

Manchester Uniteds traditionelle Rivalität mit Liverpool, und zwar sowohl auf dem Platz als auch vor den Stadien, schien seit den frühen Neunzigern stark abgekühlt, vergleicht man sie mit dem Jahrzehnt davor. Die schrecklichen und zutiefst ernüchternden Folgen von Heysel und Hillsborough hatten die Aktivitäten des Hooligan-Anteils im Liverpooler Anhang stark reduziert. Und auch die aufrührerischen „München!"-Rufe, gerichtet an die United-Fans, verschwanden – zumindest für eine ganze Weile. Zugleich widmeten viele der älteren Jungs auf beiden Seiten, nunmehr reifer und weiser als in ihrer wilden Jugendzeit, ihre Aufmerksamkeit dem Geldverdienen in seinen vielfältigen Formen. Legal und illegal. Manchmal kam man sogar zu dem Ergebnis, dass eine Zusammenarbeit zu beiderseitigem Vorteil sein kann. Zumindest tolerierte man einander. Und letztlich war es Liverpools sportlichem Niedergang zu verdanken, dass andere Teams, zuerst Leeds, dann Arsenal, die Herren von der Merseyside als Uniteds wichtigsten Gegner überholten. Die üblen Messerstechereien der Achtziger waren nun eine Sache der Vergangenheit, und der durchschnittliche Fan konnte das erste Mal seit Ewigkeiten zum Stadion des Gegners reisen, ohne Furcht haben zu müssen.

Aber alte Gewohnheiten und alte Feindschaften sind nur schwer abzulegen.

TONY: Die Schwarzhändler organisierten uns Eintrittskarten für die Haupttribüne im Anfield. Wir saßen im zweiten Rang, in der oberen linken Ecke, gleich bei unseren Fans im Anfield Road End. Als wir aus dem Bus gestiegen waren, schlichen wir erst einmal überall herum. Kein Polizist, so wurde bald klar, ahnte, dass wir vor Ort waren. Wir waren vielleicht fünfzig, die meisten in schwarzer Kleidung, was mehr oder minder zufällig war. In jedem Fall haben wir sicher etwas unheimlich ausgesehen.

Kurz vor dem Halbzeitpfiff setzten wir uns hinter die Tribüne ab, dort, wo man das Bier bekommt. Ein paar Scouser sahen unsere Bewegung und kamen runter. Die Wege dort sind ziemlich eng, und ein paar Leute stürmten gleich in sie hinein. Tabletts, alles Mögliche fliegt durch die Gegend. Wir sind gerade halb im Durchgang, da gehen sie stiften, die Treppen hinauf. Wir haben sie erst einmal vertrieben und kehren zu den Bierständen zurück.

Es ist Halbzeit, wir sind immer noch dort, und die paar Copper, die inzwischen aufgetaucht sind, bekommen aus irgendeinem Grund keine weitere Unterstützung zugeteilt. In der zweiten Hälfte sitzen wir wieder auf unseren Plätzen, wartend auf ein Tor, damit wir alle aufspringen können und vielleicht etwas in Gang bringen. Es fällt keins. Als das Spiel zu Ende ist, macht man keine Anstalten, uns im Stadion zu halten. Wir gehen also Richtung Ausgang, gehen dann die Treppen hinunter - und draußen stehen die Leute dicht an dicht! Jetzt kommen wir durch den Ausgang. Es öffnet sich eine große Lücke, und das übliche Schreien und Pöbeln setzt ein: „Haut sie um!“ Eng geschlossen stürmen wir vor und prügeln auf sie ein. Eine mächtige Hauerei entsteht, die Lücke weitet sich, und es gelingt uns, sie zurückzudrängen. Jetzt zeigt sich Polizei. Ein paar unserer Leute werden mitgenommen; sie haben sich zu weit von der Gruppe entfernt.

Wir drehen ab Richtung Annie Road End. Einige Scouser fluchen: „Hey, ihr Idioten! Es sind Kinder hier!“ und all die Sprüche, die uns als hirnlose Schläger dastehen lassen sollen. Aber kein Kind, kein Fußballfan kommt zu Schaden, und Liverpool weiß das.

Als auch der United-Auswärtsanhang das Stadion verlässt, fahren wir nach Hause.

Wir waren schon auf der Haupttribüne, auf der Kemlyn-Road-Seite und auf dem Kop. Wie viele andere Trupps haben das schon geschafft? Denn darum geht es doch. Selbst bei Spielen, wo man am Spieltag keine Chance mehr auf eine Karte hatte, waren wir heiß und clever genug, es doch zu versuchen. Nur die Richtigen bekamen dann eben

Eintrittskarten, Jungs, die Bescheid wussten. Keiner fragte nach diesen Tickets, der nicht genau wusste, was angesagt war, der nicht bereit war, mitzuziehen, komme, was da wolle. Man steht bei seinen Freunden – und man fällt mit ihnen.

Als Liverpool zum Old Trafford kam, kamen sie mit einer besonders verschlagenen Gang. Sie reisten mit Autos an, so um die dreißig oder vierzig Leute, mehr konnten sie wohl nicht zusammenbekommen. Sie hatten sich, so schien es, sehr früh getroffen und kamen über die M602 durch Salford rein, um dann auf der zweispurigen Hauptstraße rauszukommen. Einer von unseren Jungs hatte sie in seinem Auto verfolgt, nachdem er sie auf dem Rasthof Burtonwood gefunden hatte. Wir wussten also, dass Liverpool unterwegs war, aber zu jener frühen Stunde waren unsere Jungs noch kreuz und quer in der Stadt verteilt. Der Alarm war raus, und angesagt war ein Treffen auf der Salforder Seite, aber kaum jemand war schon dort.

Die paar United, die eingetroffen waren, kamen die Straße rauf und sahen, wie Liverpool gerade aus den Fahrzeugen stieg. Sie hatten Baseball-Schläger dabei, Messer, das ganze Programm. Timo und ein paar andere zögern nicht lange und springen sie an. Aber ohne den Hauch einer Chance. Sie sind viel zu wenige, es ist viel zu früh. Timo wird von sechs, sieben Gegnern bearbeitet, und irgendein verdammter Drecksack unter ihnen zieht Timo zwei Mal eine Klinge durchs Gesicht. Dann verpissen sie sich. Timos Schnittverletzung ist heftig, sehr heftig, die ganze Gesichtshälfte runter. Viele Polizisten tauchen auf.

Seit diesem Moment hieß das Kommando: „Holt euch die Scouser!" An jenem Tag mussten viele Liverpooler Fans schon vor dem Anpfiff übel leiden. Eigentlich war die Polizei dazu übergegangen, Liverpooler Fans mit dem Schlusspfiff aus dem Stadion zu lassen, weil ihr harter Kern nicht mehr in Manchester auftauchte. An jenem Abend jedoch wurde wieder auf alte Methoden zurückgegriffen und der Gästeblock zunächst abgesperrt.

STEVE BARNES: Es war kein großer Mob bei diesem Spiel. Liverpools Leute hatten die M602 und die Trafford Road befahren, dann angehalten und United-Fans herausgefordert. Timo war darauf eingegangen. Daraufhin holte der Täter ein Packmesser hervor und schnitt Timo über Gesicht und Hals.

Nach dem Spiel gelang es jemandem, das Fahrzeug zu identifizieren, in dem der Täter angereist war. Der United-Mob sammelte sich daraufhin am Pier 6, nahe des Copthorne-Hotels. Das Auto stand auf dem großen Parkplatz dort, und all unsere schweren Jungs waren nun dort. Allerdings auch die Polizei, und einer der wichtigeren United-Leute versuchte, uns zu überreden, mal für ein paar Augenblicke wegzuschauen.

„Seit ihr euch darüber im Klaren, was mit Timo passiert ist?“ fragte er.

„Wir können euch nicht einfach gestatten, die Liverpooler anzugreifen“, erklärten wir. „Das wäre ein schwerer Übergriff.“ Man hätte wohl kaum vorhersagen können, was mit den Liverpoolern geschehen wäre.

Eine Gruppe der älteren Mancs beobachtete, wie das Fahrzeug mit seinen Liverpooler Insassen vom Parkplatz rollte. Einer von ihnen fuhr die Seitenscheibe runter und prahlte herum mit dem, was geschehen war. Aus der Gruppe der Älteren kam als Antwort: „Wir haben Zeit. Und wenn es sein muss, dann kommen wir auch nach Liverpool, um dich zu holen!“ Mir wurde blitzschnell klar, dass dieser United-Fan mehr war als nur ein Fußball-Hooligan.

Natürlich war das Spiel an der Anfield Road in der Folgesaison eine spannungsgeladene Angelegenheit. United traf sich oft in der Kellerbar des Adelphi-Hotels. So waren auch dieses Mal so um die 200 Leute dort.

Aus dem Pub auf der gegenüberliegenden Straßenseite kam eine Gruppe Liverpooler. Als sie am Adelphi vorbeigingen, rief einer aus der Gruppe: „Ich hab Timo aufgeschlitzt, von einem Ohr zum anderen!“ Sofort war die Gruppe mit Bier überschüttet.

Aber schon bald sollte United ohnehin herausgefunden haben, wer der Messermann war.

TONY: Als wir sie das nächste Mal auswärts hatten, trafen wir uns schon früh, obwohl es ein Abendspiel war. Um zwei Uhr nachmittags sind wir bereits in Liverpool, trinken einen und sammeln uns dann im Adelphi. Auch die Polizei lässt irgendwann nicht mehr auf sich warten, und die Scouser sind da und die Telefone stehen kaum still. Als sie an uns vorbeikommen, ist die Fotze mit dabei, die Timo eins durchs Gesicht gezogen hat. Es scheint der größte Idiot der Welt zu sein, denn er springt herum und ruft: „Ich habe Timo weggemacht, und ihr seid als

Nächstes dran!“ oder so. Jetzt weiß auch der Letzte, wie der Typ aussieht. Aber er ist nur ein Vollidiot. Mit Packmessern rumzufuchteln, ist keine Heldentat.

Aber die Konsequenz dieses Vorfalls in Manchester war, dass zwei Liverpooler verhaftet wurden und vor dem Amtsgericht Salford als Zeugen zu erscheinen hatten. Doch bist du in Salford, dann bist du am Arsch. Das Gesetz des Dschungels. Sie machten also ihre Aussage vor Gericht und sind auf dem Weg zurück zu ihrem Auto und wollen gerade einsteigen, da werden sie Opfer des gleichen Werkzeugs. „Dies ist für Timo!“ heißt es. Die Scouser freut es nicht, aber so ist das Ergebnis. Ich weiß nicht, wer die beiden Jungs in dem Auto waren, aber sie wissen sicherlich, warum es sie erwischt hat: weil man Timo ohne Grund geschnitten hat. Sollen sie sich bei ihrem großmäuligen Freund bedanken. Denn das hat nichts mit Hooliganismus zu tun, solch Verhalten ist einfach übel, böse.

Heute Abend kommt dieser Idiot also hier am Adelphi vorbei, und somit wissen wir, dass er unterwegs ist mit seinen Leuten, beim Spiel. Wir sind in großer Zahl aufmarschiert. Nach dem Spiel müssen wir ein bisschen warten, doch dann gehen wir links. Der Abschaum lungert in einer der Seitenstraßen, weiter die Hauptstraße runter. Wir gehen inmitten der Durchschnittsfans, die auf dem Weg zurück zu ihren Autos sind. Keine Scouser-Polizei weit und breit, nur unsere beiden Zivis. Und wer kommt da aus der Seitenstraße gebogen? Unsere Freunde, fünf voraus, der Rest im Pulk hinterher. Plötzlich halten sie inne. Keine Chance für sie; Fußweg und Straße sind voll von uns, ein großer Haufen Männer in Schwarz. Die Liverpool-Jungs scheißen sich ein, sie wenden sich um und sind schon auf der Flucht. Sofort sind auch wir in den Seitenstraßen, ihnen hinterher. Da laufen sie, in den kleinen Gassen und Wegen, die zwischen den Hinterhöfen hindurchführen, schreiend, laufend, einander zurückhaltend. Bloß nicht hier erwischt werden, scheinen sie zu denken – obwohl sie ohne Zögern hier unsere Normalos überfallen hätten.

Wieder vergeht einige Zeit, und Liverpool muss wieder zum Old Trafford. Wir wollen, dass der Schlitzer und seine Freunde auftauchen. Überall sind unsere Späher unterwegs. Dieses Mal scheinen sie sich einen Doppeldecker-Bus gemietet zu haben. Sie fahren direkt aus dem Liverpooler Stadtzentrum los, da, wo sie jeder sehen kann, und bewegen sich nach Manchester. Der Bus kommt quasi mit dem Anpfiff an, überwacht von Start bis Ziel durch die Polizei. Abschaum – diese Leute meine ich, wenn ich von Abschaum spreche! Klar, dass die Polizei den Bus filzt. Unser Freund hat also einen Mob zusammengestellt, den Bus organisiert – und jetzt wird der durchsucht, und was kommt zum Vorschein? Packmesser, Knüppel, alles Mögliche. Die Polizei lässt alle wieder einsteigen und eskortiert den Bus zurück nach Liverpool. Wie es sein kann, dass niemand verhaftet wurde, ist mir schleierhaft.

Ohne Waffen wollen sie nicht antreten. Sie müssen es auf die brutale Art haben. Welch ein Haufen Scheißhäuser! Vom Adelphi aus mit einem Doppeldecker loszufahren, was sollte das denn?! Kamen wohl mit dem Druck nicht klar, die Herren.

JB: Wir spielten gegen Everton, und ich war mit vierzig, fünfzig Leuten unterwegs, mit all den bekannten Gesichtern. Ich ging nicht mit rein, sondern setzte mich in eine Kneipe nahe des Goodison Park. Ich habe diesen leichten Hang, mich wie bei einem Suizidkommando zu verhalten: Der Laden, in dem ich das Spiel im Fernsehen sah, war, das merkte ich schnell, hauptsächlich voller Liverpool-Fans. Als also für United ein Tor fiel, sprang ich herum und feierte. Mein Kumpel, der mit mir da war, dachte, man würde uns ermorden.

Mit dem Schlusspfiff machten wir uns auf, um vor der Gästeseite zu warten. Willy, der mich den Nachmittag begleitet und sich vor Angst fast eingeschissen hatte, wartete mit mir. Dann eine Stimme:

„Ihr Scheiß-Münchner Bastarde!“

Zwei Typen sind es, die auf mich losgehen. Ich gehe zu Boden, bekomme ein paar Tritte verpasst, aber da kommt Uniteds Hooligan-Cop angestürmt. Er verhaftet – mich! Ich fasse es kaum: „Man hat mich gerade angegriffen, Mann!“ Aber schon hat er die Handschellen hervorgeholt und zieht mich in den Bus.

Da sitze ich nun, im Drahtverhau, mit meinen Handschellen. Doch der Polizeibus folgt dem United-Mob, und ich kann die Laufereien beobachten. Eine große Sache; ich habe einen echt guten Platz, direkt am Ring. Der Bus bremst, die Tür gleitet auf, ein Körper wird hereingeworfen und von den Cops erst einmal zu Klump getreten. Es ist ein Scouser. Dann der nächste Krawall. Wieder geht die Tür auf, wieder schiebt man einen Typen herein, der neben mir zu sitzen kommt.

„Joe, wie geht`s?“ sagt er. Es ist Andy Nicholls von Everton.

„Verdammte Scheiße", sagt er, „ihr habt ja einen guten Mob mit dabei heute. Wie kommt`s?"

„Einfach Lust drauf gehabt heute."

Etwa dreißig Leute werden verhaftet, später am Abend aber ohne Anzeige wieder freigelassen. Der Bulle hinter dem Schreibtisch lässt uns alle zeitgleich gehen, nicht jedoch, ohne uns zu erklären: „Euch United-Fans wird man jetzt richtig wegtreten!" Wir waren nur zu viert. Doch Andy Nicholls korrigiert ihn: „Keiner von euch wird heute irgendwelche Schwierigkeiten haben." Und so war es dann auch.

Später musste ich dann noch mal in Liverpool vor Gericht aussagen. Man warnte mich, Liverpool würde auf mich warten und mich aufschlitzen, als Vergeltung für die Sache, die den beiden Typen nahe des Amtsgerichts Salford passiert ist. Nichts geschah. Aber es wird doch erkennbar, wie schlecht das Verhältnis zwischen United und den Scousern inzwischen wieder geworden war.

9

Die Nacht der Sturmhauben

Manchester Uniteds Hooligans nennen oft Tottenham als ihre dauerhaftesten und aktivsten Rivalen in London, aber es scheint, als hätten sie darüber hinaus eine spezielle Abneigung gegen West Ham. Dies mag aus den Ereignissen von 1967 resultieren, als die Red Army den Upton Park eroberte, was als erster Erfolg eines Nord-Vereins auf den Tribünen der Hauptstadt in die Geschichte einging. 1975 reagierte das East End mit massenhaften Angriffen auf United-Fans, die die Schlagzeilen der Zeitungen in den folgenden Tagen bestimmten. Seit damals liegen die „Burschen“ beider Lager miteinander im Clinch und zollen einander selten Respekt, zumindest nicht in der Öffentlichkeit.

West Hams Hooligan-Höhenflug erstreckte sich etwa über ein Dutzend Jahre, von Mitte der siebziger Jahre bis zu der Polizeioperation in den ausgehenden Achtzigern. In dieser Periode waren sie unzweifelhaft eine der zwei oder drei härtesten Fußballgangs des Landes. Manche (wenn auch nicht Man United) sagen, sie waren *die* Härtesten. Aber Mitte der Neunziger waren viele der alten Gesichter, vor allem aber viele aus dem harten Kern der alten ICF, nicht mehr aktiv am Upton Park, sondern konzentrierten sich eher auf geschäftliche Unternehmungen vielfältiger Art. Ihre Reputation jedoch hielt an, und der Upton Park war für den Gästefan nach wie vor einer der einschüchterndsten Grounds des Landes. Uniteds Jungs wussten, dass jede Tour dorthin das Potenzial hatte, als Desaster zu enden.

Die Ereignisse am Abend des Mittwoch, 11. März 1998, der als die „Nacht der Sturmhauben“ bekannt werden sollte, begannen jedoch in einer anderen Stadt, viele Kilometer entfernt.

TONY: Sheffield war einer von vielen Orten, wo wir gerne Halt machten, wenn wir kreuz und quer durchs Land fuhren. Sowohl Wednesday als auch Sheffield United können ein Lied davon singen. Das waren manchmal schon lustige Zeiten. An diesem Tag sollte Sheffield United gegen QPR spielen. Wir machten Rast in Sheffield; wir waren auf dem Rückweg von irgendeinem Spiel und saßen gerade in einem Pub, irgendwo nahe des Busbahnhofs. Alles war entspannt; einige spielten Billard, andere lungerten an der Theke herum - als sich plötzlich die Tür öffnet und ein paar Typen reinkommen. Sie stellen sich an den Billardtisch.

„Seid ihr QPR? Wollt ihr aufs Maul?"

Die Antwort lautete: „Wir sind Man United, und jetzt verpiss dich, wir haben unser Spiel noch nicht beendet!"

Während sich der Fragesteller umdrehte, um den Laden schnell wieder zu verlassen, erwischte ihn schon der Billardstock, sicher geführt von unserem liebenswerten Schalk Eddie Beef, der sich ganz klar in seiner Konzentration gestört sah. Ein kurzes Chaos stellt sich ein, und die Gäste haben den Laden wieder verlassen.

Ich machte mich zu einem kleinen Spaziergang auf, um zu schauen, ob sie und vielleicht ein paar andere eventuell wiederkommen würden. Natürlich. Da kamen sie um die Ecke gebogen, ungefähr vierzig Sheffield United, und machten sich für den Angriff bereit. Ich bewegte mich an die Seite, überzeugt davon, dennoch der Erste zu sein, der jetzt auf den Kopf bekommen würde. Aus irgendeinem Grund allerdings stürmte alles an mir vorbei, in Richtung des Pubs, der sich im Nu lehrte. Vor der Tür trafen sich beide Gruppen, und einigen Köpfen wurden Schläge verabreicht.

Ich lief dem Sheffield-Mob hinterher, schnappte den letzten, packte ihn in den Schwitzkasten und stürmte mit ihm gegen eine Mauer. Er wusste nicht mehr recht, wo er war; als ich ihn aus dem Schwitzkasten entließ, taumelte er noch kurz, dann brach er zusammen. Ich begab mich genau in dem Moment ins Gewoge, als die ersten Polizisten am Schauplatz erschienen. Schnell war alles vorbei; jeder versicherte nun, er hätte nichts Falsches getan, und irgendwann zuckten die Beamten nur noch mit den Schultern und ließen uns alle laufen. Was wir taten, und zwar Richtung Bahnhof, denn wir hatten noch einen Zug zu bekommen.

Ein anderes Mal spielten wir bei Barnsley; ein Ort, der, so würde ich zumindest sagen, eine üble Kloake ist, noch dazu mit einigen richtig hässlichen Typen, die gern die Einladung zu Schlägereien annehmen. An jenem Tag jedoch hatten wir an ihnen wenig Interesse. Die Verabredung war nämlich, dass wir uns früh auf den Weg nach Sheffield machen: Liverpool spielte bei Nottingham Forest und würde auf dem Rückweg durch Sheffield kommen.

Unser Spiel bei Barnsley war noch nicht einmal vorbei, da saßen schon 300 unserer Leute im Zug auf dem Weg nach Sheffield. Als wir im Bahnhof Sheffield-Meadowhall ankamen, erwarteten eigentlich alle, die Polizei würde dort schon auf uns warten - aber nichts dergleichen war der Fall! Also verschwanden wir schnell durch die Stadt in Richtung des anderen Bahnhofs, in dem Liverpool erwartet wurde. Schon bald war dort der Bahnsteig voller Leute: unsere Leute auf der Jagd. Nach nur wenigen Minuten hört man Rufen und Schreien, und eine kleine Gruppe Scouser sprintet über die Fußgängerbrücke in Richtung des hinteren Bahnsteigs, wo wir jetzt auch eine weitere Gruppe Liverpooler erkennen können. Alles setzt sich in Richtung dieses Bahnsteigs in Bewegung, aber die paar Polizisten, die hier im Bahnhof ihren Dienst schieben, versuchen verbissen, den Niedergang zum Bahnsteig zu halten. Wir allerdings wollen nur die Scouser, die sich jetzt schon deutlich abgesetzt haben, und unsere Leute drehen förmlich durch bei dem Versuch, an sie heranzukommen.

Die Polizei führt sie zum anderen Ende des Bahnsteigs. Dort verschwinden sie außer Sicht. Leute werfen Gegenstände in ihre Richtung. Verzweifelt springen einige unserer Jungs auf die Gleise und hangeln sich auf die anderen Bahnsteige, um ihre Chance zu wahren, aber für mich ist das nichts - einmal zuvor war ich selbst auf den Gleisen unterwegs, im Bahnhof Lime Street in Liverpool. Und das hat gereicht.

Irgendwann klären Hundeführer die Bahnsteige und kesseln uns ein, um uns dann zu einem Zug Richtung Manchester zu führen. Zu einem Ergebnis mit den Scousern sind wir nicht gekommen, aber lustig war es doch, zu sehen, wie sie um ihr Leben rennen. Wären die Rollen vertauscht, wäre es das Gleiche gewesen. Insgesamt war es ein guter Plan, der nur haarscharf danebenging. Anders also als der Plan, den wir uns für West Ham gemacht hatten.

Die West-Ham-Geschichte kam eigentlich gar nicht von uns. Wir hingen in Sheffield ab, nachdem wir ein Spiel bei Wednesday hatten,

Sonnabendnachmittag in einer Kneipe, kurz bevor wir den Weg nach Hause antreten wollten. Nichts Nennenswertes war an diesem Tage passiert, und wir hatten auch keinerlei Interesse, lebhaft zu werden - bis unser FI-Beamter mit einigen Sheffielder Kollegen hereinkam und sich vor uns großzutun begann. Sie hätten den ganzen Tag über gewusst, wo wir uns aufgehalten hätten und was wir im Schilde führten. Wie angedeutet, führten wir nichts im Schilde und hatten auch gar keine Anstalten gemacht, uns zu verstecken, sie aber waren so zufrieden mit ihrer Tagesleistung, dass sie ankündigten, man würde uns auch am darauffolgenden Mittwoch bei West Ham finden.

Bis zu diesem Moment hatten wir das Spiel bei West Ham gar nicht auf dem Plan. Dies war eine Partie mitten in der Woche, und wir wären wohl jeder für sich angereist, mit dem Auto, dem Zug oder wie auch immer, wären zu unterschiedlichen Zeiten angekommen und hätten uns irgendwann in Stadionnähe getroffen. Wie auch immer, an jenem Nachmittag in der Sheffielder Kneipe bekam die Polizei natürlich sofort Kontra: Nie im Leben findet ihr uns, heißt es, und nach ein bisschen Geplänkel verschwinden sie.

Aber schon bald stecken wir die Köpfe zusammen und machen tatsächlich einen Plan für West Ham, und zwar nur aus einem einzigen Grunde: Um der FI zu zeigen, wie wenig Durchblick sie haben, und dass uns keiner findet, wenn wir es nicht zulassen. Schon ist der Bus gemietet, und wir treffen uns am Spieltag gegen Mittag, um die Fahrt nach London anzutreten, begleitet von diversen Autos, die sich ebenfalls am Treffpunkt eingefunden haben. Gegen fünf Uhr nachmittags sind wir bereits in den Vororten und wechseln vom Bus in die U-Bahn. Schon an der nächsten Haltestelle geht es wieder raus. Wir wissen genau, was wir tun. Wir sind weitab vom Trubel, in einem Pub an der Ecke, nur eine Straße von einem Bahnhof entfernt, der an der Linie nach Barking liegt.

Gegen halb sieben sind um die 200 unserer Männer vor Ort. Es geht los. Eine interessante Randgeschichte: Dieses Mal hat einer unserer Leute aus irgendeinem Grunde über einhundert Sturmhauben mitgebracht. Wir haben keinen gemütlichen Herrenabend vor uns, es geht gegen West Ham; also lag diese Idee vielleicht gar nicht so fern.

In Barking steigen wir aus. Wir gehen über die Brücke und wechseln auf den Bahnsteig, an dem die Züge Richtung Upton Park fahren. Die sind voll mit West-Ham-Normalfans. Keiner sagt irgendetwas zu ihnen.

Sie sind nicht die Leute, für die wir heute hier sind. Das wissen auch die West-Ham-Fußballfreunde, und so sagen auch sie kein Wort.

Jetzt heißt es aussteigen. Zum ersten Mal sind wir nun auf der anderen Seite vom Eingang zum Markt in der Green Street. Dort hat sich die Polizei aufgestellt und beobachtet aufmerksam den Eingang der U-Bahn-Station. Wir aber kamen unbemerkt durch, können uns sammeln und machen uns bereit für jeden West-Ham-Mann, der Appetit hat. Es gibt davon jede Menge hier; überall stehen sie zusammen in kleinen Gruppen. Während wir langsam auf der anderen Seite des Queens vorbeikommen, sehen wir unsere FI-Beamte, wie sie ganz entspannt an einem Geländer lehnen – in völliger Unkenntnis unserer Anwesenheit.

Ein Schrei! Jeder, der eine Haube dabei hat, zieht sie sich jetzt über den Kopf und stürmt die Straße entlang. Ich sprinte an den Schwachköpfen vorbei, die dort am Geländer lehnen, und sie können es nicht fassen. Damit sind sie in guter Gesellschaft mit dem Rest der Straße, die jetzt einem übel maskierten Mob entgegensieht, der in ihre Richtung gestürmt kommt. Alles springt davon und zu den Seiten. Die Cops stehen wie tot hinten am Bahnhof herum, und der berittenen Polizei obliegt es nun, uns aus Richtung Stadion entgegenzukommen. Mutig lassen sie ihre Pferde zwischen uns herumgaloppieren, wie die Leichte Kavallerie in der Schlacht bei Sturmhaub, sozusagen. Die Straße ist in Aufruhr, und wer auch immer auf Seiten von West Ham stehen bleibt, um sich zu stellen oder gar nur das Spektakel zu beobachten, wird plattgemacht. Als wir den Ground erreichen, hat die Polizei alle Geduld bereits verloren. Wütend reißt man uns die Sturmhauben vom Kopf. Welch ein Anblick! West Ham dürfte diese Szenen nicht so schnell vergessen haben. Die Jungs waren heiß auf diese Aktion, aber die Wahrheit ist, dass sie eigentlich nur geschah wegen dieser kleinen Wette in der Kneipe in Sheffield.

Man forderte uns nie wieder in dieser Weise heraus.

Nach dem Spiel gelang es uns, die Meute nach Plaistow zu bringen und uns dort in einem Pub zu sammeln. Der Polizei hatte es die Laune verschlagen: Man nahm unsere Personalien auf und eskortierte uns schon bald nach Euston, von wo wir uns dann zu unserem Bus und den Autos aufmachten. Manchesters Gentlemen in blauer Uniform ließen uns wissen, wir hätten sie wie Volltrottel dastehen lassen. Naja, nicht nur sie: Auch West Ham ließen wir ziemlich armselig aussehen – etwas, das uns insgesamt einige Male geglückt ist.

STEVE BARNES: Das Spiel war schon etwas außergewöhnlich. Wir wussten, dass aus Manchester ein Mob anreisen würde. Aber dieses eine Mal hatten wir weder entsprechende Telefonanrufe, noch konnten wir unsere Informanten kontaktieren. Einer schaffte es dann doch, sich mit uns in Verbindung zu setzen, und ließ uns die Nachricht zukommen, dass United es bei West Ham versuchen würde, er wisse aber nichts Näheres.

Einer aus der Gruppe, so erfuhren wir dann, kaufte auf dem Rochdale Market um die siebzig Sturmhauben, und als Treffpunkt in London - auch das kam uns erst hinterher zu Ohren - hatten sie sich den Pub ausgesucht, in dem damals Londons Gangsterkönig Ronnie Kray seinen kriminellen Kollegen Jack the Hat umgebracht hatte. Tony O`Neill hatte seiner Truppe zudem den Befehl „Keine Telefone!" ausgegeben. Keiner sollte sich verplappern können.

Während ich mich an der Station Upton Park aufhielt, war mein Kollege Kieran in Plaistow. Nirgendwo gab es Anzeichen für Ärger, und so langsam begannen wir uns Sorgen zu machen, denn zunehmend stellte sich uns die Frage, wo United denn wohl zuschlagen würde. Zusammen mit Ray Whitworth, der damals bei der CO11 war, machten wir uns dann irgendwann wieder Richtung London-City auf, um zu versuchen, sie doch noch irgendwo zu finden.

In der Zwischenzeit jedoch zeigte sich United in Plaistow, wo Kieran zusammen mit seinem Londoner Ansprechpartner Streife ging. Als der Mob die Stufen hinaufstürmte, zogen sie ihre Sturmhauben über und stürmten dann hinaus auf die Straße. Kierans Gesicht, so wurde mir später glaubhaft bestätigt, entgleiste völlig, als United an ihm vorbeikam und ein paar Ohrfeigen rechts und links verteilte. Der Effekt auf die Einheimischen war ebenso eindeutig: Keiner wollte es mit diesen vermummten Verrückten aufnehmen.

Nach dem Spiel hatten die Londoner Kollegen sie in einen Pub gepfercht. Die Sturmhauben hatten die United-Fans offenbar schon irgendwann vorher entsorgt. Wir unternahmen dennoch eine eingehende Durchsuchung auf der Grundlage des Beweissicherungsgesetzes: Scheint ein Landfriedensbruch vorzuliegen, so kann ein leitender Kommissar Anweisungen erteilen, jeden Verdächtigen anzuhalten, zu durchsuchen und zu fotografieren.

Genau das taten wir. Alle wichtigen Gesichter waren vor Ort, und alle lachten sie uns ins Gesicht, dass wir sie an jenem Tage nicht gefunden hatten.

PAUL DOYLE: Zu der Zeit mussten wir uns immer förmlich nach London hineinschleichen, so groß war die Aufmerksamkeit der Polizei, wenn es um United ging. Wing hatte zu diesem Spiel einen Bus organisiert, und wir trafen uns alle am Waldorf in Picadilly. Bei Spielen, wo Ärger angesagt ist, reise ich aber nicht mit dem Bus, vor allem nicht zurück nach Manchester. Zu leicht ist man dann weggehaftet. Die Alternative ist das eigene Auto, mit dem man dem Bus hinterherfährt. Irgendjemand denkt, es wäre eine lustige Idee, ein paar Pfund einzusammeln und von der Fabrik in Cheetham Hill ein knappes Hundert von diesen Sturmhauben zu organisieren. Mit zwei Plastiktüten voll kommt unser Einkäufer wieder und verteilt sie unters Volk. Einige nehmen `nen Anstecker zu Hilfe und verengen den Sehschlitz damit so, dass nur noch zwei Gucklöcher für die Augen übrig bleiben.

So ausgestattet geht es nach London. Ein paar Getränke werden gekippt, und dann ziehen wir uns die Kappen über. Urkomisch war das, wie wir so durch den U-Bahnhof marschiert kommen. Wir kommen an, 500 West Ham warten auf der Straße, und ein Polizist schreit: „Scheiße, sie sind hier! Und vermummt noch dazu, jeder Einzelne!"

West Ham muss wohl den ganzen Tag auf uns gewartet haben, aber als es soweit war, machten sie nicht die geringsten Anstalten, uns anzugreifen. Ich habe nie einen so großen Haufen so schnell laufen sehen. Ich hätte uns zu gern mal zugeschaut, von der anderen Straßenseite, wie wir da aus dem Bahnhof kamen. Am Ende jedoch werden die ersten Leute verhaftet, weil sie vermummt rumrennen, und Polizisten auf Pferden bemühten sich nach Kräften, den Leuten ihre Mützen vom Kopf zu ziehen. Schon da war klar, dass dies eine einmalige Sache bleiben würde.

Das nächste Mal gegen West Ham war das Eröffnungsspiel der Folgesaison. Beckham war im Weltmeisterschaftsspiel von England gegen Argentinien vom Platz geflogen, und West Hams Fans hatten angekündigt, ihn für dieses Versagen zahlen zu lassen. Also sammelten wir uns weit vor dem Anpfiff in ihrem wichtigsten Pub, der Boleyn Tavern, und ließen *sie* zahlen.

Nach dem Spiel kam uns der Gedanke, zu Fuß zum Überlandbahnhof West Ham zu gehen, um uns mit fünfzig, sechzig Leuten dort mal umzuschauen. Niemand zeigt sich. Wir haben ihnen wohl mächtig den Spaß verdorben: In ihrem Stammlokal gab es auf den Kopf, und jetzt dementieren sie, jemals United gekannt zu haben. Doch da kommen zwei Schränke herangeschaukelt, mit dem typischen Cockney-Gang, richtig gute, große Kerle. Ich bin, wie immer, ganz hinten. Als sie an mir vorbeikommen, haue ich einem - Krach! - eine Gerade. Aber er ist noch wach und beginnt, sich mit mir zu hauen. Und was kommt von den anderen? „Heh, das ist Doyley, nicht einmischen! Mann gegen Mann jetzt!" Was?! Ich war angepisst und musste mich richtig mächtig anstrengen, um den Typen umzuhauen. Mann gegen Mann! Hätte ich das gewusst, hätte ich die Hauerei doch wohl gar nicht gestartet!

TONY: Das erste Spiel am Upton Park nach der Weltmeisterschaft von 1998, in der Beckham in der entscheidenden Partie vom Platz gestellt wird, war auch so eins von der besonderen Art. Meine Güte, was haben sie dieses Spiel nicht aufgebauscht zu einer Anti-Beckham-Demonstration. Entsprechend sind alle Hooligans des East End am Start. Wir auch. Der ganze Zug war voller bekannter Gesichter.

Wir kommen an, nehmen die Bahn raus Richtung West Ham, steigen dort aus und pflanzen uns direkt ins Queens, das erst wenige Minuten zuvor eröffnet hatte. Da sind wir also, mitten in ihrem Vorgarten. Es kann nicht lange dauern, vielleicht nur ein paar Minuten, dann werden sie hier auftauchen, denken wir.

Eine halbe Stunde später, und immer noch sind keine Anzeichen eines Angriffs zu erkennen. Also gehen wir mal raus auf die Straße, um einen Blick zu werfen. Sinnlos, jetzt schon zum Stadion zu gehen; man würde uns nur zusammenpferchen und Ewigkeiten einkesseln. Daher geht es am U-Bahnhof vorbei in die andere Richtung, in eine Kneipe auf der rechten Seite, wo wir uns erneut sammeln. Wieder heißt es Warten auf West Ham.

Nach einiger Zeit schleichen auch tatsächlich die Ersten herum, und einige versuchen sogar, besonders clever zu sein und kommen auf einen Halben zu uns in den Pub. Aber sie sind typische Cockney-Großmäuler, und insbesondere einer von ihnen kann es nicht lassen, seine große Klappe aufzureißen, also werden er und seine Freunde kurz über die Sachlage informiert. Was haben sie anderes erwartet?

Während wir also in dieser Gaststätte warten, dass die Zeit vergeht, ist One Punch mit einigen anderen im Boleyn Pub, gleich an der Ecke zum Stadion, und teilt dort mit, was Ansage ist. Ein paar Typen werden geohrfeigt, und Uniteds Leute kommen quasi ohne einen Kratzer wieder aus der Kneipe hervor. Wir lernen daraus und setzen uns ebenfalls Richtung Stadion in Bewegung. Ein paar Wachtmeister versuchen uns unter Kontrolle zu bekommen, was ihnen aber nicht gelingt. Als wir in die Nähe des Marktes kommen, hören wir den allgemeinen Alarm: West Ham kommt aus seiner Kneipe und bevölkert die Straße, zusammen mit all den anderen, die hier in der Gegend herumgehangen haben. Einige ringen sich zu einem Angriff durch, aber schnell werden sie zurückgeschlagen. Sie ziehen sich zurück, und das gibt denn auch das allgemeine Stimmungsbild für den Marsch zum Stadion vor, wenngleich wir auch immer wieder mit Flaschen und Steinen beworfen werden. Beharrlich machen wir kurze Ausfälle, um zu verdeutlichen, dass wir nicht als Zielscheiben und Idioten aus Manchester runtergekommen sind. Versuche, uns am hinteren Ende zu packen und von dort zu überrollen, werden vereitelt: Wir wissen, wie so etwas geht; also bleiben wir stehen und schlagen sie in die Flucht.

Die ganze Straße war in Aufruhr, doch West Ham konnte uns nicht erschüttern. Ich bin bei beinahe jedem Spiel im Laufe der letzten dreißig Jahre gewesen, wenn wir bei West Ham anzutreten hatten, und dieser Tag war im Grunde typisch für die Partien, wenn United der Gegner hieß: Unsere Jungs tauchen auf, sie zeigen sich, stellen sich, bieten sich an.

Man möge mich nicht falsch verstehen: Es gab auch Tage, da hatten wir Glück, bei lebendigem Leibe wieder aus dem East End zurückzukehren. Es ist aber einfach schade, dass West Ham nie in dreißig Jahren das Rückgrat hatte, einzugestehen, dass wir uns immer gezeigt haben.

Offenbar habe ich einige Bewohner des Londoner East End mit meinem ersten Buch, *Red Army General*, etwas verärgert, weil ich einige Wahrheiten über unsere Begegnungen mit den Hammers preisgab, aber es bleibt nun mal ein Fakt: Seit Jahren waren wir immer am Upton Park zugegen und fochten es mit West Ham aus, in ihren Büchern und Schilderungen finden wir aber nie statt. Als hätte man uns aus der Geschichtsschreibung gestrichen. Vielleicht waren wir ihrem Image zu schädlich. Naja, zumindest gehen wir nicht zehn Minuten vor dem Spielende nach Hause, so, wie sie es im Old Trafford taten; wir verlassen den Upton Park, wenn der Schlusspfiff ertönt ist, und was dann passiert, das passiert.

Am Ground eingetroffen, bemühte sich die Polizei nach besten Kräften, uns hinein und auf die Gästetribüne zu befördern. Aber wir waren noch nicht fertig. Wieder versuchte West Ham, in all dem Trubel und dem Chaos unsere Reihen zu infiltrieren, und wieder mussten sie ihr Vorhaben schnell abbrechen, denn überall kam es sofort zu kleinen Hauereien, die die Cockneys wieder vertrieben. Wir hielten uns gut, obwohl der Druck immens war. Alle blieben zusammen. Als wir dann tatsächlich im Stadion waren, war allen klar, dass es ein guter Tag war, aber dieser hiermit de facto sein Ende gefunden hatte. Die Polizei würde uns nicht wieder frei herumlaufen lassen, sondern uns zum Bahnhof Euston eskortieren.

In der Folgesaison kehrten wir zurück und hatten wieder einige nette Prügeleien, wenn auch nicht in dem vorher erlebten Umfang und auch nicht mitten auf der Straße, da wir uns bei der Anreise etwas mehr Zeit gelassen, ein paar Biere zu uns genommen hatten und die Polizei mit erhöhter Mannstärke auf uns wartete. Nur vereinzelte Flaschen flogen auf dem Weg zum Ground in unsere Richtung, und der einzige Angriff, der auf uns gestartet wurde, war mehr ein Akt zur Gesichtswahrung, den einige Idioten zudem mit ihrer Verhaftung teuer erkauften.

Der Unterschied dieses Mal jedoch war der, dass am Ende des Spiels die Polizei uns aus dem Block ließ und uns stattdessen in dem schmalen Durchgang aufzuhalten versuchte, der auf die Hauptstraße führt. Wir verhielten uns eigentlich ganz entspannt, bis die Happy Hammers, die draußen die Hauptstraße entlangmarschierten, mit ihren Beleidigungen anfingen, und immer mal wieder ein vereinzelter Stein in unsere kleine Seitenstraße geflogen kam. Jetzt beginnen alle, vorwärts zu schieben, um hinaus auf die Straße zu kommen, und die Polizei bekommt echte Schwierigkeiten, uns zurückzuhalten. Eine oder zwei Minuten dauert das Gedränge an, aber die Masse gibt schließlich den Ausschlag, und erst gelingt es einer kleinen, dann der gesamten Gruppe, durchzustürmen. Da sind wir, und vor dem Queens und dem Markt geht es zur Sache.

Die Cops hasten hierhin und dorthin. Eine Gruppe West Ham steht zwischen dem Queens und dem Geländer zur Straße. Ein paar Schläge finden ihr Ziel, aber wir sind zu viele. West Ham flüchtet. Nun hat die Polizei so etwas wie Ordnung wiederhergestellt. Wir setzen uns ab in die U-Bahn und fahren Richtung Euston. Aber wir machen uns noch nicht auf den Heimweg nach Manchester. Einige möchten noch etwas die Gegend erkunden, und wir setzen uns irgendwo an die Euston Road, um noch ein paar Bier zu trinken.

Es wird spät, einige Stunden sind wir nun hier gewesen, und auch Polizei hat sich inzwischen eingefunden, die uns aus einem Kleinbus beobachtet, der außerhalb unseres Lokals geparkt ist. Doch die Ruhe wird jäh gestört: „Sie sind es! Sie sind da! West Ham!", schreit ein Typ. Alle springen von den Sitzen und Hockern, drängen sich durch die Flügeltür nach draußen, rennen an den Polizisten vorbei – und dort sind sie: Etwa vierzig West Ham. Einige von ihnen kommen die Straße rüber, andere bleiben noch auf der anderen Seite. Sie lassen sich hören: „ICF, ICF!"

Sie bekommen den Schrecken ihres Lebens. Die paar, die auf unsere Straßenseite gewechselt sind, laufen jetzt, kaum, dass sie uns gesehen, schnellstens wieder hinüber. Wir gehen auf sie los, den Mittelstreifen entlanglaufend. „ICF, ICF!" rufen sie, während sie, rückwärts laufend, in den Seitenstraßen verschwinden. „Eh, was soll das?!" rufen wir ihnen hinterher. „So kann man sich doch nicht hauen, im Rückwärtsgang!"

Die Polizei kassierte uns alle ein, und damit war der Tag endgültig vorbei. Wir machten uns auf den Weg nach Hause. West Ham war so angefressen von unserem Auftritt rund um den Upton Park, dass sie bis nach Euston hochkamen, um ein Minimum an Gesicht zu wahren. Einer von ihnen warf bei diesem Zwischenfall mit einem Mülleimer. Es war der gleiche Fan, der zuvor am gleichen Tage vor dem Queens mit einem Mülleimer warf. Ein Volltrottel. Wir lachten über ihn.

Zwei Monate später, am 4. Mai 1998, wurde ich wieder einmal festgenommen. Wir hatten als letztes Spiel der Saison Leeds zu Hause. Ein Abendspiel. Mord und Totschlag. Es war Bank Holiday, und die Straßen waren voll von Leute in Party- und Trinklaune. Überall lagen Flaschen und Dosen herum. Schon vor dem Spiel ging es los: Man bringt die Leeds-Fans mit Bussen heran. In der Menge vor dem Old Trafford war kaum einer nüchtern. Die ersten Leeds-Fans, die sich zeigten, bekamen gleich Tritte in den Hintern. Busse rollen an, denen schon Scheiben fehlen – auf der Salforder Seite hat man sie schon entglast. Mühsam versucht die Polizei, die Fahrzeuge heil über den Vorplatz zu bekommen. Denn zu dieser Zeit, um 1998 herum, parkte man die Gästebusse noch nicht direkt vor den Gästeblöcken, sondern Richtung Trafford Wharf.

Wenn es erst einmal losgeht, wollen alle mitmachen. Man streitet sich förmlich, wer den ersten Angriff führen darf. Aber mir wurde es schlicht zu viel, und ich stellte mich an die Seite. Zu viel durchgeknallte Suffköpfe, zu viel unserer Bekloppten waren dabei, mit ihren Schals und Trikots. Tatsächlich versuchten die Bekloppten, die Leeds-Fans am Betreten des Stadions zu hindern: „Ihr kommt hier nicht rein!" wurde gesungen. Man musste das Chaos gesehen haben, um es zu glauben, und obwohl die Polizei kräftige Backpfeifen verteilte, wich die Menge einfach nicht vom Fleck. All das erinnerte an meine Erlebnisse in Leeds, auswärts, wo der Heimmob versuchte, Leute zu ermorden, die in Begriff waren, ihre Busse zu verlassen. Zufrieden lächelte ich vor mich hin. Nun bekamen sie alles mit gleicher Münze zurück. Und die Polizei konnte niemanden verhaften – sie befand sich hilflos inmitten eines fortdauernden Gewoges.

Nach dem Schlusspfiff hielt man die Leeds-Fans im Stadion. Ich verließ den Schauplatz, alleine. Nichts war hier mehr zu tun. Für meinen Jungen besorgte ich noch ein paar Spielerposter; ein kleines Mitbringsel, dachte ich mir. Während ich Richtung Stadtmitte spazierte, bemerkte ich zwei Polizeibusse, die hinter mir langsamer wurden. Sie fuhren neben mir her. Ich wechselte die Straßenseite. Wir erreichten die Ampelanlage. Es war Rot. Sie hielten und setzten den Blinker. Ich überlegte: *Sollte ich in der Seitenstraße verschwinden und mich verpissen?* Aber am besten war wohl, auf der Hauptstraße zu bleiben, denn die Bastarde waren schon zu nahe. Es waren die Bullen vom Einsatzkommando, die echten „Riot Cops", die ohne jegliche Abzeichen, aber mit NATO-artigen Helmen, den schweren Stiefeln und den langen Knüppeln. Die hätten mich schlicht demontiert. Also rüber über die Ampel. Doch die Fahrzeuge kommen hinter mir her, quer über die Straße auf mich zuhaltend. Die Türen stehen bereits offen, und sie schreien meinen Namen.

„O`Neill, du Arschloch!"

„Du Wichser!"

Ich strecke meine Hände aus in einer Geste der Unschuld. „Was ist das Problem?"

Doch da liege ich schon auf dem Bürgersteig. Ein Helm wird mir ins Gesicht gestoßen, so, als wollte man einen Kopfstoß anbringen. Andere Bullen kommen dazu. Es ist immer noch heller Tag, erst eine Stunde nach Spielende. Man schwingt mich auf die Füße und an meinem

Die Fahne sagt alles: Da mich die Polizei eindeutig für den Rädelsführer hielt, gab es keinen Grund, sich bescheiden im Hintergrund zu halten.

MANCHESTER UNITED TAKE ON THE JOCKS

This picture was taken outside Hampden Park football ground last May during the Scotland -v- England match, and shows a number of Manchester United supporters who are just setting up a confrontation with rival Scottish fans just prior to kick-off. Note the chap with the red dot - he is our old friend Anthony O'NEILL, from 116 Gladeside Road, Wythenshawe, who is reckoned to be the organiser of a large gang who regularly support United both home and away. Since his arrest in March this year (case dismissed) he has taken a low profile during actual violence, but is still seen organising his troops at the Toll Gate Inn or in the City Centre. We are extremely interested in his activities/associates.

Ein Kurzbericht der Greater Manchester Police über mich, aus der Zeit noch vor der Operation Mars, mit einem Foto vom England-Länderspiel gegen Schottland am Hampden Park.

Einige unserer Leute hatten dieses Banner gemacht, um damit einen Freund abzuholen, der gerade im Gefängnis Full Sutton (in der Nähe von York) einsaß und einen Tag Ausgang gewährt bekommen hatte. Dann ging es mit United zum Auswärtsspiel nach London. Ganz rechts ist „One Punch“ Doyley.

Nach dem Aufeinandertreffen der Salford Vikings und Birminghams Zulus im NEC. Die Jungs aus Salford wollten eigentlich nur Steve „Viking“ Fosters Kampf um die britische Meisterschaft sehen. Das Resultat jedoch: die übelsten Krawalle, die der britische Boxsport bisher erlebt hat.

Eine Tour in den fernen Osten beinhaltete einen Besuch der berühmten Bar „Dog`s Bollocks“ in Thailand, die von einigen ehemaligen Chelsea-Leuten geführt wird.

Noch ein Schnappschuss von den Jungs am Pattaya Beach. Uniteds Erfolg im europäischen Fußball brachte mich auf die Idee, mein eigenes Reiseunternehmen zu gründen und Fahrten ins Ausland anzubieten – nicht für Hooligans, wie die Polizei unterstellte, sondern für Fans aus allen Schichten.

Big James, einer von einer ganzen Reihe Hibs-Fans, die in den späten Neunzigern zu United stießen. In jener Zeit begann man, uns den „Supermob“ zu nennen.

Auswärts in Europa, dieses Mal Athen. Mit meinen Kunden entspanne ich mich am Pool. So soll es sein. An diesem Tag allerdings erfolgte der Angriff auf die Twin Towers in New York, und unser Spiel wurde abgesagt.

N52 GWY

United- und City-Fans treffen im Stadtzentrum von Manchester aufeinander (März 2001). Videoaufzeichnungen führten später im Rahmen der „Operation House" zur Identifizierung und Verurteilung einiger Fans.

„Bucket" und seine Pokale: Der Dreifach-Erfolg wird gefeiert. Wir sind genauso Fußballfans wie alle anderen auch, und wann immer ich die Aufzeichnung des Radiokommentars unseres Champions-League-Finales höre, scheint es mir, als wäre ich wieder vor Ort, im Stadion.

Linke Seite: United und Leeds treffen in der Holbeck-Siedlung aufeinander. United kommt die Straße hinunter, Leeds ist im Bildvordergrund. Ansonsten sprechen die Bilder für sich.

Mantelkragen herum, Stiefel treten auf mich ein, ich werde beschimpft. Mein Telefon ist weg. Meine Poster sind weg. Sie haben den Verstand verloren.

Dann lassen sie von mir ab. „Ihr denkt, ihr seid hart, was?! Du und all die anderen...", labern sie auf mich ein, während ich mit schmerzverzerrtem Gesicht bemüht bin, mein Knie zu schützen. In der folgenden Woche würde meine Freizeitmannschaft im Pokalfinale spielen, und ich sollte im Tor stehen. Aber sie verpassten mir einen Pferdekuss nach dem anderen. Dennoch: Dies war mein erstes und einziges Pokalfinale, in dem ich jemals spielen würde, und so biss ich die Zähne zusammen.

Ein paar Normal-Fans kamen vorbei und baten die Beamten, doch etwas zurückhaltender vorzugehen und sich zu beruhigen. Als Antwort wurden sie von schwingenden Knüppeln in die Flucht geschlagen.

Ich saß mittlerweile im hinteren Teil des Fahrzeugs, und der Wachtmeister eröffnet die Prozedur: „In Ordnung, Tony, du weißt, wie das Spiel läuft. Spiel mit, und wir lassen dich laufen." Dann erklärten sie mich offiziell für festgenommen, fuhren mich in die Bootle Street und erinnerten mich danach nochmals daran, meinen Mund zu halten.

Der Diensthabende fragt den Cop vom Einsatzkommando, wer ich sei. „Diese Person ist mir als Antony O`Neill bekannt", lautet die Antwort. Ich sagte nichts, sondern landete direkt in einer Zelle. Als man mich einige Zeit später entließ, hatte ich eine Anzeige wegen Verstoßes gegen die öffentliche Ordnung in der Tasche.

Matthew, meinem Anwalt, berichtete ich, dass dies der gleiche alte Scheiß sei, den wir schon kennen: Sie tun so, als würden sie mich nicht kennen, aber tatsächlich wollen sie nur eine persönliche Rechnung mit mir begleichen. Wieder landet die Geschichte vor dem Amtsgericht. Als ich mit meinem Anwalt in den Korridor einbiege, sitzen sie alle schon da, und ich kann die Polizisten hören:

„Da ist das Arschloch!"

„Da ist dieser Bastard ja!"

Matthew und ich schleichen uns in einen Nebenraum und halten uns abseits. Nie zuvor hatte ich eine solch aggressive Stimmung in einem Gerichtsgebäude erlebt.

In der Verhandlung erklären sie alle einstimmig, sie würden mich nicht kennen: Sie hätten mich vielmehr beobachtet, wie ich nach dem Spiel an der Hauptstraße Beulen in Autos getreten hätte. Ich sei allein gewesen, kein weiterer Passant in der Nähe, und als sie mich aufgefordert hätten, damit aufzuhören, sei ich ihnen wie ein Patient aus einer psychiatrischen Klinik erschienen. Da ich keine Anstalten gemacht hätte, die Sachbeschädigung zu unterlassen, nahm man mich fest.

So lautete ihre Geschichte. Vorgebracht hat sie Polizist Nummer eins. Wir stellen ihm nur zwei Fragen:

„Kennen Sie Tony O`Neill?"

„Nein."

„Werden Sie bei Fußballspielen eingesetzt?"

„Ja."

Die gleiche Geschichte kommt von Polizist zwei. Wir fragen auch ihn, ob er mit Fußball zu tun hat und ob er mich kennt. Aber er sagt: „Ah, es könnte sein, dass ich Herrn O`Neill schon mal auf einem Foto gesehen habe."

Wachtmeister drei verneint, mich vor meiner Verhaftung schon einmal gesehen zu haben, wird dann aber darüber belehrt, was seine zwei Kollegen ausgesagt haben, und räumt am Ende ein, mich zu kennen. Er weiß nicht, wie er sich anders aus der Sache lavieren kann. Auch Nummer vier und fünf müssen zugeben, mich zu kennen.

Cop Nummer sechs erscheint. Er ist ein kleiner Mann mit einem Bart. Nun beginnt er seine Aussage. Irgendjemand scheint ihm bereits gesteckt zu haben, dass es gar nicht gut für die Polizei aussieht. Inzwischen sind auch ein paar der Jungs aufgetaucht und haben auf der Besucherempore Platz genommen. Matthew beginnt, Nummer sechs zu befragen, und schnell verliert der die Fassung und beginnt, alle Zuschauer im Gerichtssaal als Hooligans zu beschimpfen: „Diese Leute jagen mir keine Angst ein, wie sie da sitzen in ihren Pubs, mit ihren Mobiltelefonen, und Gewalttaten planen! Die nicht!" Und dann verliert er sich in Sachverhalten, die mit dem Prozess zunehmend weniger zu tun haben. Zu diesem Zeitpunkt allerdings ist klar, dass er einige United-Leute im Zuschauerraum kennt - was die Behauptung der Polizei, niemand von den Beamten würde mich kennen, noch unglaubwürdiger erscheinen lässt.

Der Amtsrichter zieht sich für fünf Minuten zurück, und als er wieder im Saal erscheint, lautet sein Urteil: Nicht schuldig.

Vor dem Gericht beglückwünschen wir uns. Aber mein Anwalt gesteht mir, er sei die ganze Verhandlung hindurch aufgeregt gewesen.

Ich frage, warum, und Matthew erwidert: „Um ehrlich zu sein, Tony, das war seit zwei Jahren wieder meine erste Verhandlung vor Gericht. Wollte ich dir nicht vorher sagen, weißt du."

Man möchte meinen, sie hätten aus ihren Fehlern gelernt. Aber seit dem Tage, als Wachtmeister Fox die Football Intelligence gründete, behauptete die Polizei vor Gericht, sie würde mich nicht kennen. Selbst wenn die Beweislage darauf hindeutete, dass man mich sehr wohl kannte.

Wenn ich an die diversen Stunts denke, die sie im Laufe der Jahre mit mir veranstaltet haben, frage ich mich manchmal wirklich, warum ich die Fußballgewalt nicht schon Jahre zuvor aufgegeben habe.

10

Hooligans im Ausland

Während die Football-Intelligence-Einheit in Manchester ihr Bestes gab, um Gewalt in englischen Stadien zu verhindern, hatte sie keine Befugnis, Verhaftungen vorzunehmen, wenn United im Ausland unterwegs war – und das kam jetzt häufiger und regelmäßiger vor. In diesen Fällen war die Polizei darauf angewiesen, dass die einheimischen Kräfte sich die Erkenntnisse der FI zunutze machten. Die Idee, Fußballgewalttäter mit quasi-geheimdienstlichen Methoden zu überwachen, war in einigen Ländern eine Neuerung, zumeist aber völlig unbekannt, und die Bobbies von Manchester sahen sich auf ihren Auslandseinsätzen mit höchst unterschiedlichen Reaktionen der heimischen Polizei konfrontiert.

Fans englischer Vereine hatten immer wieder auf dem Kontinent randaliert, auch jene von United. Spätestens in den Neunzigern, als Länder wie Italien, Deutschland, Holland und Belgien mit einem eigenen schweren Hooligan-Problem konfrontiert wurden, stand die polizeiliche Kontrolle als gefährlich eingestufter internationaler Spiele hoch oben auf der Agenda. Die Kooperation zwischen den jeweiligen Polizeibehörden blieb jedoch nicht selten reine Glückssache.

STEVE BARNES: Die Polizei in Südeuropa hatte zumeist keine Ahnung. Für die Polizei des ehemaligen Ostblocks gilt Entsprechendes. Ich erinnere mich an eine Reise nach Kosiče in der Slowakischen Republik: Die Polizei dort war eine geradezu reaktionäre Truppe. Man wartete, dass etwas passierte, und dann zog man die Knüppel und ging drauflos.

Um es mal so zu formulieren: Wir wussten, wir würden von ihnen wenig lernen können, wenn es um neue Methoden zur Bekämpfung des Hooliganismus ging.

Drei Jahre hintereinander begleitete ich United nach Turin. Beim ersten Mal waren nur etwa siebzig Leute aus unserer Zielgruppe unterwegs. Vor dem Stadion gab es eine Bar, so eine Cafeteria, und die besagten Siebzig saßen dort und tranken. Wir waren mit der italienischen Polizei vor Ort und erklärten ihnen genau, auf welche Personen man ein besonderes Augenmerk haben sollte. Leider aber hatte man uns nur mit Mobiltelefonen ausgestattet, deren Sendesignal zumeist schwach war, und Funkgeräte hatten wir gar nicht, was zur Folge hatte, dass unsere Kommunikation mit der Einsatzleitstelle ausschließlich durch den uns zugewiesenen italienischen Polizisten erfolgte.

Während Uniteds Mob scheinbar unmotiviert herumsaß, erreichte ein Notruf unseren Kontaktbeamten: „Einsatz! Wir benötigen hier Kräfte!“ Irgendwo war Ärger. Worauf die uns begleitenden italienischen Polizisten in ihre Fahrzeuge sprangen und mit quietschenden Reifen davonfuhren. Kieran und ich blieben allein zurück.

Sofort hatten unsere Kandidaten kapiert, was los ist: Das Spiel war eröffnet! Uniteds Mob schaute zu uns rüber, einige grinsten, alles erhob sich zügig und machte sich auf den Weg in Richtung der Juve-Kurve. Dort hauten sie sich kurz und kamen dann zurück in die Cafeteria. Als die italienischen Kräfte wieder zum Stadion zurückkehrten, saß der United-Mob vor seinem Bier, als sei nichts geschehen. Und wir konnten nicht das Geringste tun.

TONY: Auslandstouren sind meistens nur ein großer Spaß für die Jungs, aber es gibt auch Orte, wo es um Leben und Tod gehen kann, wo die Einheimischen vollkommen verrückt sind und die Polizisten noch schlimmer. 1991 – wir warteten gerade darauf, dass sie uns wegen Operation Mars vor Gericht zerren – spielten wir in Moskau. Das war keine Hooligan-Fahrt; nur ich und mein Freund, unterwegs mit Aeroflot nach Russland, um United zu sehen. Insgesamt waren es vielleicht 600 Fans, die sich auf den Weg machten.

Am Vortag des Spiels trafen wir die Spieler auf dem Roten Platz und besichtigten auch das Stadion und kickten sogar ein paar Bälle auf dem Rasen hin und her. Ich hatte eine halbe Acid eingeworfen und war auf dem Trip. Wir verließen dann das Stadion, ich, mein Freund

Mario, Simmo und einige andere. Irgendwann kommen wir an eine Straßenecke, Mario und ich inzwischen völlig weggetreten, und da steht diese Russen-Gang vor uns. Einer von uns hatte in einen Torweg gepisst, und jetzt machen die Russen Wind deswegen. All das, während mir die Acid-Sonne lacht und ich Kreise auf der Straße drehe.

Sie kommen näher. Einer hält eine zerbrochene Weinflasche in der Hand. Sie tragen keine Hemden, keine T-Shirts; sie laufen mit freiem Oberkörper herum. Verrückte. Dies war eindeutig nicht geplant und nicht die Stadtrundfahrt, die ich gebucht hatte. Was also machen? Sie sagen, sie wollen meine Schuhe. Mario steht mitten auf der Straße, der Welt entrückt. Ich bewege mich näher zu ihm; er läuft Gefahr, in jeder Sekunde die Flasche in den Hals zu bekommen. Doch da ist eine alte Frau mit einer riesigen Tüte; fluchend und schreiend fährt sie dazwischen, und die Russen unterbrechen tatsächlich ihr Vorhaben. Schnell ziehe ich Mario von der Straße. Wir waren zu acht. Alle sind jetzt zusammen. Aber wir sprechen kein Russisch, es gibt keine Taxis. Und es wird dunkel.

Wir gehen weiter die Straße entlang. Keine Straßenschilder, keine Hinweise, kein Licht. Nur Dunkelheit und jede Menge heruntergekommener Hochhäuser. An einem Kreisverkehr wechseln wir die Straßenseite und gehen in Richtung einer Einfahrt. Es ist der Zugang zu einer Gaststätte, einer Art Bar oder Kneipe hier in der Siedlung. Wir versammeln uns an einem Tisch in der Ecke. Jetzt habe ich Zeit, den Blick schweifen zu lassen: Ich sehe jede Menge gebrochener Nasen, dicke Schnurrbärte, das ganze Programm: Es sind die örtlichen Gangster. Wir sind mitten in Moskau, in irgendeinem Unterschicht-Viertel.

Ich nehme mir ein Herz und gehe zum Tresen, um etwas zu essen und zu trinken zu bestellen. Alles, was auf das kulinarische Angebot hindeutet, ist das Bild eines Brathähnchens an der Wand. Aber der Typ hinter der Bar spricht hinreichend Englisch, also bestelle ich acht Portionen Hähnchen und Pommes Frites.

Wie konnten wir ahnen, dass es so etwas wie Hähnchen zu der Zeit in Russland offenbar nicht gab. Stattdessen bekommen wir Tauben oder Spatzen oder was auch immer auf unsere Teller. Wir müssen über die Mini-Portionen lachen. Doch da kommt der Chef des Ladens rüber zu mir - sie kommen immer zu mir - und sagt: „Ihr wollt uns verscheißern!"

„Was meinst du?“

Was er grundsätzlich meinte, war, wir würden auf die Fresse bekommen. Irgendwie stammelte ich dann eine Erklärung: Zuhause, in England, da wären wir alle arbeitslos und hätten kein Geld, aber hier könnten wir uns für wenig Geld etwas leisten, und wir würden uns einfach nur über unser Glück freuen, solch leckeres Essen serviert zu bekommen. Mit anderen Worten: Ich tischte ihm einen Haufen Lügen auf. Es half aber. Er beruhigte sich.

Wir wollen nicht wieder raus auf die Straße, also bestellen sie uns diese kleine Autos, diese Trabant. Zwei fahren vor dem Laden vor, wir hasten hinaus und springen in die Autos, und während wir noch unsere Beine sortieren, die halb aus den Türen gucken, fahren wir schon los, zurück zu unserem Hotel, Richtung Roter Platz. Für die Fahrt hatten wir unserem Fahrer eigentlich 10 Dollar zugesagt. Doch als wir am Hotel ankommen, flüchten wir durch die Lobby hinein, ohne zu bezahlen. Er hat keine Chance, uns zu folgen: Die Taxistände vor dem Hotel gehören der Mafia, die ihn bald davonscheucht. Wir sind jetzt im Hotel, und es ist Zeit für Getränke. Für Champagner will man 3 Dollar sehen – ein Abzockerpreis, da sind wir uns alle einig. Und trotzdem sind wir zufrieden.

Am nächsten Abend war das Spiel. Eine trübe Angelegenheit. Das einzig Spektakuläre war, dass wir endlich eine McDonald`s-Filiale ausfindig machten – jene nämlich, auf die ein paar Wochen später ein Anschlag mit einer Granate verübt wurde. Wir verlieren jedenfalls das Spiel und sind somit aus dem Pokal der Pokalsieger ausgeschieden. Nach dem Schlusspfiff kommen von rechts und links unseres Blocks jede Menge Beschimpfungen, aber das beeindruckt uns nicht sonderlich. Man behält uns im Stadion, während draußen in der Dunkelheit das wütende Rufen und Singen des Mobs zu hören ist. Nach einer kleinen Ewigkeit führt man uns durch den Zaun auf das Spielfeld und geleitet uns hinter dem Tor entlang durch ein doppeltes Metallgatter nach draußen.

Die russischen Fans hauen sich dort wie verrückt mit Soldaten, die mit langen Knüppeln ausgestattet unsere Busse verteidigen. Wir wollen gar nicht zu den Bussen, können aber nicht weg, weil auch die Russen nicht verschwinden. Also müssen wir nach links abbiegen, wo wir einige kennen, die zurück ins Stadtzentrum fahren wollen. Mario und ich trödeln aber zu lange herum und finden uns mitten unter den Russen wieder. Ich habe einen langen Mantel an und blicke ab jetzt auch kaum noch vom Boden auf. Wir singen sogar ihre Lieder mit, indem wir zur Melodie vor uns hinmurmeln. Man möge mir glauben: Wenn das eigene Leben in Gefahr ist, dann *kann* man in der Masse abtauchen, keine Frage.

Irgendwie müssen wir in den Bus kommen, der zurück zum Hotel fährt, aber immer noch ist er dicht von Einheimischen umstellt. Und dann passiert einer der lustigsten Zwischenfälle, den ich je miterleben durfte: Der Fahrer des Busses macht die Türen seines Fahrzeugs nicht mehr auf. Das Teil, das schon mit den zulässigen 50 Fahrgästen überfüllt wirkte, platzt jetzt, mit 125 verstörten United-Fans vollgestopft, quasi aus den Nähten. Langsam rollt der Bus an. Wenn er weg ist, sind Mario und ich tote Männer.

In seiner Verzweiflung und Angst sprintet Mario aus der Menge heraus nach vorne und springt mit weit ausgebreiteten Armen vor die große Frontscheibe des Busses, seine Füße auf der Stoßstange, sein Gesicht dicht an die Scheibe gepresst und den bestürzten Fahrer direkt anstarrend. An mich hat er keinen Gedanken verschwendet, jetzt ist jeder auf sich allein gestellt. Auch die Russen sind kurzzeitig verdutzt und sind nicht ganz sicher, ob es sich um einen der ihren auf einem Selbstmordkommando handelt oder aber um einen durchgedrehten Engländer.

Ein Mädchen im Bus erkennt den Mann, der da an der Windschutzscheibe klebt, und schreit: „Es ist Mario! Macht die Tür auf, es ist Mario!"

Er klettert herum zur vorderen Tür und quetscht sich hinein. Mittlerweile herrscht großes Gelächter unter den Russen, und sie machen keine Anstalten, ihn am Einstieg zu hindern.

Jetzt höre ich Mario rufen: „Lasst die Tür auf! Tony ist noch draußen!"

Jetzt bin ich dran, durch die Menge hervorzuschießen und an Bord zu springen.

Nach diesen Erlebnissen schwor ich, nie wieder nach Moskau zu fahren. Mir wurde klar, dass es durchaus möglich gewesen wäre, dort umgebracht zu werden, nur weil jemand Gefallen an deiner Bekleidung findet. Und keiner würde dir helfen. Heutzutage ist Moskau sicher immer noch heftig. Damals war es schlicht gesetzlos.

Im Herbst 1997 spielte Manchester United in der Champions League gegen die holländischen Überflieger von Feyenoord Rotterdam. Die Holländer galten zusammen mit den Deutschen schon seit Längerem als Englands wichtigste Rivalen in der internationalen Hooligan-Szene, und in manchen Gegenden sah man die Partie als das Aufeinandertreffen zweier der härtesten und schlachterfahrensten Hooligan-Gruppen Europas.

TONY: Nur ein einziges Mal in jüngerer Zeit waren wir im Ausland wirklich auf Gewalt aus: in Rotterdam. Wir hatten das Hinspiel gegen sie zuerst zu Hause, und sie brachten nicht gerade einen großen Mob mit. Alle waren wir am Warten, aber Feyenoord fand nicht statt. Nur im Old Trafford gab es ein paar Ohrfeigen. Aber wir waren natürlich im Bilde. Also hieß es „Auf nach Amsterdam!“, in der Erwartung, gegen eine Übermacht anzutreten, zumal unser zugewiesenes Kartenkontingent eher klein war.

Wir hatten uns in Amsterdam ein paar Tage einquartiert und nahmen dann den 16.00-Uhr-Zug rüber nach Rotterdam. Bis dato war es ein Nachmittag in klassischer Fußballmanier gewesen mit viel Lärm und Trunksucht, aber Punkt vier Uhr standen dann alle auf und marschierten die Straße runter zum Bahnhof, ohne dass wir das vorher irgendwie groß abgesprochen hätten. Ein erstaunliches Erlebnis.

Der Zug bestand aus diesen Doppelstock-Waggons. Alle waren heiß. Draußen auf dem Bahnsteig rannten unsere Wachtmeister aus Manchester herum, und es war mir klar, was uns vor dem Bahnhof erwarten würde: Pferde, Wasserwerfer, Hundestaffeln – das ganze Programm.

Ich führe den Mob durch den Haupteingang hinaus auf den Bahnhofsvorplatz. Polizisten haben in einer Linie Aufstellung genommen, um uns nach rechts zu leiten. Allerdings stehen links keine Beamten, sondern nur vor uns. Also wende ich mich nach links, und alle, die jetzt aus der Bahnhofshalle strömen, folgen mir. Kaum zu glauben, aber die Polizei steht nur da und schaut zu. Ich habe keine Ahnung, wohin ich gerade gehe, aber schon sind 400 unserer Jungs hinter mir und folgen mir schnellen Schrittes über den großen Parkplatz. Erst jetzt scheint die Polizei aufzuwachen, und trotzdem bewegt sich niemand in ihren Reihen. Nur unsere FI-Polizisten, aus Manchester eingeflogen, folgen uns. Aber die haben keinerlei Macht, keine Rechte hier im Ausland.

Langsam beginnen wir zu laufen. Zwei Leute, die nach vorne gekommen sind, behaupten, sie wüssten, wo Feyenoords Mob ist. Der Plan war einfach: Wir schnappen sie uns. Denn Gerüchte machten die Runde, wonach es einzelne United-Fans im Laufe des Vormittags erwischt hatte. Feyenoord hängt auf dem großen Platz herum, heißt es. Keiner wusste den Weg, aber ein holländischer Junge begleitete uns ein Stück und zeigte uns den Weg. Geradeaus, dann links halten, nächste rechts – da ist er. Einer von der FI Manchester schreit jetzt panisch in sein Telefon: „Sie wissen, wo sie sind!" Hätten wir nicht solch guten Draht zueinander, wäre jetzt der Zeitpunkt, ihn mit einem Hieb auf den Kopf auszuschalten.

Wir kommen um die Ecke, und da sind sie: Bars und Gaststätten voller Holländer, die meisten draußen an der Straße sitzend. Wir kommen wie aus dem Nichts und dampfen sie ein. Der Platz wird gesäubert.

Was wir nicht wissen: Auf diesem Platz halten sich auch viele Kamerateams auf, denn es findet gerade irgendeine Veranstaltung, irgendein Event dort statt. Während wir also unsere Blitzangriffe auf die Kneipen führen, wird alles aufgezeichnet. Stühle fliegen durch die Luft, dann Tische. Die Abwesenheit der Polizei ist erstaunlich. Kneipen gingen gerade kaputt, und Leute noch dazu. Erst als alles vorbei ist, weil nichts mehr zu tun ist, kommen ein paar aufgeregte Einsatzpolizisten heran. Ich tausche zur Sicherheit meinen Pullover. Niemand wird festgenommen.

Jetzt geht es eine Einkaufsstraße entlang, dann durch ein Gewerbegebiet, und immer noch sind wir ohne Polizeibegleitung. „Was wir dringend tun müssen, bevor Feyenoord sich eingeordnet hat: `Nen Laden finden, Leute zusammenhalten, auf den Gegenschlag warten", doziere ich. Wir erwarten Vergeltung.

Nach einigen Querstraßen kommt eine Gegend mit einer Vielzahl weiterer Bars und Kneipen. Auch hier dauert es zwanzig Minuten, bis ein unbedarfter Streifenpolizist mal einen Blick wirft. Alles recht nett und freundlich, kein Ärger und keine Polizeipräsenz, und obwohl wir mehrere hundert United in den Gaststätten und auf den Bürgersteigen davor haben, wirkt die Szenerie im Moment eher wie ein Picknick am Sonntag. Als wäre die Polizei gar nicht mal so unglücklich, wenn wir Feyenoord eine Lektion erteilen.

Später lässt man für uns Busse vorfahren; große Doppeldecker sind es, und wir können ohne große Aggression, ohne schlechte Behandlung einsteigen. Alle sind zufrieden. Wir werden zu einem Platz gebracht, wo die Busse unserer Normal-Fans geparkt sind. Hier versuchen wir, uns abzusetzen, aber diesmal funktioniert es nicht. Berittene Polizei drängt uns zurück, und man fährt uns weiter Richtung Stadion.

Als wir dort ankommen, ist es bereits dunkel. Riesige Parkplätze umgeben das Stadion. Steine knallen gegen die Fenster, aber draußen ist nichts mehr deutlich zu erkennen. Wir wissen, dass sie dort sind, aber sehen nur Figuren, Umrisse im Dämmerlicht. An einer Ampel müssen wir anhalten. Der erste Doppeldecker allerdings kann noch abbiegen. Auf dem Parkplatz wartet Feyenoord. Wir verfolgen, wie der Bus Richtung Gästeeingänge fährt, und wir sehen auch die Masse, die ihm vom Parkplatz hinterherläuft. Die Türen öffnen sich, und es scheint loszugehen. Holzplanken fliegen gegen den Bus. Wir drehen durch, denn jetzt wollen wir raus aus unserem Fahrzeug, hinaus auf die Straße, um unseren Leuten zu helfen. Eine oder zwei Minuten ärgern wir uns mit der Polizei herum, die partout vermeiden will, dass wir unseren Bus verlassen, während wir mitverfolgen, wie rund um Bus eins die Schlacht tobt.

Feyenoord setzt seine Attacken nicht konsequent fort. Einer von den bekannten Londoner Jungs ist mit seinen Leuten raus aus dem Bus, andere scheinen zu folgen. Sie machen sich gerade. Fäuste fliegen. Endlich fährt auch unser Bus wieder an und parkt neben dem ersten. Immer noch ist Feyenoord auf einem Ende des Parkplatzes - sie hätten mittlerweile den gesamten Bereich im Griff haben können. Haben sie aber nicht. Und wir rennen jetzt vor dem Gästeeingang herum. Es kann weitergehen.

Wing in seiner unendlichen Weisheit entschließt sich zu einer Stadionumrundung. Er sammelt ein paar Leute zusammen, quert mit ihnen die Brücke und kommt, am anderen Ende, zur Haltestelle der Bahn, dort, wo auch diese große, offene Fläche ist. Siebzig Leute sind in seiner Gruppe, doch schon sind sie richtig unter Feuer. Man sieht, dass der Gegner Totschläger zieht, ihre Schläge sitzen gut, und schnell sieht es richtiggehend mies aus für Wings Mob. Die dazwischengehende Polizei rettet ihn. Noch eine weitere Minute, und sie wären allesamt kaputt gewesen. Einziges Ergebnis dieser gelungenen Idee: Einer der Jungs wird verhaftet und muss zunächst einsitzen.

Im Ground versucht Feyenoord dann eifrig, den blickdichten, trennenden Zaun zum Gästeblock niederzureißen. Etwa auf halber Höhe ist hier eine Fluchttür im Zaun installiert, die unbewacht scheint. Die Tritte der Gegner gegen den Zaun hallen durch den Block, und sie singen „Rotterdam Hooligans, Rotterdam Hooligans!" Auf unserer Seite hat die Tür einen Griff. Ich teste ihn – und die Tür im Zaun öffnet sich. Öffnet sich in meine Richtung. Das ist das Signal; sie kommen heran, wir schlagen sie zurück und halten sie ab, hindurchzustürmen. Jeder versucht, seinen Gegner zu greifen und auf die eigene Seite zu ziehen. Dann drücke ich die Tür wieder zu und warte darauf, dass mehr unserer Leute hier eingetroffen sind. Dann öffne ich sie erneut.

Insgesamt muss ich die Tür wohl so sechs oder sieben Mal geöffnet haben, und jedes Mal ging sofort die Hauerei weiter. Ich versuche immer wieder, Gegner in unseren Block zu zerren, und langsam wird die Angelegenheit etwas lächerlich. Gute zehn Minuten beschäftigten wir uns auf diese Weise. Wenn tatsächlich jemand den Schritt auf die andere Seite wagte, musste man ihn natürlich zurückholen. Irgendwann schloss ich den Durchlass, und Feyenoord antwortete mit halben Ziegelsteinen, die sie wohl aus einer Mauer oder dem Boden gebrochen hatten und nun zu uns rüberwarfen. Auch ich bekomme einen der Ziegel ab.

Man kann durch diesen Zaun nicht hindurchschauen, aber man hört deutlich, dass sich auf der anderen Seite jede Menge Leute befinden. Ein letztes Mal bereite ich mich darauf vor, die Tür aufzureißen, dann – öffne ich sie mit einem Schwung und feuere dem Erstbesten den Ziegel ins Gesicht. Dann schloss ich die Tür. Die Polizei war aufgetaucht, und wir waren verdammt erschöpft.

Es folgten die üblichen Nettigkeiten, die man sich so während des Spiels an den Kopf wirft. Denn sie standen beiderseits von uns und hatten offenbar keine Lust, Fußball zu schauen. Entsprechend hatten wir den Eindruck, dass es hinterher nochmal richtig zur Sache gehen würde, aber dann behielt man uns doch nach dem Abpfiff lange im Block.

Wir waren da. Wir haben uns gerade gemacht. Und es wurde ein richtiges Aufeinandertreffen zweier Armeen, mit allem, was so dazugehört. Das erste Mal seit langer Zeit.

JB: Gut 400 Jungs kamen aus dem Bahnhof, und da war dieser kleine Holländer, der uns begrüßte mit den Worten: „Ich führe euch direkt zu ihren Leuten, ich bringe euch direkt hin."

Und dann kamen wir zu dieser großen Bar, die so typisch nach Kontinentaleuropa aussah, mit großen Fensterflügeln über die ganze Breite und Markisen und so. Und im Fenster hing eine riesige Feyenoord-Fahne. Tony und ich und dieser große Cockney dachten gar nicht lange drüber nach: Wir rannten hin, schnappten uns Stühle und feuerten die durch das Fenster. Da saßen keine schlechten Typen in dem Laden, aber alle unsere Leute machten bei diesem Angriff mit. Und das war im Prinzip unsere Ankunft in Rotterdam.

STEVE BARNES: Als die Auslosung bevorstand, war uns schon klar, welche möglichen Gegner die Jungs begeistern würden. Feyenoord war einer, und Dortmund wäre ein weiteres Problemspiel gewesen. Diese beiden Paarungen waren Pflichttermine für unsere Klientel, und bei den großen europäischen Treffen hätte man außerdem noch mit Manchesters Unterwelt rechnen müssen, die dort dann ebenfalls auftaucht.

Zum Feyenoord-Spiel war ein reiner Mob da, 300 bis 400 United, die sich alle vor dem Spiel in Amsterdam einfanden. Unser Top-Informant hatte uns über den Plan schon früh in Kenntnis gesetzt, und wir leiteten unsere Erkenntnisse an die Kollegen in Holland weiter. Wir also wussten, was passieren würde; Feyenoords Männer dagegen wohl nicht, sonst wären sie besser vorbereitet gewesen.

Im Zug rüber nach Rotterdam fuhr ich vorne beim Lokführer mit, während Kieran das Auto wählte. Der Lokführer verriegelte sein Cockpit, und ich bat ihn, den Zugang zur Lok unter keinen Umständen während der Reise zu öffnen. Im ganzen Zug war keine Uniform zu sehen, nur mein holländischer Kollege und ich. Immer wieder riefen wir von unterwegs bei der Einsatzleitung an: „Wir sind jetzt am Bahnhof So-und-so, geschätzte Ankunftszeit in zwanzig Minuten" oder ähnlich.

Als wir dann schließlich eintrafen, empfing mich der bereits eingetroffene Kieran mit seinem niederländischen Ansprechpartner. Der United-Mob marschierte schnurstracks durch eine Absperrung von etwa fünfzig Kleinbus-Besatzungen – und kein einziger Polizist bewegte auch nur den kleinen Finger. Kieran wartete vorne, ich eilte von hinten heran, und als wir uns trafen, schauten wir uns nur fragend an: Warum nur halten sie den Mob nicht auf?!

Später erfuhren wir, dass es in der Befehlshierarchie der niederländischen Polizei einem szenekundigen Beamten nicht möglich ist, der Leitung der Einsatzpolizei Anweisungen zu erteilen. Vielmehr muss er zunächst seinem Vorgesetzten melden, der wiederum sich dann mit dem Vorgesetzten der Einsatzkräfte kurzschalten muss. Dieser entscheidet dann und sorgt gegebenenfalls für entsprechende Informationsweitergabe an seine Kräfte. Weil kein Dienstgrad vor Ort war, der die Entscheidung treffen konnte, dem United-Haufen zu folgen, verblieben die Kräfte am Bahnhof. So lauteten ihre Befehle, und dort würden sie bleiben, bis sie Anderslautendes hören würden. Das erlaubte United, ungehindert ins Stadtzentrum vorzudringen, verfolgt nur von Kieran und mir und unseren zwei holländischen Kollegen. Es war den Jungs klar, dass wir uns nicht abschütteln lassen würden. Gestört hat es sie aber trotzdem nicht. Was also sollten wir tun?

Es gingen Gerüchte, wonach ein Treffen mit zwei Fans von Arnheim verabredet war, die wüssten, wo Feyenoord zu finden sein würde. Als wir den Platz erreichten, ging es dann in einem Ausmaß zur Sache, das ich vorher nie so erlebt hatte. Es war unfassbar. Kieran und ich standen am Eingang einer kleinen Einkaufspassage und mussten mit ansehen, wie Schaufenster zu Bruch gingen und Leute geschlagen wurden. Wir hatten keine Handhabe zum Eingreifen, also blieb uns nichts weiter übrig, als quasi an der Seite des Rings zu stehen und dem Kampf zuzuschauen. Schmiedeeisernes Inventar, große Topfpflanzen - all dies gehörte zu den zwei Bars, die sich direkt nebeneinander befanden, und alles flog herum und wurde genutzt, um die Gaststätten zu zerstören. Der Aufruhr mag, ganz ehrlich, so um die zwanzig Minuten gedauert haben. Die holländischen Fans hielten dagegen, aber sie wurden verprügelt und verhauen, ohne jeden Zweifel. Nach meiner Kenntnis wurde kein einziger United-Fan verletzt in dem Gemenge. Wir führten keine Kamera mit uns, aber irgendjemand muss ein Foto gemacht haben; ich erinnere mich, dass eine Aufnahme existiert, die O`Neill zeigt, wie er gerade etwas in eine Scheibe wirft.

Die Einsatzkräfte beschränkten sich dann darauf, United einzukesseln und zu einer Gaststätte zu verfrachten. Kieran und ich schlossen uns an, um sie weiter im Auge zu behalten. Unsere Kundschaft war geradezu in Ekstase angesichts des gerade Erlebten: „Was für eine gut geplante Operation, oder? Wo ward ihr? Wo habt ihr gesteckt?"

Wir sagten: „Ihr meint sicher, wo war die holländische Polizei! *Wir* waren da!"

Die niederländischen Beamten ließen uns gegenüber durchklingen, dass Feyenoord-Fans gerne die gesamte holländische Liga tyrannisieren würden, und dass man es gar nicht so ungern sähe, würden sie mal eine kräftige Abreibung verpasst bekommen.

Auch vor dem Stadion kam es zu massenhaften Schlägereien, über den ganzen Vorplatz hinweg. Es war ein Tollhaus. Hier schien sich die Polizei völlig zurückgezogen zu haben.

TONY: April 2002 hatten wir Bayer Leverkusen im Champions-League-Halbfinale. Die Jungs streunten um das Stadion herum, und keiner erwartete irgendwelche Schwierigkeiten, als sie plötzlich in weißen Kleinbussen vorfuhren: Große Steroid-Typen in schwarzen Bomberjacken, mit Stiefeln und Handschuhen. Später erfuhren wir, dass das gar keine Leverkusener Fans waren, sondern welche, die mehrere hundert Kilometer aus einer anderen Stadt gekommen waren, um sich mit den Engländern zu hauen. Sie hatten wohl angenommen, dass wir auf Ärger aus wären, aber da lagen sie völlig falsch. Selten nur suchen wir im Ausland Streit, und wenn es Schlägereien gibt, dann meist, weil andere entsprechenden Kontakt mit uns suchen.

Egal - *diese* Typen hier wollten auf jeden Fall Streit. Wir gehen sofort auf sie los, aber sie verkaufen sich wirklich gut, richtig kernig, und alle scheinen aus der Türsteherszene zu kommen, mit Nacken, breit wie die von Gewichthebern. Schnell fanden wir heraus, dass sie nach festen Regeln kämpfen: Wenn einer unserer Jungs zu Boden ging, ließen sie ihn in Ruhe und setzten nicht nach. Als wir aber einen von ihnen zu Fall bringen, bekommt er gleich ein paar Stiefel an den Kopf - wir können es uns nicht leisten, dass solche Riesen ins Getümmel zurückkehren.

Am Ende brachen die Deutschen den Kampf ab und gratulierten uns: „Gutes Match!" Ein paar von ihnen kamen zu uns rüber. „Wollen wir zusammen etwas starten?" Sie hatten offenbar geplant, nach dem Spiel zum Bahnhof zu gehen. Dort, so hieß es, würde Köln auf United warten, und man könnte dann doch gemeinsam draufgehen. Wir erklärten, sie mögen sich verpissen.

Als wir das nächste Mal nach Leverkusen mussten, im September des gleichen Jahres, fuhren wir nach dem Spiel direkt wieder nach Köln zurück. Wir wussten ja nun, was uns dort erwartete, anders jedenfalls als die Scouser, die dort einmal kreuz und quer getreten wurden.

Leider konnte ich mich nicht anschließen; ich musste schon am nächsten Vormittag wegen einer Anhörung vor Gericht wieder im Königreich sein. Während ich also am Airport auf meinen Flug wartete, wurde United am Kölner Hauptbahnhof von den Deutschen angegriffen, die mit allem Möglichen werfend aus den Seitenstraßen kamen. Weil man aber darauf gefasst war, gelang es, sie zügig wieder in die Flucht zu schlagen. Die Deutschen hatten Streit gesucht, aber unsere Leute hielten sich gut und sorgten nebenbei dafür, dass viele unserer Normal-Fans nach Hause zurückkehren konnten, ohne Prügel kassiert zu haben.

Als wir im Semifinale von 1997 gegen Dortmund antraten, hatten wir es wieder mit solchen Typen zu tun. Schon früh am Morgen hingen sie überall am Bahnhof herum, und als wir sie sahen, war uns klar, dass es später in der Innenstadt zur Sache gehen würde. Während wir verteilt in einigen Kneipen saßen, erreichten uns Nachrichten, dass Deutsche einige United-Fans angegriffen hätten; diese aber waren zum Glück nicht nur Idioten, sondern hatten vernünftig dagegengehalten und konnten sich ihrer Haut erwehren.

Auch in Stadionnähe kam es zu Handgreiflichkeiten. Dieses Mal allerdings konnten die Jungs sie auf der Rasenfläche eines nahegelegenen Hotels weghauen. Als man danach allerdings versuchte, das Stadion zu betreten, umstellte die deutsche Polizei unseren Mob, ließ Busse vorfahren, verfrachtete alle Leute hinein und fuhr den ganzen Haufen zu einer Art Hangar, einer Lagerhalle. Nachdem das Spiel zu Ende war, durften alle wieder gehen. Wieder gab es hier und da Streit, denn die Deutschen zeigten sich motiviert, eine Massenschlägerei blieb jedoch aus. Ein deutscher Schwarzhändler endete im Schwitzkasten, mit dem Kopf beinahe in einem Mülleimer, aber er schrie wie am Spieß, und das alarmierte einen Uniformierten mit Schlagstock, der mir sein Werkzeug auch prompt auf den Rücken krachen ließ. Worauf ich dann meine nette Unterhaltung mit dem Schwarzhändler abbrach.

Bei Spielen, wo Eintrittskarten wirkliche Mangelware sind, scheißen sich die ausländischen Schwarzhändler gerne ein. In einem Halbfinale in Monaco lockten wir einen Schwarzhändler in eine kleine Nebenstraße, und ihm wurde beinahe wortwörtlich die Jeans vom Leibe gerissen und der Hals zugedreht, damit er endlich zu schreien aufhörte. Schließlich hob man ihn hoch und ließ ihn durch die Luft fliegen. Den Tickethökern wurden einfach die Karten weggenommen. Und wenn man auch dann noch keine Eintrittskarte hatte, verfiel man in die alte Gewohnheit, schlicht die Tür einzutreten. Die Türmethode verwendeten wir beim letzten Spieltag der Saison, als wir bei Middlesbrough die Meisterschaft holten. Wir gingen früh rein und sprachen vorher mit den Jungs ab, welches Tor es sein würde, das plötzlich aufspringen wird. Der Ordner wurde zur Seite gebeten, der Riegel flog auf, und alles stürmte herein, genau im richtigen Augenblick. Welch ein Pech, dass man Fluchttore aus Sicherheitsgründen nicht abschließen darf.

Für Teams aus dem Ausland war es unüblich, einen Mob zum Old Trafford mitzubringen. Anderlecht jedoch tat genau das. Um ein Uhr mittags standen bereits um die Tausend von ihnen in Stadionnähe herum. Gegen drei waren es schon zweitausend. Langsam wurden die Gästefans immer betrunkener und entsprechend vorlauter, aber bis ungefähr halb sechs war von United auch nichts zu sehen, und insgesamt war es unwahrscheinlich, dass viele vom harten Kern zu solch einem Europapokal-Heimspiel auftauchen würden. Aber dann ist es 18.00 Uhr, und immerhin so um die achtzig haben sich eingefunden. Man beobachtet die Szene aus einer Nebenstraße heraus. Die Polizei versucht, die Belgier entlang des Sir Matt Busby Way in Richtung Stadion zu treiben, aber es dauert unendlich lange und wird zu einer Art Marsch zum Stadion. Ein paar ihrer Jungs, so beobachten wir, springen wichtigtuerisch auf der Straße herum. Keiner weist sie zurecht. Ein Typ mit Pferdeschwanz fällt uns dabei besonders auf.

Unsere Achtzig bleiben abseits der Hauptstraße, wie in den alten Zeiten, nehmen den Umweg über die kleinen Seitenstraßen, und kommen dann direkt am Stadion raus, jetzt im Laufschritt direkt auf Anderlechts Leute. Pferdeschwanz ist der erste, der flüchten geht. Mitten auf der Straße geht es zur Sache. United verteilt Watschen, aber die Polizei drängt die achtzig zurück in die kleine Straße, und die verschwinden erst einmal für eine Lagebesprechung in einer Kneipe.

Nun ist es plötzlich gar nicht mehr so unwahrscheinlich, dass es nach dem Spiel Hauereien geben wird; zum ersten Mal bei einem Europapokalspiel seit Ewigkeiten!

Ein Pub nahe des Stadions wird nach dem Schlusspfiff zum Sammelpunkt für Uniteds Jungs, während die Belgier sich im Gästebereich die Beine in den Bauch stehen, um endlich rausgelassen zu werden. Umständlich sperrt die Polizei den Vorplatz, und da kommen sie endlich, etwa eine Dreiviertelstunde nach dem Schlusspfiff. Man zwingt sie, sich in Richtung ihrer Busse zu wenden. United kommt aus dem Pub gelaufen, die Straße hinunter geht es jetzt in Richtung der Brücke. Gut anderthalb Hundertschaften bewachen den Abmarsch der Belgier, doch sie lassen es zu, dass United in Gleichschritt fällt und quasi parallel zur Eskorte marschiert. Als wir die Brücke auf der Salforder Seite erreichen, geht es los. Zack! Wir springen dazwischen und hauen sie von Ost nach West. Erst als wir auch ihre Busse zum Ziel erklären, kommen die Reiter dazwischen und beenden die Aktion.

Jetzt müssen wir also zum Rückspiel nach Anderlecht. Uns ist klar, dass es anstrengend werden könnte, also sind alle dabei. Wir halten uns stark zurück und bleiben incognito; überall ist starke Polizeiaktivität zu verzeichnen. Die meisten von uns haben zudem keine Eintrittskarte für das Spiel; zu knapp war das Angebot. In kleinen Gruppen bewegen wir uns per U-Bahn durch die Stadt, sammeln uns in einem kleinen Lokal und brechen schließlich in Richtung des Bereichs nahe des Stadions auf, wo die Getränkestände und Bars sind. Dort sind sie, in großer Zahl. Unser Vormarsch erscheint uns wie ein Selbstmordkommando. Wir sind nur siebzig Leute stark. Aber wir werden uns stellen.

Wir treten auf den Platz und in die Menge der Umstehenden. Kurz halten wir an, damit die Letzten aufschließen können. Gerade soll es losgehen, da sehe ich aus den Augenwinkeln drei Polizisten in Zivil, die unseren Aufmarsch beobachtet haben. Jetzt sprechen sie aufgeregt in ihre Funkgeräte, und von überall her kommt Polizei in Kampfanzügen und mit Schilden gestürmt. Sie umstellen uns und geleiten uns fort – und insgeheim bin ich froh darüber: Wir wären in der Luft zerrissen worden, so viele von Anderlechts Leuten standen dort auf dem Platz herum.

Das Spiel ging dann ohne jegliche Gewalt über die Bühne.

11

The Men In Black

Mit Ausgang des Jahrzehnts hatte sich Uniteds Mob eine Reputation erarbeitet, die in der Welt der Hooligans ihresgleichen suchte. Sie waren gut organisiert, selbstbewusst, hielten zusammen und waren hochentschlossen. Worüber sie jedoch nicht verfügten, war ein Name, der zu ihrem Ruf passen würde. Immer hatte man es vermieden, sich wie andere mit einem bandenartig klingenden Namen auszustaffieren, und erachtete diese als kindisch. Neben der „Red Army" gab es bis dato nur einen Namen, der hängen geblieben war: „ICJ", was für „Inter City Jibbers", also „Intercity-Schwarzfahrer", stand; eine Gruppe, deren Motto lautete: „Zahlen heißt versagen!" Bei den meisten hieß der Hooligan-Anteil der United-Fangemeinde schlicht „die Jungs". Aber bedingt durch ihre ständige und zunehmende Aktivität war es wohl unausweichlich, dass irgendwann jemand ihnen einen Namen verpassen würde. Und als das dann geschah, sollte sich dieser Name als erstaunlich treffend erweisen.

TONY: Der Name „Men In Black" entstand nach einem weiteren dieser äußerst lebhaften Ausflüge zu West Ham. Das Lustige an diesem Tag war, dass wir auf dem ganzen Weg nach London im Zug darüber diskutierten, mit der Gewalt endlich ein bisschen kürzer zu treten. In den Jahren zuvor hatten wir Chaos verursacht, wo immer wir auftraten, und die Polizei hatte wirklich die Schnauze voll. Wir wussten, dass es uns über kurz oder lang erwischen würde.

In den zehn Jahren zuvor waren wir auswärts in einem großen Haufen angetreten, und soweit ich weiß waren wir der einzige Mob in der Premiership, der das jede Woche erneut hinbekam. Einige waren mit uns unterwegs wegen der Gewalt, andere wegen des Schutzes, den ein großer Haufen nun mal darstellt, und wieder andere wegen der Klauerei. Und zudem „erlaubte" man uns nicht selten, kostenlos mit dem Zug zu fahren - denn oft steckte uns die Polizei nach dem Spiel einfach in den nächsten Zug nach Hause, ohne nach Fahrkarten zu fragen. Man wollte uns nur los sein.

Einige Stationen vor dem Upton Park stiegen wir aus. Ungefähr 400 Leute hatten sich hier, gegen Mittag, versammelt, um zu sehen, ob West Ham auftauchen würde. Aber anscheinend hatten sie keine Lust. Kein Schwein ließ sich sehen. Pünktlich um halb drei erreichten wir dann die Haltestelle Upton Park und wurden von dort zum Stadion geleitet. Niemand unter uns versuchte, eine Konfrontation herbeizuführen; irgendwie hatte keiner rechte Lust. Und auch West Ham schien seltsam zurückhaltend, und damit blieb es bei dem üblichen Starren und Abschätzen der gegnerischen Stärke.

All das änderte sich, als wir nach dem Schlusspfiff das Stadion verließen. Die Polizei wies uns an, einzeln und nacheinander rauszugehen, was wohl einigen bei West Ham den Eindruck vermittelte, jetzt sei eine gute Zeit gekommen, um vereinzelte United-Fans anzugreifen. Prompt erfolgte ein Angriff. Sobald man den Lärm hört, wenn es losgeht, dann will man quasi automatisch zum Ort des Geschehens - und so versuchten auch hier Hunderte, in dem engen Durchgang, der von der Gästeseite zur Green Street führt, vorwärts zu stürmen, vorbei an der Polizei. Plötzlich herrschte wieder Chaos, als wir versuchten, die Herren in Blau zur Seite zu schieben.

All die vorhergegangenen Diskussionen über unsere Tage, die uns gezählt schienen, und über einen respektvollen Umgang mit der Polizei wurden innerhalb von Sekunden gegenstandslos. Gewalt stand auf dem Plan. Mühevoll bemühten sich die Beamten, uns zurückzuhalten, und hinter ihnen standen einzelne Gruppen von West Ham, hämisch gestikulierend, wir mögen doch bitte zu ihnen kommen. Kein Zweifel: Sie glaubten nicht an unseren Durchbruch.

Einige Minuten dauerte die Schieberei an, und auf unsere erste Reihe krachten jetzt die Schlagstöcke. Auch berittene Polizei schaltete sich ein. Aber die reine Masse unserer Körper gewann die Schlacht: Zuerst kamen nur ein paar der Cockney Reds und wenige Mancs durch zur Green Street, dann jedoch folgte der Rest des Haufens, der sich sofort den jetzt rückwärts trabenden West Ham vor uns widmete, bis wir den Markt erreichten. Dort flogen die Fäuste etwas intensiver, und Mülltonnen krachten in die Reihen des Gegners, aber echte Bösartigkeit sieht anders aus. Für uns war es schlicht ein Job, den es gut zu erledigen galt. Und dass uns das gelungen war, erkannten wir in ihren Blicken: Wir hatten die Straße geräumt, und sie konnten nichts Nennenswertes dagegen tun.

Nun bestiegen wir entspannt und ohne großen Widerstand die U-Bahn. Die Polizei hatte jetzt alles im Griff. Insgesamt waren wohl so um die eintausend Reds in dem Zug, als er schließlich losfuhr. Alles erwartete natürlich, wir würden nonstop nach Euston durchfahren. Aber aus irgendeinem Grunde machte die Bahn einen Halt im Bahnhof Aldgate East. Ein hervorragender Halt, um doch noch einmal kurz auszusteigen, dachten sich viele United, und raus waren wir, noch ehe die Polizei etwas unternehmen konnte. Schnell hatten wir eine Kneipe an der Brick Lane gefunden, die uns aber natürlich nicht alle aufnehmen konnte, was zur Folge hatte, dass Hunderte draußen auf der Straße herumstanden und irgendwann andere Läden in der Nähe suchten.

Anderthalb Stunden später setzen sich siebzig von uns vom unteren Ende der Brick Lane wieder zum Treffpunkt in Bewegung, als von dort ein Anruf durchkommt: Nur noch ein paar unserer Leute sind dort verblieben; der Rest ist unterwegs zurück nach Euston. Wir sind gleich da, sagen wir, und legen auf. Was eine gute Sache war. Denn kaum eine Minute waren seit unserer Ankunft vergangen, da hört man: „West Ham ist da!"

Die meisten sind draußen vor dem Pub oder in den Imbissen, die sich entlang der Brick Lane erstrecken. Ich drängele mich aus der Kneipe und sehe eine Gruppe von Männern, die wohl gerade eben aus der U-Bahn-Station gekommen ist. Da kommen sie! „ICF!" Ja doch. Wir waren schon auf dem Weg zu ihnen. Dies schien jetzt wirklich einmal zu klappen! Keine Polizei, niemand dort, der uns jetzt stören könnte; es geht los! Während wir uns näher kamen, wurde erkennbar, dass dies die gleichen Typen waren, mit denen wir es schon entlang der Green Street zu tun gehabt hatten. Hurra! Also drauf jetzt!

Dass West Ham mit „ICF!"-Rufen auf dich zukommt, ist ein ganz alter Hut. Vielleicht hat es früher einmal die Menschen erschreckt; auf uns allerdings hatte es den gegenteiligen Effekt. Hauptsächlich deshalb, weil wir im Laufe der Jahre zunehmend all den Scheiß verachten lernten, der über die ach so legendäre Inter-City Firm von West Ham verbreitet wurde. Als würden sie die Welt regieren.

An jenem Tage jedenfalls stellten sie sich selbst bloß. Zwanzig Meter vor dem Zusammentreffen stoppten sie fast ruckartig, wendeten sich ab und rannten davon. Sie, so würde ich fast sagen, fielen auseinander, sie lösten sich auf. Wir verfolgten sie über die Straße, und die Mehrzahl von ihnen verschwand in der U-Bahn-Station. Sofort setzten wir nach. Als wir über die Schranken der Fahrkartenkontrolle geflankt waren und die Treppen runtergestürmt kamen, waren sie weg. Verschwunden. Wie vom Erdboden verschluckt.

Selbstsicher nahmen wir wieder die Stufen nach oben, um nach Überbleibseln ihrer Gruppe zu fahnden, aber niemand war mehr da. Auf der Straße allerdings fanden wir jemanden liegen: Es war einer von uns. Ein Auto hatte ihn angefahren. Glücklicherweise zeigte sich schon bald, dass er unverletzt war; der Kitzel hatte ihn immer noch im Griff und hielt ihn auf den Beinen. Zusammen mit dem Rest konnte er nach mit Euston fahren, um von dort den Zug nach Manchester zu nehmen. Denn dies war eine reine Manc-Gang ohne Cockney Reds.

Der Adrenalinspiegel war immer noch hoch, als der unvermeidliche Telefonanruf von Wing kam, der wissen wollte, was der Tag gebracht hatte. Wing saß irgendwo an einem Flusslauf - er hatte entschieden, er würde lieber zum Angeln fahren als zum Spiel - und hatte soeben einen Anruf von einem West-Ham-Typen erhalten, dessen Inhalt er uns nun weitergeben wollte. Offenbar war dieser Typ einer von denen, die wir gerade erst in die Flucht geschlagen hatten, und er hatte sich bitterlich bei Wing über die Ereignisse beklagt; er könne es gar nicht fassen, wie Leute, ganz in schwarz gekleidet, überall aus den Eingängen und hinter den Bäumen hervorgekommen und auf West Ham losgestürzt seien. „Diese verschissenen Männer in Schwarz kamen einfach von überall her!"

Hierüber hatten wir nicht einmal nachgedacht. Alle prusteten los. In den nächsten Tagen nannten wir uns gegenseitig nur so zum Spaß die „Men In Black".

Doch der Name blieb haften; ein inoffizieller Spitzname, den wir aus purem Jux behielten. Und der sich zu unserem Vorteil gestalten sollte, denn natürlich sieht man irgendwie gefährlich aus, ganz in schwarze Kleidung gehüllt; wenn auch dieser Look nie explizit geplant war, sondern nur durch den allgemein vorherrschenden Dresscode und die Designer-Label entstand, die bei den Jungs beliebt waren.

Kaum hatten sie ihren neuen Namen verpasst bekommen, da wurden einige der gefürchtetsten Männer der Men In Black aus dem Verkehr gezogen. Im März 1999 brachte die *Manchester Evening News* auf ihrer Titelseite unter einer großen Schlagzeile folgende Geschichte:

> Schlag gegen die Unberührbaren
> Die größte konzertierte Polizeiaktion der Geschichte im Großraum Manchester begann am frühen Morgen des heutigen Tages, als mehr als sechzig Hausdurchsuchungen gleichzeitig durchgeführt wurden.
> Die Durchsuchungen folgten Ermittlungen von Polizeibeamten in der kriminellen Szene von Salford in den letzten acht Monaten, im Rahmen derer zum Schein auch Drogen und Hehlerware von Kriminellen erworben wurden.
> Die Operation „Victory", die größte ihrer Art außerhalb Londons, hatte das Ziel, „unberührbare" Kriminelle zu überführen, die seit Jahren beharrlich den Ruf der Stadt Manchester durch ihre illegale Tätigkeit beschädigen. Mehr als 500 Beamte der Greater Manchester Police durchsuchten insgesamt 66 Wohnungen. 53 Menschen wurden verhaftet - davon 10 Frauen - und werden derzeit in zehn Wachen im Großraum Manchester festgehalten. Jene, gegen die Anklage erhoben wird, werden morgen dem Amtsgericht Salford vorgeführt.
> Die Polizei beschlagnahmte eine abgesägte Schrotflinte und zwei Pistolen sowie Drogen, darunter Amphetamine, LSD, Cannabis, Ecstasy, Kokain und Heroin, mit einem Straßenverkaufswert von 250.000 Pfund. Sichergestellt wurde außerdem Diebesgut, darunter Fernsehgeräte, Computer, Gartengeräte, ein Betonmischer, Musikinstrumente sowie ein Traktor.
> Polizeipräsident Chris Wells, Chef der Polizei Salford, erklär-

te: „Diese Operation, gerichtet gegen die profiliertesten und schwersten Intensivtäter Salfords, kann schon jetzt als äußerst erfolgreich bezeichnet werden."

Der größte Fisch, der der Operation Victory ins Netz ging, war ohne Frage Paul Doyle. Zusammen mit einigen seiner engsten Vertrauten und Geschäftspartner war er im Rahmen einer Undercover-Aktion von speziell trainierten Beamten ins Visier genommen worden - ironischerweise Zugehörigen der Omega-Einheit; jener Truppe,die vor mehr als zehn Jahren die Hooligan-Gangs bekämpfen sollte. Die erdrückende Beweislast zwang Paul Doyle, sich des Drogenhandels mit Kokain und Cannabis schuldig zu bekennen, und somit wurde er, im Alter von 41 Jahren, zu einer Freiheitsstrafe von sieben Jahren verurteilt.

Ungefähr zur gleichen Zeit erhielten diverse weitere zentrale Figuren aus der Hooligan-Szene von United Freiheitsstrafen. Man hatte sie des Versuchs überführt, mehr als zwei Tonnen Cannabis im Werte von acht Millionen Pfund ins Land zu schmuggeln. Die Polizei griff zu, nachdem man in einer gemeinsamen Aktion mit den Zollbehörden einen LKW im Industriegebiet von Rossendale in Lancashire aufbrachte. Bedenkt man, dass die Polizei einige der Men In Black schon geraume Zeit zuvor in Verdacht hatte, tonnenweise Cannabis einzuführen, scheint es fast unausweichlich, dass es einige von ihnen letzten Endes erwischen würde.

Für Männer wie Paul Doyle, die seit ihrer Kindheit immer wieder Zeiten in den unterschiedlichen Einrichtungen des Staates verbracht hatten, war das Gefängnis ein Risiko, das ihre Tätigkeit nun mal mit sich brachte. Er nutzte seine Zeit im Knast für ein zermürbend hartes, persönliches Fitness-Training aus Liegestützen und „Burpees", einer Kombination aus Liegestützen, Sprüngen in die Hocke, Strecksprüngen und Klimmzügen, die allesamt dafür sorgen sollten, ihn nach Möglichkeit fitter als zuvor aus dem Gefängnis zu entlassen.

Heutzutage konzentriert sich Paul auf legale Geschäftsfelder.

PAUL DOYLE: Im Zeugenstand war ich von Polizisten umgeben, und vor dem Gerichtsgebäude hatten sie Mannschaftswagen aufgefahren. Die örtliche Polizei und die szenekundigen Beamten vom Fußball hatte ich hinter mir gelassen: Dies hier war Interpol. Ich stand auf einer Stufe mit Massenmördern und hochrangigen, international gesuchten Kriminellen. Für zwanzig Jahre sollte ich einfahren. Als meine Verhandlung durch war, war die Maximalstrafe für das, was man mir nachweisen konnte, sieben Jahre. Und diese sieben Jahre bekam ich.

Wenn du in den Bau gehst, dann kommst du erst einmal in einen Gefängnisflügel, der besonders scheiße ist. Und zwei Tage später sollte United am Old Trafford in der Champions League gegen Juventus antreten. Aber ich kannte all die Leute an der Essensausgabe und wurde so wenigstens mit großen Portionen versorgt. Als mich einer der Wärter in einen anderen Trakt rüberbrachte, fragte ich: „Lust, das Spiel zu sehen? Ich kann dir Tickets besorgen!" Später besorgte ich allen Aufsehern Eintrittskarten und stellte sicher, dass sie es gemütlich haben. Sie bekamen von mir Wembley-Tickets, VIP-Karten, alles. Kurze Zeit später ist großer Alarm in allen Zeitungen Manchesters: Einer aus der Salforder Connection versorgt Vollzugsbeamte im Knast als Gegenleistung zu besonders freundlicher Behandlung mit Eintrittskarten. Ärgerlich. Vor allem für Paul Massey, einen Mitinsassen, ebenfalls aus Salford. Denn er war es, den sie verdächtigten. Massey schickte mir später einen Brief: „Warum kriege ich immer die Schuld, wenn du Scheiße baust?"

Jetzt gehe ich mit meinen Kindern zum Fußball. Es wäre völlig peinlich, würde man mich in meinem Alter noch wegen Hauereien beim Fußball verhaften. Ich habe mittlerweile Besseres zu tun.

STEVE BARNES: Die Wahrheit ist schlicht: Wenn United in voller Besetzung irgendwo antrat, gab es niemanden, der ihnen das Wasser reichen konnte. Nicht jedenfalls während meiner Dienstzeit. Natürlich bin ich darauf nicht stolz; es ist nur einfach eine Tatsache. Ich habe nie gesehen, dass sie irgendwo unter die Räder kamen. Und dennoch hatte ich nie Angst um meine Gesundheit. Die wichtigen Jungs im Mob haben sich uns gegenüber nie bedrohlich gezeigt, und den Rest ihrer Leute hatten sie immer entsprechend unter Kontrolle. Besonders Tony. Er wusste, was Anmache war. Sie ließen mich in Ruhe, denn sie wussten, dass sie nie wieder einen Fuß in ein Stadion setzen würden, wenn sie auf mich losgegangen wären.

Als FI-Einheit operierten wir nie verdeckt. Alan Hutchings war an Spieltagen der zuständige Leiter, und er vertrat die Ansicht, dass Undercover-Aktionen einfach zu kostspielig sind. Schließlich war er auch der Etatverantwortliche. Er wollte einfach nur den Deckel draufhalten, besonders bei den Heimspielen, und wenn es uns gelang, Krawall zu verhindern, dann waren wir schon zufrieden. Es gab am Old Trafford Ärger mit Leeds und Liverpool auf dem Vorplatz, aber das war vor allem eine Sache zwischen jenen Fans, die der harte Kern „die Bekloppten" nennt, also den normalen Vereinsanhängern, die nur dann und wann einmal ausrasten, und so ging es auch bei diesen Spielen hauptsächlich los wegen einiger übler Lieder über München und Hillsborough, die angestimmt wurden.

Es gab auch große Auftritte der Mobs, Gruppen von 100 bis 150 Leuten, die auftraten, Tottenham etwa, die ziemlich selbstbewusst nach dem Spiel den ganzen Weg zurück in die Stadt zu Fuß zurücklegten, oder Sunderland vor ein paar Jahren, aber die meiste Zeit waren wir auf Ballhöhe mit ihnen. Auswärts allerdings war es immer eine ganz andere Geschichte.

Jahrelang haben die Leute versucht zu erklären, warum die Hooligans tun, was sie tun. Ich vergleiche es immer mit einem jungen Polizisten, der einen Einsatzbefehl bekommt, weil es in einer Kneipe zu einer Schlägerei gekommen ist. Der kann es auch nicht abwarten, seinen Einsatzort zu erreichen - aber nicht, wie die Leute vielfach glauben, weil er Recht und Gesetz vertreten und den Menschen helfen möchte: Er beeilt sich, weil er darauf brennt, sich in die Menge zu stürzen und den Leuten auf den Kopf zu hauen. Die Mentalität ist die gleiche. Es ist der Kitzel, der Kick, die Aufregung, egal, was die Studierten sagen über Herkunft und Arbeiterklasse, über den Einfluss des Alkohols und was weiß ich: Es ist einfach eine aufregende Sache.

Ich verstand schon früh, dass gute Organisation ein Vorteil war, und sah, dass United organisiert war, während andere Gruppen dies nicht waren. Tony war einzigartig; er machte seine Sache stets mit einem Lächeln auf den Lippen, als ob alles für ihn nur ein Spiel wäre. Loyalität ist sicher nicht das treffende Wort, aber ich konnte meine Arbeit - zusammen mit den Kollegen Prügeleien unterbinden - nur erledigen, wenn ich von der Gruppe der Hooligans als glaubwürdig erachtet wurde. Hätte man mich gesehen, wie ich Leute festnehme oder wie ich offen anderen Beamten zeige, wen es festzunehmen gilt, dann wäre diese Glaubwürdigkeit in Frage gestellt gewesen.

Ein Beispiel ist ein Spiel am Villa Park. Tony kam mit seinen Leuten vorbei und führte eindeutig seine Gruppe an, und mein Kollege von der

Polizei der West Midlands, der neben mir stand und beobachtete, fragte: „Wer ist der große Typ in der Mitte, der da das Wort führt?" Es war eindeutig, dass er plante, Tony als Rädelsführer zu verhaften. Jeder im vorbeikommenden United-Mob allerdings hatte die Frage gehört, und es herrschte plötzlich Stille, weil alle auf meine Reaktion warteten. Ich umging das Problem, indem ich sagte: „Ich weiß nicht, aber ich spreche ihn mal an." Und dann rief ich rüber: „Hey, Großmaul, halt mal deinen Kopf zu!" Und Tony rief zurück: „Sorry, Boss!" Er hatte sofort verstanden, was los war. Somit gab es keinen Grund mehr, ihn zu verhaften. Prügeln mit anderen Fans würden sie sich nicht, wo wir direkt an ihrer Seite waren, aber hätten die Kollegen aus den Midlands einen Zugriff versucht, hätten die Jungs reagiert und die Sache wäre sofort ausgeartet.

Später nahm ich meine Begleitung zur Seite und erklärte ihm, dass ich natürlich Tony kennen würde, aber auch, warum ich so und nicht anders reagiert hatte. Er verstand mein Vorgehen.

Doch für mich näherte sich alles dem Ende, obwohl ich noch nichts davon wusste. Im Dezember 1998 hatten wir ein Ligaspiel bei Tottenham. Es war dunkel, ich meine daher, mich zu erinnern, dass es ein Abendspiel war. United war mit einem großen Mob von über 300 Leuten angereist. Schon früh hatten wir herausgefunden, wo sie stecken: in einem Pub an der Tottenham High Road. Von dort aus führten wir sie zum Stadion. Alles blieb relativ ruhig. Nach dem Spiel allerdings wollten sie allein und zu Fuß bis zur Station Seven Sisters gehen und alles umhauen, was sich ihnen in den Weg stellt. Das jedenfalls war unsere Erkenntnis.

Wir verließen das Stadion in Richtung der Tottenham High Road, und die Metropolitan Police informierte uns sofort über ungefähr siebzig Spurs, die unterwegs seien, dass man aber mit mehr Gewaltbereiten zu rechnen habe, würde es erst einmal losgegangen sein. United bevölkerte den Fußweg auf der einen Seite der Hauptstraße, Tottenham den Bürgersteig auf der anderen Seite. Immer wieder gab es dann Angriffe von der einen oder anderen Seite quer über die Fahrbahn, und jedes Mal konnte die Polizei nach ein paar schnell platzierten Hieben und Tritten die Parteien wieder trennen.

Dann, etwa zwanzig Meter vor mir, kam es zu einem größeren Angriff von Tottenham, und ich begann zu laufen, um schnell zum Geschehen zu gelangen. Vielleicht könnte ich diese Schlägerei verhindern. Doch im selben Augenblick traf mich etwas in den Rücken, etwas mit der Wucht einer Kanonenkugel, und ich krachte nach vorne, auf mein Gesicht. Als ich mühsam meinen Kopf wieder anhob, sah ich, dass beiderseits von mir die Beine eines Pferdes standen: Ich lag direkt unter dem Tier. Als sich das Pferd in Bewegung setzte, traf es mich mit einem seiner Hinterhufe am Kopf, hinter dem linken Ohr.

Ich schätze, ich war so zwei, drei Sekunden bewusstlos. Das nächste, woran ich mich erinnere, waren die Kollegen der Metropolitan Police, die mich auf die Beine zu stellen versuchten. Auch einige der United-Jungs zeigten sich besorgt: „Steve, bist du okay?“ Mein Kopf schmerzte fürchterlich und begann, hinter dem Ohr anzuschwellen. Ich setzte aber die Eskortierung fort und brachte sie bis zur U-Bahn, dann allerdings meldete ich mich zur Wache ab, wo der Diensthabende den Polizeiarzt hinzuholte. Dieser untersuchte mich und meinte abschließend, ich hätte wohl eine ordentliche Prellung abbekommen. Eine Röntgenuntersuchung sei nicht nötig. Immerhin gab er mir ein paar Paracetamol.

Nach dem Einsatz verschwanden wir auf unsere Stube in Kentish Town und gingen schließlich noch auf einen Absacker in die Kneipe. Danach ging ich zu Bett. Zwar erwachte ich in der Nacht mit rasenden Kopfschmerzen, aber im Laufe der nächsten Tage verschwand die Schwellung wieder. Die Saison hatte noch jede Menge Spieltage, es wartete Arbeit auf uns, der Job musste erledigt werden.

Alle Spielzeiten, die ich begleitete, waren von Gewalt gezeichnet. Die Probleme wurden immer schwerwiegender. Die Statistik belegte, dass seit 1995-96 ein Anstieg zu verzeichnen war. Der Erfolg auf dem Rasen und die hochinteressanten Fahrten ins Ausland sorgten dafür, dass Uniteds Mob auch zahlenmäßig stärker wurde, so stark, dass nur ein Mal, 1999 bei Leeds, Gefahr für United bestand, den Kürzeren zu ziehen.

Einsätze für Spiele wie das zwischen Leeds und Man United, wo bekanntermaßen ein starkes Potenzial für Unruhen besteht, müssen von der Football Intelligence geleitet werden. Bei diesem Treffen war das eindeutig nicht der Fall. Drei Beamte aus Manchester waren vor Ort – ich, Kieran und Ken –, und wir waren bereits in den Morgenstunden unterwegs, zusammen mit zwei FI-Kollegen aus Leeds. Während wir also im Einsatz sind, ist das Einsatzkommando noch auf den Wachen: beim Frühstück.

Wir warteten am Bahnhof, und schon bald treten 150 Leute heraus, angeführt von Tony O`Neill. Wir steigen aus unserem Fahrzeug aus und folgen ihnen zu Fuß. Kieran und sein Partner hielten mit United Kontakt, während ich unterwegs war mit Stan, dem bekannten FI-Kollegen von Leeds, um seine Leute zu beobachten. Als Leeds aus dem Pub kam und sich auf den Weg machte, um United entgegenzutreten, bogen O`Neills Leute schon in die Straße ein. Nur noch dreißig Meter trennten die beiden Gruppen.

Ich schrie Stan an: „Stan, verdammte Scheiße nochmal, wo sind eure Einheiten?"

„Ich funk sie mal an", war seine Antwort.

Der dritte Weltkrieg stand unmittelbar bevor. United war mit ungefähr 150 Leuten da, der Haufen von Leeds muss so um die 300 bis 400 umfasst haben. Und dazwischen wir fünf Polizisten, in voller Einsatzbekleidung. Stan verpasste Tony eins mit dem Schlagstock auf die Oberschenkel, um ihn von einem Angriff abzuhalten. Aber ich erkannte an ihrer Körpersprache, dass United jetzt und hier nicht attackieren würde. Ihnen war bekannt, dass die Gegend voll war mit Videokameras. Daher standen sie abwartend und ließen Leeds herankommen. So könnten sie später auf Notwehr plädieren, sollte man sie nach einer Schlägerei festnehmen. Stan schrie: „Ich habe Gas, warte, ich habe Gas!" Doch obwohl wir nur mit fünf Beamten vor Ort waren, kam es nicht zu dem befürchteten Gemetzel: Diese fünf Polizisten waren allen bekannt. Und das muss in irgendeiner Weise abschreckend gewirkt haben.

Immer noch hing die Einsatzpolizei in der Wache herum, und als sie dann endlich auftauchte, war die Arbeit schon getan. United wurde in einer Gaststätte untergebracht, und diverse Versuche wurden in der Folge von Leeds gestartet, an sie heranzukommen, aber nun waren die Kollegen vor Ort. United war in die Innenstadt marschiert und hatte sich Leeds gezeigt, Leeds allerdings hatte das Angebot nicht angenommen und somit, in den Augen der Hooligans, nicht angemessen reagiert. Wie es schien, war die Hälfte der Tagesarbeit damit erledigt.

Als man United dann zum Stadion führte, kam es zu einer Situation, in der die Einsatzkräfte den Mob aus Manchester an einer langen Hauswand einkesselten und mit Hunden in Schach hielten, dabei aber vergaßen, die von überall herannahenden Leeds-Fans auf Abstand zu halten. United war somit de facto umzingelt. In deutlicher Unterzahl, regneten jetzt auch noch Flaschen auf sie herab, und die Polizei unternahm nichts, um Leeds von der Werferei abzuhalten. Also entschieden sich Kieran, Ken und ich, diese Aufgabe zu übernehmen. Immerhin hatten wir ja die volle Ausstattung am Mann: Den schweren Helm für das ganze Gesicht, die Stiefel mit den Stahlkappen und die Schlagstöcke mit Seitengriff. Also gingen wir dazwischen. Es war großartig. Als wir uns wieder zurückzogen, kam ich mir vor, als hätte ich gerade eine Trainingseinheit absolviert.

Unter lautem Beifall kehrten wir wieder zur Gruppe der United-Fans zurück. Doch der Einsatzleiter nahm uns zur Seite: „Ich denke nicht, dass dies die Reaktion ist, die ich mir vom einem Mob von Schlägern gegenüber der Polizei wünsche!" Worauf ich erwiderte: „Bei allem Respekt - wir haben gerade die Arbeit erledigt, die Ihre Kräfte eigentlich hätten machen sollen!"

Auch dieses Erlebnis war Teil der seltsamen Beziehung, die wir zu „unseren" Hooligans hatten, und es sollte sich zu einem späteren Zeitpunkt zu unseren Gunsten auszahlen.

Es war etwa zu dieser Zeit, als ich bemerkte, dass mein Hörvermögen in meinem linken Ohr langsam nachließ. Ich führte das auf den Pferdetritt beim Spurs-Spiel zurück. Irgendwann, als ich mal die Zeit fand, suchte ich dann einen Spezialisten auf. Die Untersuchungen, die er mit mir durchführte, ergaben, dass ich siebzig Prozent meines Gehörs auf dem Ohr verloren hatte. Er überwies mich zur Kernspintomografie. Dort fand man heraus, dass ich etwas in meinem Innenohr hatte, was sie „Wucherung" nannten. Und dann erklärten sie mir, dies sei ein Akustikusgeschwulst, ein Tumor hinter meinem linken Auge von der Größe eines Golfballs. Und dieser Tumor würde wachsen. Es sei eine zwölfstündige Operation nötig, in deren Verlauf ich durchaus in Lebensgefahr wäre, da sie als äußerst schwierig gelte. Andererseits: Würde ich sie nicht durchführen lassen, sei die Wahrscheinlichkeit groß, dass ich am Tumor sterben würde.

Das war keine gute Zeit. Glücklicherweise jedoch war die Operation ein völliger Erfolg. Sie holten den Tumor raus, er war gutartig und kehrte danach auch nicht mehr zurück. Zudem versicherten sie mir, der Tumor sei nicht durch äußere Einwirkung entstanden, somit war der Pferdetritt so glimpflich abgegangen, wie man es nur hoffen konnte.

Ich arbeitete bis Oktober 1999, bis zu jenem Moment also, als ich die Ergebnisse meines ersten Hörtests erhielt. Mein eingeschränktes Hörvermögen hätte sich zu einer Gefahr für mich oder die Kollegen auswachsen können, also wurde ich in den Innendienst versetzt. Die Erkenntnis, dass in meinem Kopf ein Tumor wuchs, beeinträchtigte mich seelisch ziemlich, und drei Wochen später meldete ich mich dienstunfähig. Ich sollte nie wieder an meine Arbeitsstelle zurückkehren.

Ich verfolgte die Saison und den dreifachen Erfolg und freute mich auf die Auslosung zur Champions League und auf all die Städte, die ich zu sehen bekommen würde. Denn noch war ich nur dienstbefreit bei vollen Bezügen. Doch dann hatte ich die Operation, im August 2000, und verließ bald darauf die Polizei.

Und wer waren die ersten, die mir nach meiner OP eine Karte mit Genesungswünschen sandten? Die United-Hooligans.

TONY: Die Drei-Titel-Saison wird unvergessen bleiben. Wir waren auf dem Rasen genau so unbesiegbar wie außerhalb des Stadions. 1999 konnte sich niemand mit United messen. Unmöglich.

Wir spielten im Halbfinale des FA-Cups gegen Arsenal am Villa Park in Birmingham. Das erste Spiel endete 0:0. Zuerst gingen wir rum zur Seite von Arsenal, aber von ihrem Haufen keine Spur. Also ging es runter zum Bahnhof Aston. Und dort mussten wir warten. Uns blieb nichts anderes übrig. Irgendwann, so wussten wir, müsste Arsenal ja kommen.

Und plötzlich sind sie da! Selbstbewusst kommen sie die Straße entlang – ohne allerdings alle von uns sehen zu können, viele von uns stehen um die Ecke oder weiter die Straße entlang. Die ersten Beschimpfungen gehen hin und her, gleich geht es los. Und dann kommt der Alarm: „Arsenal ist da!"

Sie kommen um die Ecke, sich mit ein paar United boxend – und bekommen den Schock ihres Lebens: Da waren sie nun, in ihren teuren Stone-Island-Jacken, überzeugt davon, der coolste Haufen unter der Sonne zu sein. Und trotzdem setzt es nun Tritte in den Hintern. Schon haben sie kehrt gemacht und verabschieden sich die Straße entlang. Ihr Szene-Beamter, Ray Whitworth, rannte neben mir, wild mit seinem Knüppel fuchtelnd. Ich rufe ihm rüber: „Pack deinen Schlagstock weg, Ray, bevor du dich damit verletzt!" Und Ray mit seinen kurzen Beinen versuchte mühsam, mit mir mitzuhalten.

Im Finale der Champions League, gegen Bayern München, ging es nicht um Gewalt, obwohl einige Schwarzhändler kräftig leiden mussten.

Am Stadion und überall in der Stadt wurde jeder, der Tickets verscherbelte und den die Jungs nicht kannten, um seine Eintrittskarten erleichtert und fand sich anschließend mit blutiger Nase auf dem Gehweg wieder. Aber zu einem Kampf mit den Deutschen kam es dennoch: In Lloret de Mar, wo sie kreuz und quer durch den Ort getreten wurden. Gar nicht mal so wenige United waren hier in den Tagen vor dem Spiel abgestiegen, nichts Organisiertes, eher zufällig. Bayerns Leute waren ebenfalls dort und dachten wohl, man hätte das Küstenstädtchen für sich allein. Weit gefehlt. Bereits am frühen Abend hatte sich das erledigt: Als sie um eine Ecke flüchteten, liefen sie quasi in das Ende derer, die sie um den Häuserblock verfolgt hatten, und erneut setzte es Watschen.

Das Endspiel war ohne Frage das schönste Ereignis meines Lebens. Fast hätte ich einen Herzinfarkt gehabt. Als das erste Tor fiel, bekam ich keine Luft mehr, und beim nächsten konnte ich meinen Sohn nicht hören – der auf dem Stuhl neben mir stand und aus vollem Halse schrie. Meine Trommelfelle waren geplatzt und meine Lunge kam mir durch den Rachen. Ich konnte zwischen dem ersten und dem zweiten Tor kein einziges Wort verstehen. Das eindeutig beste Gefühl überhaupt. Und wann immer ich den Kommentar wieder höre oder die Fernsehbilder sehe, steht mir das Nackenhaar zu Berge. Denn das Drehbuch zu diesem Spiel kann nicht mehr übertroffen werden. So etwas gibt es kein zweites Mal. Als sie 1968 den Titel holten, war ich ein kleiner Junge; es hatte für mich damals keine wirkliche Bedeutung. Aber wenn man sein Leben lang zum Fußball geht, dann ist so etwas der Höhepunkt für dich als Fan. Ich könnte mir jeden Tag die Aufzeichnung der letzten zehn Minuten anschauen. Und jeder United-Fan sollte die Aufnahme einschieben, wenn er mal eine schlechte Phase hat. Das Video oder die Radioreportage, und nur die letzten zehn Minuten. Das wird helfen.

Dieses Endspiel wäre hervorragend geeignet gewesen, dem Fußball auf Wiedersehen zu sagen. Aber das wollte ich nicht. Ich machte vielmehr mein eigenes Geschäft auf, Champion Sports Travel, um Reisen zu Spielen zu veranstalten. Schon immer hatte ich ab und zu mal Busse organisiert, aber nun standen zahlreiche Fahrten durch Europa an. Realistisch gesehen, war der Zeitpunkt der Geschäftseröffnung denkbar schlecht gewählt. Nach dem Champions-League-Endspiel hatten die meisten ihr Geld auf dem Kopf gehauen, und allgemein herrschte der Eindruck, dass dieses Erlebnis durch nichts mehr zu toppen sei. Weil aber United jetzt in Europa so präsent war, vertraute ich dennoch darauf, dass es genug Fahrten und genug Fahrgäste geben würde, um mit der Reiseorganisation meinen Lebensunterhalt verdienen zu können.

Die Football Intelligence war natürlich schnell dabei, mir das Etikett „Reiseleiter für den Hooligan-Mob“ zu verpassen. Aber nichts hätte weniger der Wahrheit entsprechen können. Auf solcher Grundlage hätte man kein Geschäft führen können. Denn kleine Unternehmen sind auf gute Mundpropaganda angewiesen und auf persönliche Empfehlungen. Wären meine Fahrten zwielichtig oder gar gefährlich, würden die Kunden nicht wiederkommen, so schlicht und einfach war das. Ich wollte Menschen aus allen Schichten auf meinen Fahrten; Anwälte, Polizisten auf Urlaub, Verwaltungsbeamte, wen auch immer. Und genau so war es dann auch.

Das heißt natürlich nicht, dass bestimmte Gegenden auf dem Kontinent nicht durchaus gefährlich waren. Äußerst gefährlich sogar. Im Oktober 1999 spielten wir gegen Croatia Zagreb, einen Verein, der vorher - und dann wieder später - eher als Dynamo Zagreb bekannt war. Vierzig Gäste hatte ich auf dieser Reise. Wir waren in einem vernünftigen Hotel in der Innenstadt untergebracht, zusammen mit ein paar englischen Journalisten, und trafen uns schließlich mit einigen anderen Fans in einer Bar zum Fernsehen schauen; ein entspannter Haufen, Männer, Frauen, Jung und Alt.

Gegen halb neun lieh ich mir dann von jemandem das Telefon, um ein Gespräch zu führen. Um ein wenig Privatsphäre und Ruhe zu haben, wechselte ich rüber zu einem stillen Café auf der anderen Straßenseite und nahm dort an einem der an der Straße stehenden Tische Platz.

Aus der Dunkelheit erscheint eine große Gruppe böse dreinschauender Typen. Wie Soldaten sehen sie aus, mit ihren geschorenen Köpfen, ihren Bomberjacken und Stiefeln. Es ist dieser üble, rechte Look. Sie nehmen vor der Bar Aufstellung, in der unsere Gruppe von Normal-Fans gerade Fußball schaut. Ich sitze in ihrem Rücken, beobachtend. Sie haben mich nicht bemerkt. Man glaube mir; ich kauerte geradezu über meinem Telefon. *Verdammte Scheiße, denke ich, was geht hier ab?!* Und schon geht der Angriff los. Stühle und Tische fliegen, und die paar Fans, die vor der Bar standen, eilen jetzt hinein und halten die Tür zu, während die Verrückten draußen schreien, schimpfen, gestikulieren und Mobiliar fliegen lassen.

All dies erlebe ich von der anderen Straßenseite aus. Noch nicht einmal meinen Kopf wage ich zu erheben: Immer noch hatte ich ein blaues Auge, das vom Spiel gegen Marseille vierzehn Tage zuvor stammte, bei dem mir ein Ordner eine verpasst hatte. Wenn diese paramilitärischen Gestörten mein blaues Auge sehen, wissen sie sofort, dass ich zu ihrer Zielgruppe gehöre, und das wäre der Vorhang für mich. Nicht zum ersten Mal in meiner Zeit beim Fußball rechne ich damit, die letzten Minuten meines Lebens zu erleben.

Durch die Gruppe der Angreifer läuft schreiend eine junge Frau. Es ist die Freundin von einem unserer Jungs in der Gaststätte. Ich denke nur: *Komm nicht zu mir rüber! Hau ab! Lass mich, ich kann für euch nichts tun!* Aber natürlich sieht sie mich und hetzt plärrend über die Straße, als ob Tony O`Neill aufspringen würde und allen den Tag retten könnte. Nein, dieses Mal nicht. Ich packe sie, setzte sie auf meine Knie, versuche, sie zu beruhigen und verberge dabei meinen Kopf hinter ihrem Oberkörper. Sie fragt nach ihrem Freund, aber ich weiß, dass es ihm gut geht; ich sehe, was passiert.

Etwa dreißig Sekunden saß ich so da, mit meinem Kopf zwischen ihren Titten, nur denkend: *Halt die Klappe!* Gläser, Flaschen, Mülleimer und Stühle fliegen immer noch, und Fenster gehen klirrend zu Bruch. Ich schiebe die Tussi ins Café hinein und somit aus dem Weg und setze mich wieder, mit dem Rücken zur Straße, immer noch hoffend, dass sie nicht rüberkommen.

Dann ist es vorbei, so schnell, wie es begonnen hat. Wie ein Mann verschwinden die kroatischen Gestörten wieder in der Dunkelheit.

Die Polizei kommt, aber allen geht es gut, nur ein Fan hat eine kleine Schnittwunde hinter dem Ohr. Aber das Problem war, dass nach einer kurzen Prüfung der Lage die Polizei sich wieder in ihre Fahrzeuge setzte und verschwand - während wir noch zurückkehren mussten ins Stadtzentrum, in genau jene Richtung also, in die auch unsere Skinhead-Angreifer verschwunden waren. Wir schafften es am Ende alle. Aber augenöffnend war dieses Erlebnis durchaus. Und ein Vorzeichen dessen, was noch folgen sollte.

Ich saß mit einigen Jungs im Hotel, und draußen, vor den Fenstern, stromerten Kroaten herum. Immer wieder schauten sie durch die Fenster herein, auf der Suche nach den Engländern. Ihre Gesten waren eindeutig; deutlich zeigten sie uns, sie würden uns den Hals abschneiden. Ich hatte mein blaues Auge, meinen Skinheadschnitt und noch dazu die zahlreichen Narben auf meinem Schädel - ich war also alles andere als unverdächtig. Einigen Leuten war es gelungen, Taxis zu organisieren und mit ihnen zu einem außerhalb gelegenen Nachtclub zu fahren. Später entschied ich, mich ebenfalls auf den Weg dorthin zu machen. Draußen vor dem Laden stand ein Polizeibus. Die Polizei schien hier die Türsteher zu ersetzen. Und als ich erst einmal eingetreten war, wurde mir sofort klar: Hier kannst du nichts anderes machen als dich volllaufen lassen. Ich kannte die Sorte Gegend, in die es uns verschlagen hatte: Ein Land voller Verrückter, eine Stadt voller Verrückter, kein nennenswerter Haufen von United und überall nur Leute, die uns an die Wäsche wollten. Was anderes also kann man abends dort machen als sich abzufüllen?

Im Laufe des Abends kommen die Türsteher auf eine Plauderei zu uns an die Tische: „Schön, euch hier als Gäste zu haben. Morgen jedoch seid ihr tot. Es ist Fußball.“

Wir kippen noch ein paar Weinbrand und ziehen uns gegen vier dann ins Hotel zurück. Ohne Probleme.

Am späten Nachmittag des Spieltages sehe ich diese Gestörten schon wieder durch die Stadt ziehen. Inzwischen weiß ich, dass sie sich die Bad Blue Boys nennen, und der Name scheint mir ziemlich passend. Wie es scheint, vertreten einige Leute tatsächlich die Meinung, der Zerfall Jugoslawiens hätte in Zagreb begonnen, und zwar beim Spiel von Dynamo 1990, als ein unter dem Namen Arkan bekannter Serbe einen Haufen von 3.000 Fans von Roter Stern Belgrad zu diesem Auswärtsspiel mitbrachte. Die zwei Mobs bearbeiteten sich zunächst mit Steinen und Sitzen, und was folgte, gilt als der wohl übelste Krawall, der je in einem Stadion stattgefunden hat. Tausende Fans prügelten sich auf dem Spielfeld, und sogar einige Spieler waren in die Schlägereien verwickelt. Nach siebzig Minuten rollten gepanzerte Fahrzeuge auf den Rasen und unterbrachen schließlich die Feindseligkeiten. Ein Jahr später setzten sie sich als Bürgerkrieg fort. Der Rest ist Geschichte.

Wenn Menschen einen Krieg durchlebt haben, und sehr wahrscheinlich sogar kämpfend daran teilgenommen haben, also Leute haben sterben sehen oder gar selbst Menschen umgebracht haben, dann verändern diese Ereignisse den Menschen. Es war eindeutig, dass diese Arschlöcher in der Armee gewesen waren. Sie waren verrückt, sie streunten herum, durchsuchten Bars und Restaurants, immer auf der Fährte der Engländer.

Aber United war als große Gruppe nichtexistent. Unsere Leute, wenn sie vor Ort waren, gingen zu zweit oder zu dritt durch die Stadt. Und jetzt, am Spieltag - das sei fairerweise eingeräumt - suchten die Bad Blue Boys unsere Jungs, nicht die Normal-Fans.

Und doch geht es in der Innenstadt dann los. Die Kroaten finden einige Fans aus Belgrad, die gekommen sind, um United anzufeuern. Sie werden vernichtet. Ich hingegen schütte Bier und mehr Bier in mich hinein, lege mich dann kurz ab, kehre in die Bar zurück und suche meinen Kumpel. „Der ist auf seinem Zimmer. Absolut paralysiert. Komplett voll." *Ach, scheiß drauf,* denke ich, *wenn ich zum Spiel gehe, dann kommt er auch mit.* Also zerrte ich ihn aus dem Bett und zog ihn hinter mir her zum Spiel.

Als wir aus dem Taxi wanken, können wir es kaum fassen: Geschätzte 2.000 Soldaten schützen die 400 United-Fans, die zu diesem Spiel gekommen sind. Die Atmosphäre rund um das Stadion ist so hasserfüllt, dass es fast surreale Züge annimmt. Ich bin geradezu erleichtert, das Stadion zu betreten, und noch erleichterter, als die Polizei uns nach dem Schlusspfiff im Block zurückhält. Und aus Erleichterung wird schiere Freude, als direkt vor dem Gästeeingang ein Taxi auf mich wartet. Schnell steige ich ein und lasse mich zum Hotel zurückfahren - das ich für den Rest des Abends nicht wieder verlasse. Wenn ich darüber nachdenke, war es eine sehr gute Sache, dass wir keine Gang nach Kroatien mitgebracht hatten. Man hätte uns dort schlicht ermordet.

Später fand ich noch mehr über die Bad Blue Boys heraus. Sie sind im Grunde gegen alles und jeden und mehr wie eine rechtsextremistische Partei organisiert. Ihr Stadion war es, wo Arkan mit seinem Roter-Stern-Mob auftauchte, der Eisenstangen schwingend versuchte, die Heimseite zu stürmen. Arkan leitete später eine Todesschwadron in Bosnien. So übel ist die Gegend. Und eigentlich ist es mehr Politik als Fußball, um das es dort geht.

12

Auswärts

In der Spielzeit 2000-01 gehörten Manchester United und Manchester City zu den Vereinen mit der schlechtesten Bilanz in Bezug auf Gewalt bei Fußballspielen. United meldete 150 Festnahmen, City immerhin 148, welches die Ränge 3 und 4 in der Premiership bedeutete. Dies betraf eine Saison, in der sich die Zahl der Festnahmen ligaweit um 8 Prozent steigerte. „Was wir früher die ´englische Krankheit´ nannten, wird nicht mehr durch die Massenschlägereien auf den Tribünen und die Straßenschlachten der Siebziger und Achtziger charakterisiert", sagte Bryan Drew von der nationalen Behörde für polizeiliche Aufklärung. „Aber, wie bei jeder anderen infektiösen Krankheit, entwickeln sich neue Hooliganismus-Typen, und diese sind clever, schwer auszurotten und zunehmend widerstandsfähig." Seine größte Sorge war die Vereinnahmung moderner Kommunikationstechnologie durch die Hooligans, wie etwa Mobiltelefone und das Internet, um Treffpunkte zu vereinbaren und sich gegenseitig herauszufordern.

Allerdings konnte sich die neue Technologie auch gegen die Hooligans wenden.

STEVE BARNES: Spiele gegen City bedeuteten immer großen Alarm, logischerweise. Wir hatten dann stets umfangreiche Besprechungen im Chester House, zusammen mit Einheit A aus dem Stadtzentrum und den beiden Fußball-Einheiten, um unser Vorgehen bei den Derbyspielen zu koordinieren. United hatte zu der Zeit den mächtigeren Ruf; vor allem deshalb, weil, wie ich zu erinnern meine, viele der City-Leute noch Stadionverbote hatten. Unvermeidlich bei diesen Treffen war immer der

Marsch von Picadilly runter die Oxford Road. City hing dann meist in den Pubs ab, und United kam dann die Straße entlang, und oft kam es zu massenhaften Flaschenwürfen und Schlägereien. Für die Polizei war das meist sehr schwierig, allein schon wegen der Menge an Leuten, die auf der Straße unterwegs waren.

Nach dem Spiel wurde es dann noch anstrengender, denn mit dem Schlusspfiff durchmischten sich die beiden Fangruppen und gingen dann stundenlang aufeinander los. Ich kann mich an einige Male erinnern, wo ich die Nachtschicht hatte. United traf sich meist im Moon Under Water und versuchte herauszufinden, wo City steckte. Und dann wurde ein Angriff versucht. Wir standen währenddessen mit den Kontaktbeamten von City in Verbindung und versuchten, den Hooligans zuvorzukommen, die Kneipen vor dem Vandalismus zu schützen und Unschuldige in Sicherheit zu bringen.

TONY: Unsere Haltung zu Manchester City als Feind hat sich im Laufe der Jahre geändert. Heutzutage gelten sie weniger gefährlich wegen ihrer Gewalttätigkeit als vielmehr wegen ihrer Neigung, dich in den Knast zu bringen. Sie scheinen nicht die geringste Ahnung von der Vorgehensweise der Polizei zu haben oder von der Tatsache, dass die gesamte Innenstadt unter Videoüberwachung ist. Sie filmen sich sogar bei Prügeleien. Sie filmten ihren Angriff auf eine Kneipe voller Fans von Stockport County, und ihr selbst angefertigtes Beweismittel wurde dann genutzt, um sie einzuknasten. Das ist City – eine Welt voller Dummficks, die Fußballgewalt verherrlichen und nicht die geringste Ahnung haben. Sie filmen sich, wie sie zum Stadion anreisen und wie sie wieder abmarschieren; das taten sie auch einmal am Old Trafford, doch leider mussten sie da laufen, was ein wenig die Aufnahmen verdorben haben dürfte. Es entzieht sich völlig meinem Verständnis, wie man so dumm sein kann.

Eines Abends griffen sie ein paar United-Jungs an, die nach dem Spiel in die Stadt gegangen waren, um in Ruhe ein Bier zu trinken. City hatte seine kleinen Beobachtungsposten überall in der Innenstadt herumhängen, und als es soweit war, holten sie sich Eisenstangen von einer Baustelle. Und damit gehen sie auf die kleine Gruppe United-Fans los. Zuerst sah es gar nicht gut aus, aber dann gelang es einem unserer Leute, einem City-Mann eine dieser Stangen zu entwinden, und das wendete dann das Blatt. Am Ende rannte City den ganzen Weg zur Market

Street. Wieder war alles von den fest installierten Videokameras des Stadtzentrums aufgenommen worden; was erklärte, warum einige der United-Fans sich kaum ins Geschehen einschalteten: Sie wussten, man würde sie hochnehmen, würden sie auf den Videobändern wie Angreifer agieren.

Es ist normal, wenn es zwischen beiden Vereinen zu Aufeinandertreffen kommt – selbst dann, wenn man gar nicht gegeneinander spielt. Im August 1999 waren wir sonntags unterwegs zu einem Spiel bei Everton, während City eine Heimpartie hatte. In Liverpool passierte nichts Ungehöriges; wir hatten unseren Zug bekommen, verschwanden im Pub und wurden dann zum Stadion eskortiert. Und nach dem Spiel gab es wieder die übliche Scheiße: Raus aus dem Stadion, versuchen, die Cops abzuhängen, und dann zur Ecke des Stanley Park, wo wie immer Everton auf uns wartete und wir sie wie immer vertrieben. Dieses Mal sogar, ohne einen einzigen Schlag führen zu müssen.

Wir werden umstellt und zum Bahnhof Lime Street geführt, und dort setzt man uns in den Zug. Die Stimmung ist gedämpft. Nichts Nennenswertes ist passiert an diesem Tag. Bis plötzlich, zwanzig Minuten vor Manchester-Picadilly, das Telefon klingelt. City wartet auf uns. Es sind mehrere hundert Leute. Ihr Mob. Wir können es zunächst gar nicht glauben, aber nach einigen weiteren Telefonaten ist die Lage bestätigt. Wir entschließen uns, schon Oxford Road auszusteigen und zu versuchen, von dort aus zu Fuß zum Picadilly zu gehen, hoffend, dass uns die Polizei nicht aufhält.

Sie halten uns nicht an – es sind gar keine Polizisten vor Ort. Dabei hatten wir mit starker Polizeipräsenz gerechnet, die die beiden Gruppen auseinanderhalten soll. Wir marschieren nun durch die Innenstadt, nehmen dabei aber so viele Seitenstraßen, Torwege und Gassen wie möglich, immer bestrebt, die Hauptstraßen zu meiden. Als wir den großen Parkplatz in der Minshull Street erreichen, verfallen wir in einen leichten Trab. Gegenüber ist der Eingang zu einem Hofweg, der direkt am unteren Ende des Picadilly rauskommt. Dort warten wir.

Nun, diese Situation ist ein echter Klassiker. Ich stehe an der Ecke und schaue vorsichtig um diese herum, zusammen mit 150 Leuten, die nur auf mein Kommando zum Angriff warten. Sie können nicht sehen, wie viele City sich versammelt haben und wo ihre wichtigen Gesichter stehen, aber ich sehe es: Überall stehen sie in Gruppen herum. Gerade scheinen sie erst aus dem Goose-Pub gekommen, voller Bier. Sie springen herum mit Flaschen und Gläsern in ihren Händen und starren gespannt in Richtung Bahnhof. Unwillkürlich muss ich lächeln: Noch eine Minute, dann werdet ihr einen schönen Schrecken bekommen. Wenn ich es allerdings nicht geschickt abpasse, kann die Sache auch mächtig schiefgehen.

Sie hatten sich nun über die ganze Breite der Straße ergossen, aber ich konnte erkennen, dass die Ersten zu zweifeln begannen, denn immer noch waren wir nicht aus dem Bahnhof gekommen, obwohl unser Zug doch schon seit einigen Minuten eingefahren war. Irgendwas, so schien ihnen nun klar zu werden, stimmte hier nicht. Immer noch beobachtete ich und zögerte mit dem Signal, als mich einer von ihnen sah. Sie wussten nicht, was los war, aber instinktiv spürten sie, dass ich nicht allein war.

Gutes Timing ist alles. In diesem Moment stürmten wir aus dem Torweg und erwischten die große Mehrzahl von ihnen völlig unvorbereitet. Keine zehn Meter standen sie von uns entfernt, und als sie sich endlich gefangen hatten und begannen, ihre Flaschen zu schwingen, waren wir lange unter ihnen und hatten die ersten Gegner zu Boden geboxt. City flüchtete sofort; sie zerrten einander nach hinten, um wieder in den schützenden Räumen des Pubs verschwinden zu können. Um die 150 Leute mussten es gewesen sein, die in alle Richtungen davonstoben, und nicht wenige weitere wurden kräftig geohrfeigt. Während sie versuchten, in die Kneipe zu verschwinden, waren wir hinter ihnen. Verzweifelte Schreie hallten durch die Straße. Dies war Fußballgewalt in ihrer reinsten Form, und unser Spaß wurde noch dadurch vergrößert, dass es City war, die wir hier vor uns hatten. Da hatten sie nun geplant, ein paar United auf dem Nachhauseweg zu erwischen und sich ein paar Frechheiten herauszunehmen. Das hatte nicht geklappt. Citys Mob wurde eingetütet, kurz und knapp.

Als wir die erledigt hatten, die es nicht durch die Tür nach drinnen geschafft hatten, kamen auch ein paar Dinge von drinnen nach draußen geflogen, und ein paar Großmäuler tauchten mit Barhockern bewaffnet an der Tür auf, aber das alles war natürlich viel zu wenig, viel zu spät. Denn schon waren aus der Ferne die ersten Sirenen zu hören. Aber jetzt wollten sie es noch einmal wissen. Also starteten wir einen letzten Angriff auf die Tür, um noch einmal deutlich zu unterstreichen, wer heute der Chef ist, und schon verschwanden sie wieder ins Innere. Bis auf einen allerdings; der hatte sich zu weit hinausgewagt und dabei augenscheinlich vergessen, dass sich seine Freunde schon seit Minuten wieder ins Innere zurückgeflüchtet hatten. Eine noch ungeöffnete Dose Bier flog ihm ins Gesicht und traf ihn mit solcher Energie, dass sie sich beim Aufprall öffnete und das Bier in alle Richtungen spritzte. Er ging zu Boden und wir nach Hause.

Job erledigt.

Auf dem Weg gab es noch das eine oder andere kleine Scharmützel, aber nichts, worüber man berichten müsste. Wir fanden uns dann irgendwann in unserer eigenen Schenke wieder, alle lachend und witzelnd, vor allem über die explodierende Bierdose - obwohl uns bei dem Gedanken daran ehrlicherweise schauderte. Wer auch immer dieser Typ war, ich hoffe, er hat das Leben eines Hooligans aufgegeben. Denn egal, wie mutig er selbst war, sollte er sich stets daran erinnern, dass die um ihn herum es nicht waren. Wer braucht solche Freunde?

Um meine geschätzten Brüder von City etwas aufzumuntern, will ich gern bestätigen, dass ich selbst mal gegen sie unter die Räder kam. Es war ein ziemlich von Getränken dominierter Tag im Jahre 2001, nach einem Derby am Old Trafford. Nichts war bis dahin passiert, obwohl wir mit einigen Leuten auf der Oxford Road unterwegs waren und im Universitätsviertel und dort kräftig einen zur Brust nahmen. Auf dem Weg nach Hause stolperten wir in etwa fünfzig City. Das Übliche geschah: Sie warfen Flaschen auf uns, wir gingen auf sie los. Der Kampf erstreckte sich dann über diverse Straßen, und wir waren ständig im Angriff, bis wir nach einiger Zeit die kleinen Straßen nahe des Kanals im Stadtzentrum erreichten.

Wieder ging es an einer Straßenecke los und verschob sich schon bald in eine Nebenstraße, wo ich mich mit zwei Kerlen haute. Ein dritter kam von hinten herangeflogen und landete einen schweren Treffer. Ich verlor ein wenig die Selbstbeherrschung. Der Angreifer von hinterrücks setzte seinen Lauf fort, und die anderen beiden nahmen jetzt ebenfalls die Beine in die Hand, denn in einem Anfall von Raserei ging ich auf sie los und verfolgte sie. Ohne nachzudenken verließ ich meine Freunde und begab mich auf einen Solo-Einsatz.

Ich schieße also aus dieser Seitenstraße ins Licht und erkenne schlagartig, dass ich alleine bin. City erkennt das auch sofort. Langsam kommen sie mir näher. Ich hatte die Wahl: laufen oder stehen bleiben. Schnell überlegte ich und entschied mich dann, zu bleiben - eher weil ich vom Bier müde war denn aus Mut. Und weil der Gedanke, ohne Kampf wegzulaufen und dennoch umgetreten und zerstiefelt zu werden, mir auch nicht zusagte. So stand ich also dort, mit einer Hand an die Mauer gelehnt und ziemlich außer Atem, als ihr Angriff auf mich begann.

Ich kassierte ein paar Treffer, aber nichts Nennenswertes. Zu viele von ihnen versuchten gleichzeitig, meinen Kopf zu treffen, und so stand man sich im Wege. Gegenseitig drückten sie sich in mich hinein, und ich rollte mich über den Boden ab, um sofort wieder auf die Beine zu springen. Es gelang mir sogar, einem meiner Gegner eine zu verpassen. Wieder schwärmten sie um mich herum, und wieder ging ich zu Boden. Jetzt war mir klar, dass mein Glück aufgebraucht war. Ich konnte mich wegrollen, ihnen entreißen und auf die Straße flüchten. Sie folgten mir nicht länger.

Da war ich nun also, allein an einer Straßenecke. Aus meiner Nase lief in einem steten Strom Blut auf meine Jacke. Ich fühlte mich ermattet. Ein schöner Anblick war ich sicherlich nicht, aber mir war durchaus klar, dass ich Glück gehabt hatte und dass es auch wesentlich übler hätte ausgehen können. Also ließ ich den Kopf nicht zu sehr hängen, und die Dinge standen ja auch schon wieder zum Besseren, jetzt, da ein Kleinbus der Polizei an mir vorbeikam.

Die Schiebetür der Beifahrerseite ist geöffnet, und ich sehe sie alle grinsen. Sie wissen, dass ich soeben abgefertigt worden bin.

„Alles in Ordnung, Herr O`Neill?“ ruft einer.

Natürlich, sie wollen mich verarschen, aber mich kriegen sie damit nicht.

„Manchmal hat man gute Tage, manchmal hat man schlechte“, rufe ich zurück. „Kein Problem, meine Herren. Bis später.“

Ich ging zurück in die Stadt, säuberte mich, so gut es ging, in der Toilette eines Pubs und kehrte dann bis drei Uhr früh wieder zu den Getränken zurück. Einige der Jungs zeigten sich nicht erfreut über meinen Anblick, als sie mich sahen. Ich brauchte eine Weile, ihnen die Idee auszureden, sich auf die Suche nach City zu machen; die Polizei kreuzte in der Stadt herum und die Gefahr einer Festnahme war groß, und außerdem war es egal, dass ich aufs Maul bekommen hatte. Ich war soweit okay, der Abend hatte Spaß gemacht, also vergesst es. „Darum geht es doch, oder?" fragte ich. „Um Spaß." Die Jungs waren unzufrieden. Es war das erste Mal nach langer, langer Zeit, dass einige von ihnen mich in solchem Zustand gesehen hatten, und einer oder zwei hatten mich noch nie so gesehen, aber, wie erwähnt, darum ging es doch im Grunde. Aber - verdammte Scheiße nochmal, als ich am nächsten Morgen auf dem Sofa erwachte, taten mir mein Schädel, mein Hintern und mein ganzer Rücken weh. Ich war fertig. Vor allem, als die Frau des Hauses mich sah. Alles, was ich von ihr zu hören bekam, war: „City hat dich fertiggemacht, du dummes, altes Arschloch? Kapierst du nicht, dass du zu alt bist für so was? Selbst die Kinder halten dich für einen Volltrottel!"

Damit bedurfte es nur eines kurzen Waschgangs und eines Klamottenwechsels, und schon war ich aus dem Haus und auf dem Weg in den Crown Pub nach Northenden, wo fröhlichere Gesichter auf mich warteten. Nach wenigen Stunden floss das Bier schon wieder in Strömen, und die Schmerzen und blauen Flecke waren vergessen. Die glücklichen Zeiten waren zurückgekehrt.

Ich vermisse die Maine Road, jetzt, da City in seinem neuen Stadion spielt. Dort hinzufahren war für uns immer ein Riesenspaß und etwas, dem wir wirklich nachtrauern, mit all den engen Seitenstraßen dort und dunklen Hinterhöfen. Es war immer super - aber nur, wenn man mit einem ordentlichen Mob aufmarschiert kam.

Zwischen 2000 und 2002 hatte der National Criminal Intelligence Service, die zentrale Behörde für die Aufklärung von Schwerverbrechen, genau Buch geführt über die Aktivitäten von Uniteds hartem Kern. Eine Auswahl ihrer Berichte verdeutlicht, wie aktiv die Gang war:

> 29. Januar 2000
> Manchester United v Middlesbrough
> Um 11.00 Uhr vormittags kam eine Gruppe von 50 Middlesbrough-Supportern in Manchester an. Sie begaben sich in eine Gaststätte im Stadtzentrum. Gegen 11.15 Uhr wurde diese dann von einer Gruppe von 150 Fans von Manchester United angegriffen. Es folgten Störungen der öffentlichen Ordnung in maßgeblichem Umfang, wobei die

Gaststätte erheblich beschädigt und diverse Teilnehmer der Auseinandersetzungen verletzt wurden. Keiner der Verletzten brachte jedoch gegenüber den Polizeibeamten den Sachverhalt zur Anzeige. Zusätzliche Kräfte kamen zum Tatort und zerstreuten die anwesenden Manchester-United-Fans.

1. Oktober 2000
Arsenal v Manchester United
150 als Hooligans bekannte Männer aus dem Umfeld von Manchester United reisten mit dem Zug nach London. Die Gruppe begab sich in der Folge zur Gegend um die Holloway Road, wobei ihre Zahl auf ungefähr 200 Personen anstieg. Vor dem Spiel blieb es dank starker Polizeikräfte vor Ort ruhig. Nach dem Spiel beobachteten die Einheiten zwei Gruppen, die sich entlang der Straße Drayton Park zur Holloway Road bewegten. Als die Gruppen erkannten, dass ihnen nur noch wenige Beamte folgten, griffen sie einander an. Schnell herangeführte Kräfte konnten dann per Schlagstockeinsatz Ordnung wiederherstellen. Die Gruppe von Manchester United wurde dann geschlossen zum Bahnhof Euston geleitet.
50 Teilnehmer stiegen allerdings schon Watford Junction wieder aus und sorgten im Verlaufe des weiteren Abends für erhebliche Unruhe in Watford, bevor sie von dort den letzten Zug nach Manchester nahmen. Im Laufe dieser Zugfahrt kam es zu weiteren Störungen, wobei Passagiere beschimpft und mit Feuerlöschern besprüht wurden. Zwei weibliche Fahrgäste wurden unsittlich belästigt.

14. Oktober 2000
Leicester City v Manchester United
Die größte Gruppe der reisenden Manchester-United-Fans machte Halt in Derby. Dort nahm man alkoholische Getränke zu sich. Erst gegen 14.30 Uhr erreichten sie Leicester. Obwohl eine Gruppe aus Leicester in der Nähe des Bahnhofs auf die Gruppe aus Manchester wartete, blieb es vor dem Spiel zunächst ruhig. Nach dem Spiel warteten die Leicester-Fans an

gleicher Stelle. Als Uniteds Fans zum Bahnhof zurückkehrten, stürmten die Leicester-Fans aus diversen Gaststätten hervor. In den folgenden Auseinandersetzungen wurden Flaschen, Steine und Münzen in Richtung der angerückten Polizeikräfte geworfen.
Ein Versuch der Leicester-Gruppe, den Hintereingang des Bahnhofs zu stürmen, wurde von den dort befindlichen Einheiten unterbunden. Nur die schnelle Reaktion der Einsatzkräfte verhinderte Schlimmeres.

21. Oktober 2000
Manchester United v Leeds United
Nach dieser Partie unternahm eine größere Gruppe Manchester-United-Supporter eine Fahrt nach Stockport. Diese Gruppe, deren Stärke auf etwa 100 Menschen geschätzt wurde, attackierte Polizeibeamte mit Gläsern und Flaschen, bevor sie zerstreut werden konnte. Fünf Verhaftungen wurden vorgenommen.

4. November 2000
Coventry City v Manchester United
Vor dem Spiel hatten sich ungefähr 50 Coventry-Fans in einer örtlichen Gaststätte eingefunden. Sechs United-Fans gelang es, dieses Lokal ebenfalls zu betreten. Es kam zu Auseinandersetzungen. Die Polizei erschien am Tatort und geleitete die sechs Anhänger aus der Gaststätte. Es kam zu weiteren Schlägereien, in deren Verlauf etwa 50 Coventry- und 80 Manchester-United-Fans mitwirkten. Die rivalisierenden Gruppen wurden von der Polizei getrennt.
Auch im Stadion kam es zu Unruhen, nachdem Manchester United das erste Tor geschossen hatte. Unmittelbar nach der Halbzeit lief ein Zuschauer auf das Spielfeld; die Partie musste unterbrochen werden, bis die Ordner den Mann aus dem Stadion entfernt hatten.
Nach dem Abpfiff wurden etwa 50 United-Fans zu einer Gaststätte eskortiert. Auch dort kam es zu Unruhen. Flaschen und Gläser wurden geworfen. Die Polizei setz-

te Schlagstöcke ein. Ein Beteiligter zog sich im Laufe der Auseinandersetzungen eine Beinverletzung zu. Der Anhang von Manchester United wurde in der Folge in Richtung des Stadtzentrums abgedrängt. Sie sammelten sich erneut an der Ringstraße und begaben sich in eine Gaststätte. Coventry-Fans bemühten sich ebenfalls, diese Gaststätte zu erreichen. Die Polizei sperrte daraufhin die Straße ab.
Gegen 18.00 Uhr wurden die Gästefans (nunmehr annähernd 120 Personen) zum Bahnhof geleitet, von wo aus sie die Stadt per Zug verließen. Es kam zu keinen weiteren Zwischenfällen.

17. Dezember 2000
Manchester United v Liverpool
Ein Bus voller Liverpool-Anhänger wurde von der Polizei angehalten und für eine intensive Durchsuchung zu einem abseitigen Gelände eskortiert. Eine große Anzahl Waffen wurde sichergestellt, darunter Packmesser, Eisenrohre, Sprühflaschen mit Salmiakgeist, Schlagringe und CS-Gas-Spray in Form und Größe von Kugelschreibern. Des Weiteren wurden diverse Drogen gefunden.
Nach dem Spiel stellte man fest, dass etwa 150 Sitze im Gästebereich zerstört worden waren.

30. Dezember 2000
Newcastle United v Manchester United
Geschätzte 150 polizeilich bekannte United-Fans waren zu diesem Spiel angereist. Eine Gruppe von weiteren 60 gesellte sich aus Richtung Hartlepool hinzu. Einheiten der Polizei West Yorkshires und Bahnbedienstete entfernten an den Haltepunkten Huddersfield und Castleford insgesamt 22 Fans wegen ungebührlichen Verhaltens und Verstoßes gegen die Beförderungsbestimmungen aus dem Zug.
Bis 23.15 Uhr waren die Manchester-Anhänger im Bahnnetz unterwegs. Um 19.25 Uhr betraten Mitglieder dieser Gruppe das Bahnrestaurant im Bahnhof York und stahlen alkoholische Getränke in nennenswertem Umfang.

13. Januar 2001
Bradford City v Manchester United
Polizeiliche Ermittlungserkenntnisse deuteten für dieses Spiel darauf hin, dass Manchester- und Leeds-Fans eine Schlägerei in Halifax verabredet hatten. Nachdem es tatsächlich in Halifax zu Auseinandersetzungen gekommen war, reisten die Anhänger von Manchester United mit dem Zug weiter nach Bradford. Da bereits im ganzen Verlauf der Saison Fans von Manchester United unter Ausnutzung großer Gruppenstärken Beförderungsleistungen erschlichen hatten, sperrte die Polizei in Bradford sämtliche betroffenen Bahnsteige ab, um genaue Fahrkartenkontrollen vorzunehmen. Auf diesem Wege wurden erfolgreich mehr als 1.000 Pfund Fahrgeld nacherhoben.
Nach dem Spiel hatten sich erneut Leeds-Fans eingefunden. Es war eindeutig, dass weitere Ausschreitungen geplant waren. Um diese zu unterbinden, wurden die Fans von Manchester United in einen Direktzug nach Manchester geführt, in welchem zudem sichergestellt wurde, dass ein Ausstieg unterwegs nicht möglich ist. Dieser Einsatz war ein vorzügliches Beispiel für die erfolgreiche Zusammenarbeit von Bahnpolizei und lokalen Polizeibehörden, die größere Ausschreitungen unterbinden konnte.
Während des Spiels allerdings trafen verfeindete Fangruppen innerhalb des Stadions aufeinander. Es kam zu mehreren Schlägereien. Zuschauer spuckten einander an und beschimpften sich. Die Polizei nahm mehrere Verhaftungen vor. Auch nach dem Schlusspfiff gelang es nicht vollständig, Schlägereien zu unterbinden. Ein Teil des Anhangs von Manchester United begab sich wieder in die Innenstadt. Auf dem Weg dorthin suchte man die Konfrontation mit nahezu jedem, der in die Nähe dieser Gruppe kam. Am Centenary Square kam es zu weiteren Auseinandersetzungen.

21. August 2001
Manchester United v Manchester City
Vor dem Spiel wurde eine Gruppe von 150 bis 200 City-Fans entdeckt, die sich in gehörigem Abstand (ca. 5 Kilometer)

vom Stadion in einer Gaststätte gesammelt hatte. Die Gruppe wurde mehrheitlich zum Stadion eskortiert, wo sie erst deutlich nach dem Anpfiff eintraf. Entsprechend kam es zu keinem Aufeinandertreffen mit Gruppen von United. Allerdings kam es auf dem Anmarschweg zu diversen Verstößen gegen die öffentliche Ordnung und entsprechenden Festnahmen. 30 Fans wurde der Zutritt zum Stadion verweigert, da sie keine Eintrittskarten vorweisen konnten. Sie kehrten zu ihrem ursprünglichen Treffpunkt zurück.
Nach dem Schlusspfiff wurden die City-Fans im Gästebereich zurückgehalten und somit die Gefahr von Schlägereien weitgehend gebannt. Im Laufe des Abends fanden sich die City-Anhänger in dem Pub wieder ein, der ihnen schon vor dem Treffpunkt als Sammelpunkt gedient hatte. Später erschien eine Gruppe United-Fans, und es kam zu Auseinandersetzungen, in deren Verlauf mehrere Festnahmen erfolgten. Beide Fangruppen setzten sich dann in Richtung Innenstadt in Bewegung. Auf dem Weg dorthin vereitelte die Polizei mehrere Angriffe aufeinander. City-Fans griffen in der Folge eine mit 40 United-Fans gefüllte Gaststätte an. Durch Wurfgeschosse aller Art wurden Fensterscheiben zerstört. Weitere Festnahmen folgten. Im weiteren Verlauf des Abends kam es zu Straßenschlachten und einhergehenden weiteren Verhaftungen.

29. Januar 2002
Bolton Wanderers v Manchester United
Vor dem Spiel kam es im Stadtzentrum von Bolton zu einer spannungsgeladenen Situation, als mehr als 40 United-Fans sich im Corks-Pub sammelten, während auf der gegenüberliegenden Straßenseite eine große Gruppe Bolton-Anhänger in der Yates Wine Lodge weilte. 60 Polizeibeamte in Einsatz-Komplettausstattung sperrten die Straße und verwendeten insgesamt acht Einsatzfahrzeuge als Absperrung, indem man sie entlang der Fahrbahnmarkierung in der Straßenmitte auffahren ließ. Zwei Fenster des „Corks" wurden eingeworfen, während beide Hooligan-Gruppen bemüht waren, aufein-

ander loszugehen. Ebenso folgten Flaschenwürfe in großem Umfang. 20 Beteiligte wurden festgenommen. Während des Spiel wurden weitere 20 Zuschauer aus dem Reebok-Stadion von Bolton entfernt.

30. März 2002
Leeds United v Manchester United
Verfeindete Gruppen von Fußballfans trafen nach dem Premiership-Spiel an der Elland Road aufeinander. Acht Männer wurden wegen diverser Vergehen, darunter Landfriedensbruch und Trunkenheit, festgenommen. Größeres Unheil konnte durch die anwesenden Polizeikräfte verhindert werden.

TONY: Bradfod City auswärts könnte als der vielleicht längste Kampftag in unsere Geschichte eingehen. Wir trafen uns gegen 11 Uhr morgens, um dann einen Zug nach Bradford zu nehmen. Alle Jungs waren da. Wing informierte uns, er hätte Nachricht von einem Schwarzhändler namens Fat Tony erhalten, wir mögen doch bitte in Rochdale aussteigen; Leeds würde dort Zwischenstopp machen. Fat Tony kannte einige Leeds-Fans, bemühte sich aber dennoch, diese Information nochmals auf Richtigkeit abzuklopfen. Die Leeds-Fans waren auf dem Weg zu ihrem Spiel gegen City an der Maine Road.

Wir bekamen unseren Zug und überzeugten uns vorher nochmals, dass er auch in Rochdale halten würde. Die Polizei jedenfalls scheint ahnungslos. Als wir in Rochdale aussteigen, ist kein einziger Uniformierter auf dem Bahnsteig.

Wir überprüfen jede einzelne Kneipe auf dem Weg vom Bahnhof ins Zentrum. Irgendwann ertönt von vorne der Ruf: Sie sind im Yates! Das Weindorf wird angegriffen, gleich von den ersten Leuten vorne an der Spitze unserer Gruppe. Leeds flüchtet in den hinteren Teil des Ladens, aber sofort fahren zwei Einsatzwannen der Polizei vor, und die Sache ist vorbei. Leeds aber hat sich eingeschissen, zwei Busladungen voll von ihnen. Es war eindeutig, dass sie nicht mit uns gerechnet hatten. Keine Ahnung, welcher Leeds-Mob das nun genau war, aber Fat Tony leitete uns akkurat zu ihrer Pausenstation.

Jetzt sind wir weiter auf unserem Weg nach Bradford. Spät kommen wir dort im Bahnhof an, und die Polizei scheint für heute entschlossen, das „Zeigt mal eure Eintrittskarten"-Spiel zu spielen. Die Folge: Chaotische Zustände. Nach einer geraumen Weile führt uns dann die Polizei zum Stadion. Unfassbar, aber wahr: Im Ground hatte man Uniteds Anhang in zwei verschiedenen Bereichen des Stadions untergebracht. Eine der dümmsten Ideen, die ich je beim Fußball erleben durfte. Wir begeben uns also in Richtung der anderen Seite, wo man für United eine Ecke reserviert hat, und als wir dort endlich ankommen, hat es schon diverse Male gerappelt. Die Herren in der blauen Uniform erscheinen heute ganz besonders planlos. Sie haben noch gar nicht erkannt, dass auf beiden Seiten, in unseren beiden Blöcken, großes Potenzial von uns aufmarschiert ist. Es wird herumgebölkt, die Beleidigungen gehen hierhin und dorthin, und die ersten Leute lehnen sich über die Zäune und teilen in die Nachbarblöcke aus. Einem unserer Cockneys wird es irgendwann zu bunt: Er erklimmt den Zaun, flankt hinüber und beginnt eine Hauerei im gegnerischen Block.

Dies ist natürlich Bradfords großer Tag. Alle ihre Leute sind da. Das Spiel nähert sich seinem Ende. Wir verlassen den Ground. Mit etwa 200 Mann schwenken wir scharf nach links, und dann erneut. Wir umrunden das Stadion. Es ist dunkel. Ein Mob kommt die Straße rauf, uns entgegen. Es ist Bradford, denken wir, und machen uns bereit. Aber es ist nur unsere andere Hälfte, aus dem zweiten Gästebereich. Gut, dass uns das aufgefallen ist, bevor wir aufeinander losgehen.

Doch dann kommen wir an eine Kreuzung, und diesmal ist es Bradford. Sie haben nicht den Hauch einer Chance. Während sie auf der anderen Seite der Kreuzung warten, kommen Hunderte aus der Dunkelheit auf sie zugestürmt, gekleidet in Schwarz. Immerhin blieb ein ganzer Teil von ihnen stehen, um sich an den Kopf treten zu lassen. Dafür gebührt ihnen natürlich Achtung und Dank: Sie stellten sich. Zwar blieben sie nicht zusammen, aber sie nahmen ihre Niederlage hin wie ein Mann, sozusagen.

Ich erreiche den ersten von ihnen, und mein Kopfstoß schickt ihn zu Boden, bewusstlos, noch ehe der Aufprall erfolgt. Erst Backpfeifen, dann Tritte überall, während Bradfords zweite Hälfte in den Nebenstraßen verschwindet. Jetzt fliegen aus allen Richtungen die Polizisten heran.

Kleine Haufen, bestehend aus zwanzig, dreißig unserer Leute, verfolgen den versprengten Gegner, der mühsam versucht, seine Leute wieder zu sammeln. Ständig kommen kleine Gruppen von ihnen erneut zum Vorschein und nehmen den Kampf auf. Eine gelungene, große Schlägerei. Einwandfrei.

Als man uns schließlich Richtung Bahnhof abdrängt, kommen wir auch mit der dritten Partei des Tages, den Cops, ins Gespräch. Einige von ihnen, eine berittene Staffel, hat man sogar ganz aus Blackpool herankommandiert.

Wir nehmen den Zug zurück nach Manchester. Als wir am Bahnhof Victoria aussteigen, ist der Shambles Square voller City. Da müssen wir hin! Wir hauen sie über den ganzen Platz. Etwa einhundert ihrer Leute sind dort, während wir hinter der Kathedrale entlangkommen und die Seitenstraßen nutzen, um sie dann in alle Winde zu zerstreuen. Irgendwann war es dann genug, und wir spazierten einfach davon, um den Abend in den Kneipen ausklingen zu lassen. Wir ließen uns richtig volllaufen, in dieser Nacht, die vielleicht unseren bis dahin längsten Kampftag beendete, alle mittlerweile völlig erschöpft und ermattet. Beinahe wie in den Siebzigern. Welch süße Erinnerung.

Bei der Tour nach Leicester mit dem Zug war unser Plan eigentlich nur, in die Stadt zu gehen und uns dort ein ruhiges Plätzchen zu suchen. Keine abgesprochenen Treffen, keine arrangierten Hauereien, nur ein ganz normaler Auswärtsausflug. Aber wenn ich es mir recht überlege: „Ganz normale Auswärtsausflüge" gibt es bei uns eigentlich gar nicht.

Als wir einliefen, versuchte die Polizei sofort, uns einzupferchen, was alle dazu veranlasst, hierhin und dorthin zu laufen und allgemein ihr Bestes zu geben, sich nicht einpferchen zu lassen. Nicht wenige von uns nehmen die Brücke am Ende des Bahnsteigs und verziehen sich über den großen Parkplatz vor dem Bahnhof. Von da aus kommt man direkt ins Zentrum. Wir finden auch gleich ein geeignetes Lokal, die Telefone werden rausgeholt, und nur zwanzig Minuten später ist der Mob beinahe wieder völlig komplett vor Ort. Leider ist das auch die Polizei. Und irgendwo draußen vor den Fenstern kreuzen ein paar von Leicester herum und lassen uns erkennen, dass wir erkannt worden sind.

Einige Stunden fließt das Bier in Strömen, dann schließt die Polizei kurzerhand den Laden und lässt draußen Aufstellung nehmen, um uns zum Ground zu führen. Die Ordnung muss gewahrt bleiben. Aber solch militärisches Getue erweckt nur das Interesse der Einheimischen, die aus den nahegelegenen Bars auf die Straße eilen und jenes Ritual beginnen, das überall im Land von den Mongos begangen wird, indem sie nun Beschimpfungen schreien wie: „Ich krieg dich, du Fotze!" oder „Du bist tot, Alter!" Dies wiederum erlaubt der Polizei, mitzuspielen, indem man die Stöcke zieht und manchen damit Hiebe verabreicht, weil die sich nicht ohne Kommentar zu diesen Beschimpfungen von der Stelle bewegen möchten. Wie schon das Sprichwort sagt: Wären die Bullen nicht da, wärest du tot. Gilt nur nicht für uns.

Der Weg zum Ground ist einer ohne jedes nennenswerte Ereignis. Am Ziel angekommen, hängen wir zunächst einmal dumm herum; es ist viertel nach zwei und somit viel zu früh, um schon ins Stadion zu gehen. Die Polizei verschwindet, sie wird wohl woanders benötigt. Wir erkennen, dass sich in unserer Nähe ein paar unbekannte Gesichter zeigen. Es wird deutlich, dass dies Leicesters wichtigster Tag der Saison zu sein scheint; sie riskieren vermehrt eine große Klappe und lassen ihre Sprüche ab, während sie an uns vorbeikommen. Damit ist jetzt Ende: Der Erste bekommt gleich eine Gerade an die Schläfe, peng, er geht zu Boden. Eine kurze Panik entsteht unter den Gastgebern, und einige weitere Fäuste fliegen in ihre Richtung. Und dort sehe ich Mister Arschloch persönlich: Bis eben hat er den Harten gegeben, wie er mit seinem Pferdeschwanz hier herumspazierte. Jetzt ist er der erste, der herumschreit und damit sicherstellt, dass die Cops ihn sehen und hören und schnell herbeieilen. Wie viele dieser Idioten habe ich im Laufe meines Lebens schon erlebt!

Doch die Aufregung lohnt sich nicht, denn nun ist die Polizei hier, und für das gesamte Spiel herrscht Ruhe. Obwohl wir weiterhin auf der Hut sein müssen, denn die ganze Partie hindurch spüren wir auch den Hass, den man uns hier entgegenbringt.

Mit dem Schlusspfiff holen wir unsere Leute zusammen, und statt in die Straße rauszutreten, wo uns die Polizei haben will, verschwinden wir um die Ecke; auf und davon.

Langsam schlendern wir los, alle unsere 200, schön unauffällig, vorbei an den Seitenstraßen zu unserer Linken und Rechten. Leicesters Normal-Fans wissen Bescheid und machen einen großen Bogen um unsere Gruppe. Die Polizei allerdings hat uns immer noch nicht lokalisiert. Wenn es dabei bleibt – das war allen klar – dann würde es in Kürze abgehen. Kleinere Gruppen, die uns entgegenkommen, bremsen ihren

Schritt, bleiben kurz stehen und wenden sich dann in die Richtung, aus der sie gerade gekommen sind. Kein Lärm, keine Schreierei, nicht einmal laute Gespräche unsererseits. Wir waren im Bilde, alles war gesagt: Runter diese Straße, bis zur Hauptstraße. Dort würden sie warten. Dort war ihre Stammkneipe, gleich hinter den Häusern. Viele von ihnen waren sicherlich schon während des Spiels dort geblieben. Wir nähern uns langsam, und jetzt sieht man sie, wie sie herumspringen, auf der gegenüberliegenden Straßenseite. Wir hielten uns zurück, gingen weiter unseren langsamen Schritt, weiter, so lange es ging, aber irgendwann wird dann die Anspannung und die Vorfreude zu groß, und aus dem Schritt wird ein plötzlicher Sprint die Straße hinunter. Jene an der Kreuzung erwischt es als erstes; sie werden weggemacht ohne großes Federlesen; der Mob überrollt sie und fächert auf die Straße aus. Da ist Leicesters Hauptmacht! Wir treiben sie zurück bis auf diese große, unbebaute, mit Gras überwucherte Fläche, und weiter noch in Richtung der Häuser. Alle unsere Leute prügeln um sich und treten wie verrückt. Leicester hält nicht stand. Zwar versuchen sie es, aber diese Gegenwehr ist zum Scheitern verurteilt. Die Polizei ist inzwischen eingetroffen, springt hier dazwischen und hält dort dagegen, und trennt auch tatsächlich kurzzeitig unsere Gruppe, so dass wir jetzt auf beiden Fußwegen weiter in Richtung Stadtmitte vorstoßen.

Mein einziges Problem zu diesem Zeitpunkt war dieser Inspektor gleich neben mir, der seinen Schlagstock gezogen hatte, damit herumfuchtelte und wohl der Meinung war, dass, sollte dieses Arbeitsgerät zum Einsatz kommen, ich es in jedem Fall sein müsste, der es verdient hätte. Etwa dreihundert lange Meter bekamen abwechselnd meine Arme, meine Beine und mein Rücken einen Stockhieb verpasst, sobald wir einen Schritt nach vorne machten. Irgendwann bat ich dann um eine Pause, denn der gute Mann wurde nicht müde, mich mit seinem Knüppel zu bearbeiten.

Nachdem wir einige weitere Kreuzungen gequert hatten, entspannte sich die Lage, und jeder zeigte sich zufrieden mit der Tagesleistung. Nur der Inspektor gab keine Ruhe; er kommandierte seine Leute herum und drohte jedem, der in Hörweite war, in den wüstesten Tönen. All die Aggression um ihn herum hatte ihn wohl etwas mitgenommen, und er konnte sich schlicht nicht wieder herunterfahren. Selbst als wir den Bahnhof erreichten, konnte er kaum an sich halten und versuchte immer noch, Leuten den Rücken einzufärben mit seinem Stock. Während wir unseren Bahnsteig betreten, kassiere ich einen erneuten Hieb auf die Schulter. Jetzt reicht es. Ich drehe mich um und erkläre ihm in angemessenen Worten, er möge jetzt besser aufhören damit; es gäbe überhaupt keinen Ärger mehr, und alles, was wir vorhätten, sei nun, unseren Zug zu besteigen. Er beruhigt sich daraufhin erstaunlich schnell und entschuldigt sich gar, erkennend, dass sich die Lage schon längst wieder normalisiert hat.

Wir betreten den Zug, und ich öffne das Fenster, um, aus dem Zug lehnend, in Ruhe eine Zigarette zu rauchen. Wir beginnen zu rollen. Der Inspektor steht auf dem Bahnsteig. Ich rufe ihm ein „Auf Wiedersehen!" zu und bedanke mich bei ihm für einen wundervollen Tag. Er lächelt mir zu und antwortet: „Bis nächstes Jahr, Tony!" Wir müssen beide lachen.

Einige „Ausfahrten", wie ich sie immer nenne, sind in meiner Erinnerung als mächtige Adrenalinstöße haften geblieben. Eine davon führte uns ebenfalls in die Midlands, nach Coventry. Diese Fahrt ist ein Beispiel dafür, was einem United-Fan passieren kann, wenn er nach einem Fußballspiel irgendwo im Lande meint, er könne dort noch gemütlich ein Bier trinken gehen. So, wie es zwanzig von uns dachten.

Nach dem Spiel begaben wir uns schnell wieder in Richtung Bahnhof und hielten allgemein Abstand zur Polizei, die sich der Hauptgruppe unserer Jungs zugewandt hatte und mit ihnen in die Stadt unterwegs waren. Wir hatten es uns dann in einer kleinen Bar bequem gemacht, kurz vor der Stelle, wo dieses Gebäude steht, was teilweise in den Raum über der Straße hineinragt. Der Laden war klein und keine weiteren Gäste da, also machten wir es uns gemütlich und riefen bei den anderen an, um sie zu ärgern: Denn die wurden gerade durch die Stadt getrieben von der Polizei, die es gar nicht abwarten konnte, dass United endlich wieder im Zug saß.

Etwa eine Stunde war vergangen, da fielen uns ein paar Typen auf, die langsam an der Bar vorübergingen. Dann kamen mehr. Es war völlig klar – die waren auf unserer Fährte und wollten uns Nachzügler. Coventrys Beste waren dabei, sich Frechheiten herauszunehmen, und sie meinten, mit uns hätten sie ihr Ziel gefunden.

Zwar war die Bar klein, doch ihr Fenster zur Straße war groß und breit; wir konnten also alles mitverfolgen, was sich draußen tat, und uns entsprechend vorbereiten. Langsam zogen wir unsere Jacken an. Keine

Panik, nur ein paar Schmetterlinge im Bauch; es schien, dass wir einer ziemlichen Übermacht entgegensahen. Dies würde ein Totalangriff auf uns werden, ein Job mit dem Rücken zur Wand, dachte ich mir.

Sie begannen, sich der Gebäudefront zu nähern, einige von ihnen blieben jedoch etwas zurück. Also bewege ich mich zum Ausgang und sage allen, sie sollen sich bereithalten: Wir gehen raus! Das ruft keine Begeisterungsstürme hervor; vielleicht war es nicht die weiseste Entscheidung, aber - was soll`s?! Würden wir unter die Räder kommen, könnten wir uns jederzeit wieder in die Bar zurückziehen.

Ich reiße die Tür auf. Krach! Der erste Gegner hat die Flasche gar nicht kommen sehen, die auf seinem Kopf zerplatzt. Sie scheinen völlig überrascht, dass wir aus dem Lokal stürmen. Zu unserer Linken versuchen ein paar, sich zu den weiter hinten stehenden Coventry-Grüppchen abzusetzen, aber sie sind zu langsam und werden schon bei diesem ersten Angriff umgehauen.

Jetzt geht es auf die zweite Gruppe los, die mit Hilfe einiger Stühle und Flaschen auf Distanz gehalten werden konnte. Wir springen zwischen ihre Reihen, und sie flüchten auf die Fahrbahn. Gleich zu Anfang habe ich einen am Kragen gepackt, und jetzt lasse ich ihn fliegen, aber, das muss gesagt werden, er gibt nicht auf und versucht, seine Kumpel heranzuholen. Doch hat er Pech, denn nun ist Bucket bei ihm und sorgt mit einigen Schwingern dafür, dass Funkstille herrscht.

Ohnehin haben seine Hilferufe nicht gefruchtet; seine Kumpel haben sich in alle Winde zerstreut, als er zu Boden ging, und laufen jetzt fort, da er verstummt.

Das Erheiternde an der Sache: Wir kehrten in den Pub zurück, befragten den Gastwirt, ob es ihm gut ginge, und legten ihm dar, dass der geplante Angriff auf seinen Laden nicht unsere Schuld gewesen sei. Noch deutlicher: Wären wir nicht rausgegangen, hätte man sein Etablissement in Schutt und Asche gelegt. Er zeigte sich einsichtig ob unserer Erklärungen und auf unserer Seite. Als die Polizei also eintrifft, ist alles lieblich. Keine Beschwerden, Inspektor. Wir trinken in Ruhe unser Bier aus und werden dann in die Stadt mitgenommen, wo wir all die anderen treffen, die man in einem Lokal nahe des Bahnhofs geparkt hat und die sich nun schwer enttäuscht zeigen, die Aktion verpasst zu haben.

Coventrys Jungs waren an diesem Tag eindeutig unterwegs, um

Schwachköpfe aufzutreiben, Nachzügler, Trikot- und Schalträger; etwas, was United häufig passiert. Wo dies auch passierte, war bei Sunderland, als sie das erste Mal ihren Wiederaufstieg in die Premier League schafften. Zu diesem Abendspiel waren wir mit einigen Bussen unterwegs. Pausen werden gemacht, einige Leute unterwegs getroffen, ein paar Bier getrunken; wir sind ein halbwegs vernünftiger Haufen – und endlich rollen die Busse nach Sunderland hinein, dort, wo die große eiserne Brücke ist. Wir halten, denn wir sind schon an einer ganzen Menge vernünftig aussehender Pubs vorbeigekommen. Wir sind gleich in der Nähe der Brücke. Alle steigen aus. Kaum bin ich aus dem ersten Bus ausgestiegen, da habe ich schon ein paar Sunderland-Jungs direkt vor meinem Gesicht. Sie waren wohl nicht ganz sicher, ob wir zum harten Kern oder zu den Schalträgern gehören. Worauf ich dem ersten eine Gerade verpasse und ihn zu Boden schicke, um mich dann seinem Kollegen zu widmen. Aber die Gruppe entschließt, sich vorerst zu verabschieden.

Die Polizei kam vorgefahren und stellte sich auf, aber acht von uns machten sich auf den Weg über die Brücke und wechselten auf die andere Seite. Dort ging es hinunter in eine Unterführung. Nun, vielleicht war ich ein wenig zu schlau gewesen, als es für mich gesund war: Denn hier sind noch mehr von den Sunderland-Jungs, junge Typen, etwa zehn oder fünfzehn, und sie springen herum und posieren. Langsam gehen wir auf sie zu. Sie weichen nicht zurück, also wollen sie es wissen. Doch als wir in Laufschritt verfallen, zerstreuen sie sich.

Keinesfalls aber bekommt mich jemand durch diese Unterführung. Vielmehr gehen wir oben über die Straße. Und es scheint zunehmend ungemütlich zu werden. Aus den Gaststätten entlang des Weges kommen überall junge Männer. Schnell lösen wir uns auf; zu zweit oder zu dritt, mit deutlichem Abstand zueinander, setzen wir unseren Weg fort. Und das war eine gute Idee. Keiner erkennt uns als Gästefans, und alle lassen sie unsere kleinen Grüppchen in Ruhe. So schaffen wir es bis zum Stadion. Aber keiner von uns hat Eintrittskarten.

Dennoch landen wir alle im Stadion. Als Sunderland sich vor dem Gästebereich zeigt, lässt die Polizei die Busse direkt vor die Tore fahren, und alle werden reingeführt.

Nach dem Spiel gibt es die üblichen Schreiereien und Beschimpfungen im Dunkel, ein paar kleinere Schubsereien, aber das war es dann auch schon. Dennoch ist die Gegend dort verrückt, irgendwie ähnlich dem, was in den Siebzigern so vor sich ging, mit Leuten, die durch die Nacht hetzen und einer Polizei, die vorgibt, alles unter Kontrolle zu haben, aber nicht wirklich im Bilde ist.

Als wir das nächste Mal bei ihnen spielen, ist aus Manchester kein Mob unterwegs. Für dieses Abendspiel komme ich mit ein paar Freunden in einem Siebensitzer. Wenige Minuten vom Ground entfernt parken wir das Auto, essen und trinken noch schnell etwas und nehmen dann den Shuttle-Bus, der kostenlos von dem großen Park-and-Ride-Parkplatz fährt. Zusammen mit den Sunderland-Fans standen wir in der Schlange und warteten auf den Bus; absolut kein Problem also. Und genauso entspannt ging es dann vor dem Stadion zu. Wir machen uns gleich auf den Weg rüber zum Gästeblock, ab und zu kommt mal ein Spruch von den Einheimischen, aber insgesamt ist es völlig ruhig.

Nach dem Spiel verlassen wir das Stadion. Wir spazieren nicht als Gruppe herum, denn jeder ist im Bilde, wie wir zurück zu unserem Auto kommen, doch, verdammt nochmal, es bricht über uns herein! Was beispielhaft ist für den Hass, den man United entgegenbringt. Nur ein halbes Dutzend United-Fans, und trotzdem muss ich jetzt schnell meinen Rücken an die Wand bringen, um nur in eine Richtung prügeln zu müssen: Riesiges Geschrei – Sunderland geht auf unsere sechs Leute los. Keine Chance für uns, irgendwohin auszuweichen. Die Fluchtwege nach rechts und links sind voller Menschen. Wir können nur hier, an der Mauer, stehen bleiben und abwehren, was da kommt. Sie kommen näher, machen drohende Gesten und versuchen, in Schlagweite zu gelangen.

Einer kommt ganz nahe, ein Typ mit Baseballkappe. Seine Jacke ist hochgeschlossen, sein Kragen hochgeklappt, all dieser Schwachsinn. Ich warte darauf, dass die Polizei, die mittlerweile eingetroffen ist, ihre Aufmerksamkeit auf andere Gegner richtet, um einen schnellen Schlag anzubringen. Eigentlich hatte ich nicht vor, heute jemanden umzuhauen, aber hier lässt man mir ja keine Wahl. Peng! Eine kurze Gerade schlägt in sein Gesicht ein. Mist! Er ist ein United-Fan; ich habe ihn nur nicht erkannt! Nachdem ich ihn getroffen habe, verschwindet er ohne ein Wort, der Lärm um uns herum jedoch wird noch lauter. Jetzt wollen sie uns alle umbringen.

Zwanzig Minuten verharrten wir an dieser Stelle. Wir kamen einfach nicht weg. Die Polizei forderte uns auf, in einen ihrer Busse einzusteigen, aber wir machten Ausflüchte. Zwar hatte manch einer nicht wenig Lust, unser Problem auf diese Weise zu lösen, aber mein Freund erklärte schlicht: „Nein. Wir steigen nicht bei den Cops ein. Das wäre einfach... nicht richtig!" Also lehnten wir ab: Wir würden es zum Park-and-Ride-Parkplatz versuchen, sobald die Lage sich beruhigt hätte. Schließlich entspannte sich die Situation tatsächlich ein wenig. Dennoch aber hingen einige Sunderland herum und beobachteten uns weiterhin höchst aufmerksam. Waren zuerst noch ein paar Polizisten in unserer Nähe, lassen sie uns jetzt allein. Es ist immerhin schon eine halbe Stunde nach Spielschluss, und wir stehen immer noch an dieser Mauer herum. Endlich geben wir uns einen Ruck und setzen uns in Bewegung. Wie zu erwarten war, folgen uns einige in Richtung des Parkplatzes.

Ein breiter Schrank von einem Kerl torkelt uns in den Weg. Er ist völlig besoffen, aber immerhin nicht so voll, um nicht noch ein „Ihr München-Fotzen!" hervorzubringen. Schnell umgehen wir ein geparktes Fahrzeug, um ihm den Weg abzuschneiden. Dann kassiert er ein paar kräftige Hiebe und Tritte, bevor wir ihn davonkriechen lassen. Unsere Verfolger haben das natürlich mitbekommen. In einigem Abstand kommen sie uns hinterher.

Wir erreichen die Haltestelle für den Bus zurück zum Parkplatz. Diese trickreichen, kleinen Arschlöcher haben inzwischen einige Freunde herantelefoniert. Wieder beginnen sie uns zu beschimpfen, und sie versuchen, die anderen Sunderland-Fans an der Haltestelle anzuheizen, damit die ebenfalls bereit sind, auf uns loszugehen. Aber das klappt nicht. Noch nicht. „Wir müssen uns hier verpissen, bevor sie alle überredet haben, uns anzugreifen!" sage ich. Wir verlassen die Haltestelle, doch es ist zu spät: Jetzt geht das Gegröle los, und einige aus der Schlange machen mit bei der Hatz auf uns sechs.

Dies sind die typischen Fußball-Hooligans des englischen Nordostens. Gesindel. Und dies ist eine Situation, in der sich unsere Trikot tragenden Normal-Fans oft wiederfinden, wenn sie auswärts mit United unterwegs sind: Man geht zurück zu dem Parkplatz, auf dem man sein Auto abgestellt hat, nichts Böses ahnend, und plötzlich hat sich ein Rudel Ratten an die eigenen Fersen gehängt.

Wir müssen jetzt sogar eine Zufahrtstraße hinauf, um zu Fuß zum Parkplatz zu kommen, aber die Mongos von der Haltestelle denken, wir laufen vor ihnen davon. Also fassen sie Mut und kommen uns hinterher.

Schnell sammeln wir ein paar als Wurfgeschosse brauchbare Steine vom Straßenrand, was sie anhalten lässt, ihre Pöbeleien gegen uns allerdings nicht unterbricht.

In der Nähe ist ein Pub. Deswegen können wir hier nicht einfach stehen bleiben und die Sache mit unseren Verfolgern austragen - wenn wir uns nicht schnell von dieser Straße verpissen, wird die Tür von dem Laden aufgehen und jede Menge weitere Sunderland-Honks produzieren. Und dann sind wir am Arsch. Also weiter. Und diesmal folgen sie uns nicht. Den ganzen Weg zurück zum Parkplatz müssen wir an der Schnellstraße entlanggehen. Man kann seinem Team einfach nicht in Ruhe hinterherreisen. Immer musst du damit rechnen, dass sich der Heimanhang Frechheiten herausnimmt.

In der Bar, in der wir vor dem Spiel gegessen und getrunken hatten, finden wir uns dann am Ende wieder. Ein Freund erinnert sich, dass er Verwandte in Newcastle hat, die dort einen Club leiten. Schnell werden ein paar Telefonate geführt, und wir sind auf dem Weg zu diesem Laden. Als wir reinkommen, immer noch die gleichen sechs Leute vom Sunderland-Spiel, hat man uns schon ein eigenes Separee reserviert. Der Abend endet in einem Totalsuff für uns alle. Gegen halb neun am nächsten Morgen tauche ich völlig zerknittert in meinem Büro auf, worauf meine Frau richtig durchdreht. Ich berichtete von dichtem Nebel auf der ganzen Rückfahrt, der unseren Nachhauseweg leider extrem verzögerte. Das kam allerdings nicht sonderlich gut an. Wieder mal zwei Tage ohne warmes Essen, also.

Ein United-Fan kommt nach dem Spiel aus dem Ground von Spurs, ganz allein geht er, unterwegs nach Hause, da kommt ein Spurs-Fan, schlägt ihm ins Gesicht und läuft davon. Und der United-Fan wacht im Krankenhaus auf mit gebrochenem Kiefer.

Ein anderer United-Fan, ein ganz junger Typ, wird vor dem Upton Park angestochen.

Ein United-Fan, ein ganz normaler Fußballanhänger, wird bei Middlesbrough auf dem Weg zurück zu seinem Auto vom einem riesigen Boro-Mann mit Baseballkappe bewusstlos geschlagen.

Welche Art von Vergnügen bereitet denen so etwas? Ich verstehe es nicht. Aber das ist der Hass, den sie alle gegenüber United empfinden. Oder was geht in den Köpfen dieser Volldussel vor?

13

Supermob

Mittlerweile bezogen sich nicht wenige Hooligans in England auf Uniteds Gang als „den Supermob". Teilweise verwies dies auf die Erfolge, die der United-Haufen bei Auftritten auf gegnerischem Territorium erzielen konnte, teilweise auch auf die Beziehungen zur kriminellen Unterwelt, auf die „Gangster-Verbindungen" Uniteds, und letztlich auf die Tatsache, dass Uniteds Reihen durch Mobs anderer Vereine verstärkt wurden. Insbesondere von einer recht schlagkräftigen Crew aus Edinburgh: Hibernian.

TONY: Wir hatten einen dabei, Spence, der ein bekanntes Gesicht bei Oldham war. Irgendwann begann er dann, sich für United zu interessieren, und kam zu den Spielen. Er war ein typischer Vertreter jener Leute, die ich den „neuen Schlag Fußballfans" nenne: Überall dabei, jeden kennend, immer das Handy in der Hand, mit England im Ausland unterwegs und häufig Leute von anderen Vereinen besuchend. Ein anderer unserer Jungs, der ähnlich tickte, brachte Spence mal mit. Und weil Spence jede Menge Leute bei den Hibs kannte, kamen schließlich auch mal ein halbes Dutzend Hibernians zu United. Diese Typen waren okay; griffige Jungs, einwandfrei. Die Leute begannen, uns den Supermob zu nennen, aber es waren nur diese Handvoll Schotten, die sich zu uns gesellten, anders als bei den Chelseas dieser Welt, wo jede Menge Mitläufer im Anhang die Reihen füllen. Die Beziehung zu Hibs wurde sogar so eng, dass sie später ihre Kinder zu den Spielen mitbrachten.

In den Achtzigern gewannen wir unsere Duelle, manche aber verloren wir auch. In den Neunzigern hingegen waren es die Men In Black, die in der Liga sagten, was Anmache ist. Die letzte wirklich heftige Prügelei hatten wir in Leeds, im März 2001, als die MIB nach dem Spiel völlig durchdrehten und in der Holbeck-Siedlung von Leeds die Yorkies kreuz und quer prügelten. Das war das letzte Mal, dass wir alle mal zulangen durften.

Die Polizei hatte den ganzen Bahnhof abgesperrt, als United einlief, und man verfrachtete uns gleich in Busse und kutschierte uns zum Stadion. Wie ich schon in meinem ersten Buch, *Red Army General*, ausführte: Die Polizei von Leeds ist absolut unfähig. Dieser Tag sollte keinen Gegenbeweis bringen. Denn: Wenn man in einem Stadion als Gästefan nach dem Schlusspfiff für zwanzig Minuten festgehalten wird, dann sollte man doch damit rechnen, dass die Busse, die dich zum Stadion gebracht haben, dort nach dem Spiel auch wieder warten.

Nun, du hast richtig geschätzt: Natürlich waren keine Busse da. Dafür aber, ein Stückchen weiter die Straße entlang, Leeds, mit großer Fresse. Die Polizei steht wortlos herum. Also machen wir uns zu Fuß auf den Weg zum Bahnhof. Die Polizei weiß nicht recht, was sie nun tun soll, und verliert schnell den Überblick. Nach einigen Scharmützeln überwinden wir den Kreisverkehr, versuchend, uns einen eigenen Weg zurück in die Stadtmitte zu suchen. Was uns nebenbei auch die Möglichkeit eröffnet, uns Leeds zu stellen, falls sie Lust haben.

Irgendwie geraten wir auf dem Weg in eine Sackgasse: Wir stehen vor einem hohen Zaun. Aber schnell ist ein Durchschlupf gefunden, und unsere Leute stellen sich ordentlich in einer Reihe auf und warten, bis es an ihnen ist, durch das Loch im Zaun auf die dahinterliegende Wiese zu klettern. Und auf der anderen Seite dieser Wiese ist die Holbeck-Siedlung.

Lärm ist zu hören, Schreie. Man kann nichts erkennen, aber jede Menge hören. Wir eilen die rutschige Böschung hinunter, und jetzt sehen wir klarer: Die Jungs in den vorderen Reihen prügeln sich. Leeds versucht, heranzukommen, aber unsere Leute halten ihre Stellung.

Bevor man weiter berichtet, sollte vielleicht erwähnt werden, dass später einige Hausdurchsuchungen und Verhaftungen aus den Ereignissen dieses Abends folgten. Für viele unserer Leute erwies es sich in diesem Zusammenhang als glücklich, dass die Polizei vor Ort so ausgesprochen langsam reagierte. Denn eigentlich war dies die Ursache dafür, dass der Leeds-Mob uns auf dem Weg zurück zum Bahnhof überhaupt angreifen konnte. Wir hatten durchaus mitbekommen, dass Hunderte von ihnen die Brücke über der Autobahn überquert hatten, und dass man auf unserer Fährte war. Nun kamen sie durch eine der kleinen Straßen und griffen unsere Vorhut an, die zahlenmäßig deutlich unterlegen war.

JB: Nach dem Spiel war die Polizei zwar überall und zeigte sich engagiert, aber die Busse, in die man uns eigentlich wieder verfrachten wollte, waren fort. Allgemeine Verwirrung. Also verdrückten wir uns um die Ecke, und weg waren wir, runter die Hauptstraße entlang. Einer der wichtigeren Cockney Reds kennt sich aus. „Kommt hier entlang!" sagt er, und zeigt auf eine Lücke, ein Loch im Zaun. Alle ducken sich durch diese Öffnung und rutschen die Böschung hinab, der ganze Mob. Es ist ein bisschen feucht und schlammig, und meine größte Besorgnis ist eigentlich nur, mich nicht von oben bis unten mit der Scheiße einzusauen.

Zu dritt kommen wir zwischen den Wohnhäusern heraus. Zehn, fünfzehn Jungs stehen dort an einer Ecke. Als sie uns sehen, hören wir: „München ist hier!" Sofort beschäftigen wir sie. Hinter mir kommen weitere unserer Leute den Abhang runter, und es geht in großem Umfang zur Sache. Leeds kommt mit Holzlatten und verteilt Hiebe. Von einer Brücke aus filmt ein Polizist die Szene mit einer Videokamera, und über uns kreist ein Hubschrauber, aber dennoch gesellen sich mehr und mehr hinzu, und wir schlagen uns wie verrückt und treiben sie langsam zurück in Richtung dieses schmalen Durchgangs neben den Häusern. Zwischendurch sehe ich eine alte Dame, die aus ihrem Haus gekommen ist und uns jetzt ausschimpft: „Was habt ihr in meinem Vorgarten zu suchen?"

Auch in unserem Rücken ist irgendetwas los; aber die nächste United-Gang ist zur Stelle und sichert uns nach hinten ab. Immer wieder bekommen wir Schläge mit Zaunpfählen ab. Ich sammle einen dieser Pfähle vom Boden auf - und lasse ihn dann wieder fallen, als mir einfällt, dass direkt über mir der Helikopter kreist. Eine richtige Entscheidung: Die Einzigen, die im Nachgang zu dieser Hauerei eine Anzeige erhielten, waren jene, die man mit Waffen in der Hand filmte.

TONY: Leeds bekam United einfach nicht vom Fleck, und die ganze Zeit kamen unsere Nachzügler, unser Rest, über die Wiese, alle in

Schwarz gekleidet. Überall hauten sich die Leute, in den Vorgärten, mit Stühlen, Mülltonnen, Holzlatten, und sogar ein Staubsauger kam geflogen. Es dauerte keine Minute, da war Leeds die Straße hochgetreten und verschwand. Einer ihrer Leute aber steht da und macht keine Anstalten, zu flüchten. Er kriegt ein volles Pfund, eine Gerade, und bewusstlos geht er zu Boden, während die Nachsetzenden auf ihm herumtrampeln. Mit siebzig Leuten bleiben wir dran, ihnen hinterher. Leeds kommt zurück, und der Typ ist mittlerweile wieder auf den Beinen, aber völlig orientierungslos. Er weiß eindeutig nicht, wo er ist. Als Leeds zum zweiten Mal die Flucht antritt, wird er wieder von den Beinen geholt.

Es dauerte nur wenige Minuten – wir hatten uns gerade wieder halbwegs gesammelt – da kommt Leeds erneut, und zwar sowohl aus einer Seitenstraße als auch, zeitgleich, hinter einem kleinen Pub am anderen Ende der Straße hervor. Wir teilten uns; ein Mob flog in die Leeds hinein, die sofort wieder in ihre Seitenstraße verschwanden, und nur die Polizei, die jetzt auf Pferden herangaloppiert kam, verhinderte, dass dieser Teil des Leeds-Mobs komplett kaputtgemacht wurde.

Nun fanden sich beide Gruppen wieder zusammen, und weiter ging der Marsch in die Stadt. Leeds war erledigt und quer durch die Holbeck-Siedlung gekickt worden, daran gab es nichts zu deuteln. Wir waren begeistert; denn dies war etwas, was im Grunde erst durch die Passivität der Polizei möglich gewesen war. Und dass die Ordnungshüter später behaupten würden, die ganze Sache sei von langer Hand geplant gewesen, war doch klar. Das mussten sie ja sagen. Wie hätten sie sonst dagestanden.

Wir fühlten uns wie in den alten Tagen, und unsere jüngeren Freunde konnten kaum glauben, was sie gerade erlebt hatten. Jetzt wussten auch sie, wie es damals war, als die Red Army noch Amok lief. Einziger Unterschied: Heute filmt die Polizei aus sicherer Entfernung, und die Gefängnisstrafe folgt dann später. Aber man möge jeden fragen, der an diesem Abend in der Siedlung dabei war: Dafür hat es sich gelohnt, in den Knast zu gehen; der Kick war einfach unglaublich. Später in der Nacht gingen die Telefonate nach Leeds und zurück hin und her. Sie waren mächtig angepisst. Sie hatten irgendwann im Laufe des Abends dann sogar untereinander Streit. Doch wie ich schon sagte: Was erwartet man?

Fußball-Krawalle: Polizei inhaftiert Verdächtige
Yorkshire Post, 14. Juni 2001
Fußballhooligans sind aktueller Ermittlungsgegenstand der Polizei von West Yorkshire, die gestern morgen landesweit Hausdurchsuchungen durchführte und als Rädelsführer Verdächtigte festnahm.
Die Beamten suchten insbesondere Fußballfans auf, denen vorgeworfen wird, sie hätten an gewalttätigen Auseinandersetzungen im Rahmen des Treffens von Leeds United und Manchester United im März dieses Jahres teilgenommen.
Festnahmen erfolgten im südlichen Yorkshire, in Manchester sowie im nördlichen Wales. Die Operation war Teil der groß angelegten „Target Initiative" der Polizei.
Schon um sieben Uhr morgens setzten sich Beamte aus Holbeck in Bewegung und verhafteten im Laufe des Tages neun Personen, von denen acht bereits in den Abendstunden eine Anklage vorliegen hatten.
Nach dem Spiel im März, dessen Anpfiff bereits auf 11.30 Uhr am Vormittag verlegt worden war, war es zu Ausschreitungen entlang der Tilbury View in Holbeck und angrenzenden Straßen gekommen. Dabei gingen etwa je fünfzig Fans beider Vereine aufeinander los. Einige von ihnen waren bewaffnet mit Latten, andere warfen mit Knüppeln und Steinen.
Vierzehn Beteiligte wurden schon vor Ort verhaftet, entsprechende Anklagen wurden erhoben.
Ein Stab wurde ins Leben gerufen, der bei der Identifizierung weiterer Beteiligter helfen soll. Dabei sichteten die Beamten mehrere Stunden Filmmaterial, das unter anderem durch den eingesetzten Hubschrauber aufgenommen worden war. Die hieraus gewonnenen Erkenntnisse führten zu den gestrigen Hausdurchsuchungen.

TONY: Drei Wochen nach Holbeck spielte England am Anfield gegen Finnland. Länderspiele sind nicht mein Ding, aber viele Leute sagten, sie würden hinfahren, und irgendwann sagte ich dann: OK, ich fahre mit. Mit zweihundertfünfzig Leuten treffen wir uns am Picadilly. Unser Haufen ist beinahe komplett angetreten. Wir rollen in Lime Street ein, steigen aus - und die Polizei ist da. Um wen machen sie sich Sorgen? Natürlich um Man United. Ich stehle mich davon, um mal einen kurzen Blick zu werfen, und die gesamte Innenstadt ist voller bekannter Gesichter. Die Polizei führt United aus dem Stadtzentrum heraus. Ich gehe hinterher. Es geht Richtung Stadion. Als wir dort ankommen, ist es gerade mal elf Uhr.

Aber wir kennen uns aus. Wir sammeln uns am Everton Valley in zwei Kneipen. Hier gesellen sich weitere unserer Leute hinzu, so dass wir schließlich 350 Leute in den zwei Pubs haben.

Der Tag sollte sich typisch gestalten, typisch für all den England-Hooligan-Scheiß, der bei Spielen wie diesen in neuerer Zeit so abgeht. Ein jeder hasst Man United, und andauernd hört man, was sie mit uns machen, was sie mit uns tun werden. An diesem Tage waren Gangs aus dem ganzen Land in Liverpool, und alles, was sie taten, war, zusammen in der Innenstadt einen zu trinken oder sich aus dem Weg zu gehen. Jede Menge Telefonate gab es, hin und her, und die Leute wussten alle ganz genau, wo wir waren. Bis halb drei nachmittags hielten wir aus. Niemand kam vorbei.

Wenn man bei einem Länderspiel in die Liverpooler City geht, ist dort alles voll mit Polizei. Warum also gehen die Leute dort hin? Wir taten es jedenfalls nicht. Um halb drei waren wir auf dem Weg zum Ground. Auf den Straßen hielten die Leute an, um uns hinterher zu starren. Alle wussten, wer wir sind.

Nur die Hälfte hatte überhaupt Eintrittskarten; einen großen Block Sitzplätze auf dem hinteren Teil der Haupttribüne, einen weiteren großen auf dem Kop und einen dritten für das Anfield Road End. Nirgendwo sagte irgendjemand irgendetwas zu uns. Ein paar Backpfeifen flogen, als einige Leute zu sehr starrten, und von einigen Angetrunkenen wurden wir belehrt: „Ihr müsst heute England unterstützen!" Denn von der Haupttribüne ließen wir „United!" hören. Um ehrlich zu sein: Es war so stinklangweilig, da rumzusitzen und Spieler von anderen Vereinen anzuschauen, dass ich nicht die geringste Motivation verspürte, irgendeine Anfeuerung von mir zu geben. Und überhaupt, wer zu solchen Spielen geht, ist ohnehin ein Feind von United. Oft hört man bei Länderspielen:

„Steht auf, wenn ihr United hasst!“ Aber an diesem Tag kam uns niemand nahe, nicht einmal die Scouser.

Zur Halbzeit verließen wir das Stadion. Wir hatten keine Lust mehr; es war einfach zu schlecht. Zurück also in die Kneipen, in denen wir schon vor dem Spiel gesoffen hatten.

Eigentlich hatten wir ein Chaos erwartet. Das Spiel endete, und wir warteten weitere zwanzig Minuten in unseren Pubs. Dann waren wir mit dem Rest der abmarschierenden Zuschauer auf dem Weg. Die Polizei versorgte uns mit der größten Eskorte, die ich je gehabt habe: An der Scotty Road sammelten sie uns zusammen, und dann ging es den ganzen Weg entlang bis zu unserem Bahnsteig im Bahnhof Lime Street. Wer hätte das gedacht: Eine Polizeibegleitung, wo man doch ein England-Fan ist und zu Hause gespielt hat.

In diesen Sekunden wurde mir plötzlich klar, dass wir uns dem Ende näherten, dass alles sich dem Ende zu nähern begann. Mir wurde klar: Es ist scheiße hier! All diese selbst ernannten „Top-Jungs“ und „guten Leute“ von diesen angeblich so harten Mobs – und der einzige Kampf, von dem ich erfuhr, war ein Angriff von Stockport oder Oldham, die nach dem Spiel zurück in Richtung Everton-Stadion gegangen waren, um dort eine Kneipe von Everton auseinanderzunehmen.

Dieses Länderspiel öffnete mir die Augen.

JB: Normalerweise sind England-Länderspiele bei uns nicht angesagt, aber weil dieses hier am Anfield ausgetragen werden sollte, sagten wir, okay, wir fahren. Wir hatten uns abgesprochen und uns an verschiedenen Punkten innerhalb Manchesters getroffen, um dann den Zug von Oxford Street aus zu nehmen. Gut 250 Leute waren wir wohl. Das war die Zeit, wo wirklich jeder von uns in schwarzen Klamotten herumlief, und als wir aus dem Bahnhof Lime Street heraustraten, an dem Ausgang, wo auch die Taxistände sind, da wimmelte es dort von Polizei und jeder Menge kleiner Mobs aus ganz England. Und alle blieben sie stehen und schauten zu uns herüber, inklusive der Polizei, wie wir aus dem Bahnhof kamen. Anstatt in die Innenstadt zu marschieren, machten wir uns direkt auf zum Stadion. Keiner grüßte uns, keiner sprach uns an, aber jeder wusste sofort, wer wir waren. Und die Polizei schloss sich uns sofort an und blieb den ganzen Weg bei uns.

Als wir auf die Hauptstraße kommen, schon nahe Anfield, kommen die ersten Gesänge von uns: „England, was ist das?" Vereinzelte Watschen werden nach rechts und links verteilt. Laute Rufe: „United!" Es gelang uns nicht, auch nur einen einzigen anderen Mob anzustacheln, einen Angriff auf uns zu versuchen. Alle machten einen weiten Bogen. Jede Menge Vereine waren vertreten, aber keiner hatte Lust. Die Scouser allerdings waren, höchst verdächtig, überhaupt nicht zu sehen. Andererseits: Soweit ich weiß, fährt Liverpool überhaupt nicht zur Nationalelf.

Einige Male drehen wir Runden ums Stadion, und letztlich gehen einige von uns rein, andere zurück in die Kneipe. Und nach dem Spiel hätte man auch glauben können, es sei ein United-Auswärtsspiel bei Liverpool gewesen, so viel Polizei hatte Aufstellung bezogen.

TONY: Unmittelbar nach dem Finnland-Länderspiel hatten wir Liverpool am Anfield, und dort wurde mir nochmals nachdrücklich bestätigt, dass die ganze Sache vorbei war. Woche für Woche bekam ich Druck von der Polizei, wenn ich auswärts fuhr, und jedes Mal nahm ich das in Kauf. Es war einfach Bestandteil der Fußballfahrerei. Aber bei diesem Spiel wurde es für mich richtig heftig, schlimmer als alles, was ich zuvor so erlebt hatte. 250 unserer Leute waren in der Vorwoche in Liverpool. Jetzt waren wir mit dreißig Mann unterwegs. Da sind wir, unterwegs, auch ein paar Normalos dabei, unser Zug fährt gerade durch Edge Hill, dem letzten Halt vor Lime Street, und da sehen wir die Scouser auf dem Bahnsteig, schwer am Telefonieren und ihren Kumpels mitteilend, dass wir im Zug sind. Als wir jedoch Lime Street einlaufen, sind es nicht die Liverpooler - es ist die Polizei, die mich packt, mich aus dem Bahnhof führt, in eine Ecke schiebt und mir reinen Wein einschenkt: „Du glaubst also, du tauchst heute hier auf, so wie letzte Woche, und benimmst dich wie ein kleiner König?!" Im Takt der Worte setzt es kurze Schläge an meinen Kopf. „Aber wir treten dir deinen hässlichen Kopf ein, sobald wir dich laufen sehen oder etwas sagen hören, sobald du Anweisungen erteilst oder irgendwie große Worte führst - wir hauen dir den Rücken krumm!"

Ich schaute den beiden ins Gesicht, die mich da an die Wand gestellt und nun am Hals gepackt hatten. Sie hatten Spucke in ihren Mundwinkeln. Mir war sofort klar: Angesichts des Rufes, den die Liverpooler Polizei hatte, besonders im Umgang mit uns, hatten sich für mich weitere Touren nach Liverpool erledigt.

Sie ließen mich zu den anderen zurückkehren und führten danach unsere Gruppe hinaus, meine zwei Aufpasser jedoch sprachen derweil mit ihren Kollegen und zeigten immer wieder in meine Richtung: „Das da ist die Fotze!" schienen sie zu sagen.

Um ehrlich zu sein: Als wir das Stadion erreichten, wäre ich am liebsten wieder umgedreht und den Weg zurückgegangen, aber das hätten sie sofort zum Anlass genommen, auf mir herumzuprügeln. Die Polizei war noch nie so heftig mit uns umgegangen; und das, obwohl unser Mob so klein war. *Die Leute haben bessere Dinge zu tun*, dachte ich. *Die Jungs haben einfach keinen Bock mehr auf diese Spielchen. Was mache ich hier?* Und natürlich hatte unser krimineller Teil andere Sachen auf seinem Zettel als das heutige Spiel.

Vor dem Gästebereich spazierten wir ein wenig hin und her. Irgendwann nutzte ich einen kurzen, unbewachten Augenblick und verschwand durch eine kleine Seitengasse in den Stanley Park. Dort, auf der anderen Seite des Parks, ging ich in eine Kneipe. Allein. Es war eine richtige Entscheidung. Irgendetwas Schlimmes wäre im Stadion passiert. Als das Spiel in den letzten Zügen lag, trank ich aus und kehrte durch den Stanley Park zurück, wo ich mich nahe der Gästeausgänge postierte. Lange beobachtete ich die Zuschauer, wie sie das Stadion verließen. Dann schloss ich mich ihnen an und ging mit ihnen zurück zum Bahnhof. Ich sagte kein einziges Wort.

Ich bin seitdem nie wieder in Liverpool gewesen.

---

12. August 2001
Manchester United v Liverpool
Bericht des National Criminal Intelligence Service
Fans von Cardiff City, nach Beendigung ihrer Partie gegen Wycombe, trafen in der Gaststätte „Prince of Wales" auf eine große Gruppe Manchester-United-Fans, die sich wegen des am kommenden Tage stattfindenden Charity Shield in Cardiff aufhielten. Die Polizei trennte die beiden Gruppen unter Einsatz von Schlagstöcken. Im weiteren Verlauf des Abends kam es zu Straßenschlachten zwischen den Fangruppen und

der Polizei. Dabei wurden 22 Verhaftungen vorgenommen, worunter sich auch zwei Kinder im Alter von 11 und 13 Jahren befanden. Ein Fan erlitt Schnittverletzungen, einem Polizeibeamten wurde der Arm gebrochen. Am Folgetag kam es vor dem Spiel um den Charity Shield zu weiteren Gewalttaten. Augenzeugen berichteten von Angriffen einer etwa 50-köpfigen, aus Anhängern von Cardiff und Liverpool bestehenden Gruppe auf Fans von Manchester United in der Wood Street.

TONY: Cardiff City hatte schon mal ein Spiel im Old Trafford ausgetragen, aber ihre Soul Crew tauchte damals nicht auf. Aber uns war klar, dass es eine ganz andere Sache sein würde, wenn wir für den Charity Shield am Sonntag gegen Liverpool nach Cardiff fahren würden. Wir wussten, dass die Scouser nicht schon am Sonnabend nach Cardiff kommen würden, aber natürlich drehen sich alle Gespräche und Überlegungen darum, wie wir mit jemandem umgehen, den wir noch nie zuvor als Gegner hatten - und wie wir mit halb Wales mithalten würden, die alle mit Sicherheit auftauchen würden, um United einen Tritt zu verpassen.

Wie also bekommen wir unsere Leute nach Cardiff, wie holen wir den Mob zusammen? Einige von uns entscheiden sich für die Anreise mit der Bahn, über Birmingham und Reading. Cardiff wird am Sonnabend ein Heimspiel haben. Planen wir also so, dass wir erst nach drei Uhr nachmittags in der Stadt ankommen, in der Hoffnung, dass Cardiff komplett das Spiel schaut, was uns Gelegenheit geben würde, unsere Truppe in Ruhe zu positionieren und zusammenzubekommen? Oder wollen wir schon früh in der Stadt sein? Ach was, wenn schon, denn schon. Spätes Eintrudeln nach drei Uhr bringt es nicht.

Jeder, der sich auf den Weg nach Wales macht, weiß, was ihn dort erwartet. Alle wissen jetzt, dass wir gegen halb zwei dort aufschlagen werden. Schon während der Anreise denke ich immer wieder: *Kacke, dies ist ein wirklich kleiner Mob, nur fünfzig, sechzig Mann! Das kann gut ins Auge gehen, wenn wir Pech haben!* Als wir in Cardiff aussteigen, wartet Polizei mit Videokameras am Bahnhof. Schnell verkrümeln wir uns in einen Pub und stecken die Köpfe zusammen, um das weitere Vorgehen zu besprechen.

Eine ganze Weile passiert nichts. Ab und zu kommen ein paar Cardiff vorbei oder hängen auf der Straße herum. Uns schien, dass diese Kneipe im Falle eines Angriffs gut zu halten sein müsste, aber uns hatte nun schwere Paranoia gepackt angesichts des unbekannten Gegners. Anrufe kommen rein von unseren anderen Gruppen: Noch fünfzehn Minuten, noch zwanzig Minuten, dann wären sie da. Gegen drei Uhr nachmittags verlassen wir den Pub, verlagern unseren Standort weiter die Straße entlang in einen anderen Laden, und jetzt sind wir schon knapp 150 Leute. Wir sitzen hier mitten im Stadtzentrum. Die Kneipe ist riesig; es ist das „Prince of Wales". Gegen vier Uhr ist es dort brechend voll mit United. Der Mob ist zusammen, und es ist immer noch früh am Tage. Mehrere Hundert müssen es letztlich sein, und die Polizei ist ebenfalls in großer Zahl aufmarschiert - vor der Tür.

Gegen fünf kommen die ersten Cardiff-Fans in die Stadt. Ihr Spiel ist vorbei. Sie sind nicht gerade erfreut über unsere Anwesenheit. Wir gestikulieren aus den Fenstern der Gaststätte heraus und machen Späße, was sie zur Weißglut treibt. Einige von uns setzen sich durch die Seitentür ab und erscheinen auf der Straße. Sehr schnell werden einige Schläge ausgeteilt, Leute stehen sich gegenüber, fünf stehen hier, zehn laufen da, und alle sind bemüht, schnelle Gewalt auszuüben. Cardiffs Fans drehen durch, in ihren verzerrten Gesichtern ist Hass zu erkennen. Sie können nicht fassen, in welcher Mannstärke wir aufgetaucht sind. Sie wissen, dass wir uns Frechheiten herausnehmen. Ihr Wunsch, den Pub zu stürmen, ist nur zu klar erkennbar, aber die Polizei hat nun alles abgesperrt. Dennoch sind in den Seitenstraßen rund um die Kneipe immer noch kleine Gruppen unserer Leute unterwegs und versuchen, willige Gegner zu finden. Eine unserer Banden, ein kleiner Mob der Jüngeren, kehrt in den Prince of Wales zurück. Für sie ist es nicht gut gelaufen; an einer Straßenecke wurde ihnen kräftig der Hintern versohlt. Während wir ihre Berichte hören, geht es draußen immer noch in kleinen Duellen Auge um Auge zur Sache. Die Lage wird gespannter. Alles läuft auf einen großen Knall hinaus.

Es kommt zu einem Punkt, an dem die Atmosphäre des Abends und das Bier des Ladens zu viel werden: Die Türen fliegen auf, und während die Polizei nach Kräften bemüht ist, uns alle drinnen zu behalten, strömen Hunderte von United-Fans auf die Fußwege. Doch noch sind wir in dieser Seitenstraße gefangen. Zwanzig Minuten drängt man uns zurück und lässt die Hunde auf uns los, dann entscheiden wir uns plötzlich für die andere Richtung und stürmen in die Seitenstraße hinein. Nicht weit vom Hauptbahnhof kommen wir raus.

Hundestaffeln und berittene Polizei gehen dazwischen, aber es herrscht Chaos. Wir sind zwar jetzt direkt im Stadtzentrum, aber unsere Gruppe wird von den anderen getrennt, und die Polizei zwingt uns, in Taxis einzusteigen. Wir sollen aus dem Zentrum verschwinden, heißt es. Wir hätten ohnehin keine Chance gehabt, weiter in großem Umfang standzuhalten; jetzt, da sich der Alkohol bemerkbar macht.

Also machten wir uns langsam auf den Weg in unsere Hotels - die noch nichts von unserem Kommen wussten. Wir hatten uns in jedem Fall für die Cardiff Bay, das neu gestaltete Hafenviertel, entschieden.

Kaum hatten wir uns halbwegs häuslich einquartiert, gingen schon wieder die Telefone: „Wir sind alle im Poet`s Corner". Mittlerweile war es acht Uhr. Zeit also, wieder in die Taxis einzusteigen. Und auch die anderen Gruppen bekommen Einweisungen per Telefon, wo sie sich einzufinden haben.

Als wir am Poet`s Corner ankommen - der sich weit abseits in den Wohngebieten der Stadt befindet - sind erst zwanzig United-Fans vor Ort. Wie es sich herausstellt, findet gerade eine Geburtstagsfeier statt. Irgendjemand hat für sich und seine Gäste ein kaltes Buffet aufbauen lassen. Aber es stört ihn nicht, dass auch ein paar United-Fans in dem Laden sind. Leider jedoch wird meist die ganze Hand genommen, wenn man nur einen Finger reicht, und bevor sich der edle Gastgeber versieht, kommen aus allen Himmelsrichtungen unsere Leute vorgefahren, und schon bald geht es in der Bar drunter und drüber.

Gerade mal ein Polizeiauto steht vor der Tür. Jemand kommt rein und schreit los: „Sie sind hier!" Ich hielt das zunächst für einen schlechten Witz, aber tatsächlich waren sie da, hier, in einem dunklen Vorortwinkel der Stadt: eine Gruppe von Cardiff. Wing und einige andere stürzen sofort hinaus. Es geht los. Auch ich bewege mich nach draußen. Sofort bekomme ich zu hören: „Wir sind Cardiff. Ihr seid nur Scheiße aus Manchester!" Das erschien mir ja sofort wieder wie in den alten Tagen! Meinten sie wirklich, sie könnten hier auftauchen, uns anschreien und dabei aggressiv gucken, und wir würden dann weglaufen? Ein paar von ihnen kommen jetzt zu mir rüber. Vielleicht denken sie, ich würde mich einscheißen und rennen. Der Erste kommt heran, große Sprüche von sich gebend, wo er doch eigentlich hätte angeflogen kommen sollen. Eindeutig hält er sich für einen ganz Mächtigen.

Eine Flasche kracht auf seine Stirn, und er ist sofort weggetreten. Dann sind wir zwischen ihnen. Ein paar von ihnen fangen sich welche ein, da rollt das Polizeifahrzeug zwischen uns, um die Streithähne zu trennen. Aber das klappt natürlich nicht, wir laufen links und rechts daran vorbei. Mit ein paar anderen setze ich nach. Da laufen sie; Cardiff hat sich verabschiedet. Ein Schock fürs Leben? Pech, erfahrene Profis zu erwischen, die sich von ein bisschen Beleidigung nicht einschüchtern lassen.

Wir laufen ihnen nach, die ganze lange Straße entlang. Einem von ihnen können wir die Beine wegtreten, einem anderen in den Nacken springen. Der Abend ist für sie zu Ende. Immer noch laufen wir, als wir an eine Brücke kommen. Die Polizei ist uns mittlerweile gefolgt und hat dem hinteren Teil unserer Gruppe schlicht den Weg abgeschnitten. Nur noch ein paar von uns folgen also den Flüchtenden. *Übertreibe es nicht! Wenn sie dich jetzt aus einem Hinterhalt anspringen, bist du erledigt,* denke ich noch. Ich halte ein, aber einige unserer Jüngeren setzen die Verfolgung fort, obwohl ich ihnen noch hinterherrufe, dies nicht zu tun.

Auf der anderen Seite der Brücke tauchen weitere Cardiff-Fans auf, und die United, die eben noch Verfolger waren, werden jetzt verfolgt und kommen zurück. Die Lage hat sich geändert. Da kommen sie gelaufen, mit Cardiff dicht an ihren Fersen. Ich zählte nicht mit, wie viele Waliser da gerade um die Ecke bogen und über die Brücke kamen, aber die ersten drei von ihnen waren richtiggehende Kleiderschränke, und ich hoffte inständig, dass nicht weitere von diesem Kaliber folgen würden. Aber ich musste stehen bleiben. Ohne dass es irgendjemand hätte erwähnen müssen, wusste ich, dass ich bleiben und jetzt die Lage retten musste. Jeder wartete darauf, was ich sagen würde. Die Jüngeren neben mir würden sich jetzt am liebsten verpissen. Denn wir waren gekniffen. Die Situation stand schlecht.

Der Erste von den Schränken kommt heran, seine Arme fliegen, aber ich schicke ihn zu Boden. Die Nachhut kommt um die Ecke, aber die Jungen neben mir sind jetzt heiß und stehen dicht zusammen. Einzelne Schlägereien brechen aus. Und da kommt die Polizei um die Kurve. Zu

Fuß. Unsere Rettung. Es war mittlerweile so dunkel, dass ich sie nicht hatte kommen sehen - plötzlich waren sie da. Ein paar Leute werden festgenommen, und wir schleichen uns zum Pub zurück.

150 bis 200 Jungs erwarten uns. Die Polizei umstellt den Laden und geleitet dann alle zurück ins Stadtzentrum. Inzwischen sind wir mehr oder minder schwer angetrunken. Auf Höhe des Bahnhofs biegen wir links ins Zentrum ab. Da wollen wir auch hin; wir sind bereit für weitere Konfrontation. Einsatzpolizei hat die Straßen abgeriegelt und bemüht sich, uns im Zaum zu halten. Hin und her ging es, aber am Ende gewann natürlich die Polizei. Daher ließen wir es irgendwann gut sein und kehrten zurück an die Cardiff Bay, wo wir den Abend in einem netten gemeinschaftlichen Singen ausklingen ließen.

Am nächsten Tag passierte wenig, mit Ausnahme des Versuchs der Scouser, kurz vor dem Anpfiff auf unsere Seite zu kommen und unsere Normal-Fans anzugreifen. Ein United-Fan kassierte eine Stichverletzung, aber es blieb unklar, ob diese von Liverpoolern oder von Cardiff-Leuten verursacht worden war. Cardiff kreuzte noch mit Autos durch die Stadt. Aber sie waren zu spät. Wir hatten unsere Arbeit bereits am Vorabend erledigt.

14

Alte Gewohnheiten

Die Men In Black wussten, dass es so nicht weitergehen würde. Sie konnten einfach nicht diesen Lebensstil fortsetzen, konnten sich allerdings auch nicht von ihren alten Gewohnheiten leicht trennen. Zu lange waren sie schon aktiv, und zu lange erfolgreich, und der Kick, den sie nach wie vor empfanden, ließ sie weitermachen. Obwohl die Polizei nun beinahe jeden von ihnen persönlich kannte.

Diese schlichte Tatsache wurde Tony O`Neill überaus deutlich, als am 6. Oktober 2001 England am Old Trafford gegen Griechenland antreten sollte. Hooligans aus ganz England sammelten sich in den Pubs der Stadt: Einige von ihnen wollten zum Spiel, andere sich nur in Manchester zeigen, wieder andere waren auf einen Kampf aus. Als ein United-Mob an einer bestimmten Gaststätte auftauchte, kam es auch prompt zu einer Auseinandersetzung mit Stokes Naughty Forty und deren Nachwuchstruppe, den Under-Fives. Nach einem kurzen Aufeinandertreffen, in dessen Verlauf Flaschen und Aschenbecher flogen, wurde Tony verhaftet.

TONY: Was an diesem Tage zusammenkam in Manchester, war die vielleicht größte Hooligan-Konzentration, die England je gesehen hat. Gangs quasi von überall waren dort. Als ich mich jedoch auf den Weg in die Stadt machte, war keine Spur zu sehen. Keine Gewalttaten, kein Aufruhr. Die Polizei hatte alle United-Fans in einer Großraumkneipe weggesperrt, für vier Stunden, dann führte man sie rüber nach Salford und löste die Gruppe dort auf. Mich nahm man fest, als ich in einen Pub ging. Der Laden war voll: Normal-Fans, Hooligans, alle möglichen

Leute waren da. Es kommt zu einem Streit, und ich bin der einzige, den sie mitnehmen. Das sagt mir alles: Ich bin erledigt, Thema durch. Klar, sie erzählen jede Menge Geschichten, warum ich mitgenommen wurde, aber das ist alles Schwachsinn.

Die Anklage lautete auf Landfriedensbruch, aber man ließ mich erstmal auf Kaution laufen, und ich konnte weiter zu den Spielen gehen. Den folgenden Januar war ich bei Aston Villa, dem wohl besten Verein, wenn man beweisen will, wie sehr die Polizei überreagiert, wenn es um Fußballfans geht. Andauernd fahren die dort eine ganz aggressive Linie, obwohl sie nicht von den Fans provoziert werden. Ich vermute, dies geschieht auf Geheiß der Beamten ihrer sogenannten Football Intelligence. Ich durfte entsprechende Erfahrungen 2002 machen, als wir im Pokal dort 3-2 gewannen, nachdem wir zur Halbzeit 2-0 zurücklagen. Einziges Problem: Man ließ mich das Spiel nicht sehen; stattdessen haben kurz vor Anpfiff auf dem Parkplatz vier Cops schön auf mich eingetreten.

Ich gehe über diesen Parkplatz, da zieht mich plötzlich jemand von hinten an der Jacke und fragt mich, wohin ich denn zu gehen meine. Nun, man möchte meinen, außerhalb eines Fußballstadions, zwei Minuten vor dem Anpfiff, unterwegs mit einem Freund, schnell in Richtung der Kassenhäuschen gehend, ist es verdammt klar, wohin man unterwegs ist, oder? Aber diese Schläger hatten keine Lust zu denken. Ihre Kontaktbeamten - und, ohne Frage, auch unsere - hatten sie rübergeschickt, um mich anzuhalten.

Wir geraten in Streit, man zieht mich zur Seite, und ich ende zwischen einigen Fahrzeugen, wo sie auf mich einzudreschen beginnen. Für manch einen Leser mag dies pharisäerhaft klingen und verlogen, aus meinem Munde und so, aber man möge meiner Erzählung weiter folgen: Wir vom harten Kern wissen alle, wie wir unsere Eier schützen. Denn tun wir dies nicht, ist Ende. Während ich also zwischen den Beamten stehe, kommt dieser große Uniformierte von vorne auf mich zu, und mir kommt sofort der Gedanke, dass er Entfernungen abschätzt, um mir in die Hoden zu treten. Aber ich verwerfe diesen Gedanken sofort wieder, denn zu diesem Zeitpunkt streiten wir nur herum; die Situation ist einfach nicht hitzig genug, um solch eine Überreaktion zu rechtfertigen.

Plötzlich aber ist die Nacht über mir hereingebrochen. Ich schnappe nach Luft und versuche zu atmen und einen Schrei auszustoßen, aber kein Laut verlässt meinen Mund. Mein Hirn meldet unsagbare

Schmerzen. Das Schwein hat mich voll mit seinen Stiefeln Größe 12 erwischt. Voll, im Sinne von voll.

Da lag ich also, auf der Erde, während sie mich stießen und traten und mir befahlen, mit der Herumrollerei aufzuhören. Natürlich machten sie Witze; ich rollte mich nicht herum, ich hatte Krämpfe vor Schmerzen. Meine Hoden glühten wie Feuer; mein Herzschlag pochte spürbar in meinem Hals. Ich war schachmatt und hätte am liebsten geweint. Der intensivste Schmerz, dem ich je ausgesetzt war. Vielleicht aber hat auch der Schock dieses unerwarteten Angriffs die Situation noch verschlimmert.

Dann kommt all der übliche Scheiß; Arme auf den Rücken und abgeführt. Aber vorher darf ich noch genießen, einen weiteren Stiefel Größe 12 auf meinem Gesicht zu spüren, der für einen schönen Teerfleck auf der einen Wange, für einen netten Profilsohlenabdruck auf der anderen sorgt.

Ich will niemanden mit der Schilderung der Details einer polizeilichen Behandlung langweilen, aber immerhin werde ich gegen zwölf Uhr rausgelassen. Mein Gang hat inzwischen etwas Lustiges. Immer noch schmerzen meine Hoden fürchterlich, und es kommt mir so vor, als würde ich mit dem Spielball des heutigen Tages in der Hose herumlaufen. Es pocht penetrant in meinem Schritt. Eigentlich möchte nur nach Hause gehen, aber ich bleibe, bis der Inspektor auftaucht. Denn ich werde eine Dienstaufsichtsbeschwerde anbringen.

Eine weitere Stunde lassen sie mich warten, dann werde ich in einen Raum geführt, wo der Inspektor mir einen Platz anbietet. Zunächst dachte ich, er will mich verarschen, schließlich konnte er genau erkennen, in welchem Zustand ich war – aber da hatte ich noch nicht gehört, was er noch von sich zu geben hatte, nachdem ich ihm den Vorfall geschildert hatte. So, wie er seine Beamten kennen würde, führte er aus, hätten die vermutlich so viel Gewalt angewendet, wie es die Situation erfordert hätte. Das Arschloch ignorierte schlicht die Tatsache, dass ich nichts getan hatte. Als ich nachfragte, wann innerhalb der Polizeiausbildung auf dem Lehrplan steht, wie man anderen mit dem rechten Stiefel in die Testikel tritt, beendete er das Gespräch. „Da ist die Tür“, war seine Antwort. „Sie können das Münztelefon im Korridor benutzen, um sich ein Taxi zu rufen.“

Das Taxi erschien, und zusammen mit einem anderen United-Fan stieg ich ein. Zunächst aber durfte ich 95 Pfund bezahlen, ehe der Fahrer auch nur einen Meter sein Fahrzeug bewegte. Dann traten wir die Fahrt nach Hause an: Ich saß auf der Rückbank, den Beifahrersitz vor mir in die knappste Position dicht ans Armaturenbrett geschoben. Meine Füße lagerten oben auf ihm, rechts und links der Nackenstütze, und meine Hose hatte ich ausgezogen. Meine Eier schaukelten frei herum - Platz und frische Luft! Und immer noch brannten sie.

Zu Hause bekam ich natürlich nichts anderes zu hören als „Irgendetwas wirst du schon getan haben!" - was bedeutete, dass ich für den Rest der Woche Kohldampf schieben durfte: Kein warmes Essen für mich.

Der Sonnabend nähert sich, und Southampton auswärts schien mir amüsanter als im Hause herumzusitzen, also bin ich unterwegs, zwar nicht in bester Verfassung, aber nach ein paar Bieren sieht die Lage schon wieder ganz rosig aus. Ich erzähle von den Ereignissen bei Aston Villa, und zwar jedem, der sie hören will, und hin und wieder hole ich meine Eier hervor, die mittlerweile ein dunkles Lila angenommen haben und immer noch geradezu grotesk groß und angeschwollen sind. All das ist eher lustig gemeint, und obwohl wir nun in einer Kneipe voller Southampton-Fans sitzen, sind irgendwelche Gewaltakte mir im Moment völlig fern.

Dieser Pub liegt am Rande des Wohngebiets, an das sich das Stadion von Southampton anschließt, und so bietet sich an, dass ich nach dem Spiel wieder herkomme. Viele andere Reds enden ebenfalls hier, nachdem sie mich angerufen haben, um zu fragen, wo ich bin. Dies ist kein Mob wilder Hooligans; nur Jungs, die nach dem Spiel ein paar Bier trinken wollen. Wieder ist der Laden voll, und wieder beginnt das Herumgeblödel und Geplänkel, das wir schon vor dem Spiel veranstalteten. Anderthalb Stunden herrscht gute Laune, dann beginnt die Stimmung irgendwie zu kippen, denn sowohl vor der Gaststätte als auch drinnen hängen jetzt Leute von Southampton herum, die uns beobachten und andauernd mit ihren Telefonen herumhantieren.

Dies ist eine Situation, die bereits hunderte Male im ganzen Land stattgefunden hat, wo auch immer United spielt. Die sogenannten Hooligans sehen United-Fans in einem Pub sitzen und denken, die würden doch hervorragende Opfer für eine kleine Tracht Prügel abgeben. Die Tatsache, dass die United-Anhänger gar keine Hooligans sind, stört da nicht weiter: Wir sind United, und wir kriegen jetzt auf die Fresse. Lustig eigentlich, wenn man bedenkt, wie gern und häufig diese Leute erzählen, nur die würden von ihnen geschlagen werden, die auf einen Kampf Lust haben. Ein Haufen Scheiße. Meine besten Schlägereien waren häufig jene, wo solche Ärsche auftauchten und dachten, sie hätten ein paar leichte Opfer gefunden.

Also, da kommen sie herein und herüber zu uns. Sofort weiß ich, dass ich als Erster angemacht werde. Ein dicker Dummkopf kommt, seine Leute folgen ihm hinterdrein. Aber er scheint sich nicht ganz wohl in seiner Haut zu fühlen, denn wir beachten ihn nicht. Alle unterhalten sich weiter. Dann wende ich mich ihm zu, halte ihn an und sage: „Schau mal, Junge, ich bin mit meiner besseren Hälfte hier. Wir wollen keinen Ärger." Er geht wieder, ohne ein Wort zu sagen. Zusammen mit seinen Freunden verlässt er das Lokal, wo er mit anderen, die dort herumhängen, einige Worte wechselt.

Keiner will Ärger, schon richtig. Aber für mich ist sonnenklar, dass es doch noch abgehen wird, egal, was wir sagen, also erkläre ich den anderen unsere zwei Möglichkeiten: Entweder wir bleiben hier in der Gaststätte und werden attackiert, oder wir gehen raus und nehmen sie zur Brust. Ich würde in jedem Fall rausgehen, denn wir haben in Wirklichkeit keine Wahl, sagte ich. Allgemeine Zustimmung. Also gingen wir raus.

Zu meiner Linken stand der Fettsack aus dem Pub mit seinen Freunden. Welch ein jämmerlicher Haufen Scheißhäuser. Ich wende mich ihm zu und frage: „Du möchtest dich hauen?" Bevor er antworten kann, fliegt ihm mein Bierglas an die Stirn. Er torkelt in den Pub zurück. Alle Southampton-Typen flüchteten daraufhin, so dass wir sie verfolgen mussten, um ein paar von ihnen aufs Pflaster zu boxen. Ein richtiger Haufen Feiglinge war das: Nach leichten Opfern zu suchen und sich dann verpissen, wenn die sich als gar nicht so leicht herausstellen.

Mittlerweile haben sie ihre Taktik geändert und verstecken sich gerne in diesem Wohngebiet am Stadion und suchen sich von dort die Leute aus – so geschehen ein paar Jahre später: Ein United-Fan, ein absolut harmloser Typ, wurde angegriffen mit Baseballschlägern, Eisenstangen, Knüppeln, Flaschen, Steinen; fünfzig von ihnen gingen auf eine kleine Gruppe United-Anhänger los, die auf dem Weg zum Stadion waren. Der United-Fan verlor ein Drittel seines Schädelknochens. Nur durch ein

Wunder überlebte er den Angriff, aber was die Zukunft für ihn bringen wird, weiß Gott allein. Das ist jedenfalls nicht, worum es beim Fußball geht.

Zwanzig Jahre lang hatte ich keine ernsthaften Schwierigkeiten bei Southampton, dann ziehen sie in ein neues Stadion, und plötzlich scheinen sie zu denken, sich so zu benehmen, wie sie sich in letzter Zeit benehmen, sei ein Zeichen von Härte. Nun, ihr Pimmel, unterhaltet euch mal mit den Leuten aus den Siebzigern. Ihr solltet euch allesamt schämen; nicht einmal von den echten Southampton-Fans kam ein Zeichen des Mitleids für den armen Mann und seine Familie. Aber so sehen sie aus, die neuen Fans des Fußballs. Gut, dass es mich nicht mehr schert.

Fußballgewalt, wie sie die Leute heute verstehen, besteht aus dem Internet, den Mobiltelefonen und Typen aus verschiedenen Vereinen, die sich alle untereinander kennen. Meistens enden Aufeinandertreffen in einer Farce, und ich hasse den ganzen Scheiß, der heutzutage damit einhergeht. Nach dreißig Jahren Überlebenskampf in dieser Welt erkenne ich Scheiße, wenn ich sie sehe. Wie ich schon sagte: Wenn du Spaß haben willst, dann gehe einfach aus der Haustür, nimm den nächsten Zug, fahre in die Stadt, wo deine Mannschaft gerade spielt, und zwar ohne einen Plan. Denn was passiert, passiert. Mit United haben wir es beinahe immer so gehalten. Schade nur, dass die meisten heutigen Hooligan-Banden es nicht ähnlich sehen. Alles schön vorweg zu organisieren, damit man auch ja nicht unter die Räder kommt? Das ist nicht, worum es geht. Man fährt los, es macht Spaß, und wenn man einen Tritt in den Hintern bekommt, dann ist das eben so. So dachten wir immer. Mit dem Packmesser herumzulaufen oder jemanden gar abzustechen, war nicht so unsere Sache. Schade, dass es andere gab, die das lustig fanden.

Eine kleine Geschichte am Rande: Ich hätte mich beinahe mal mit Peter Osgood geschlagen, dem ehemaligen Chelsea-Spieler, als wir an einem Montagabend bei Southampton spielten. Er war in der Kneipe gegenüber vom Stadion, zusammen mit seinem Bodyguard. Wir wollten über Nacht bleiben, etwa fünfzehn, und alle waren in diese Gaststätte eingekehrt. Zusammen mit einigen Southampton-Fans blödeln wir herum. Osgood steht am Tresen mit seinem Leibwächter, und weil Southampton gewonnen hat, nehme ich ihn ein bisschen hoch: „Was habt ihr denn großartig gewonnen?“ will ich von ihm wissen, obwohl ich natürlich weiß, dass sie mal den FA-Cup gegen uns geholt haben.

Osgood springt von seinem Barhocker auf, als hätte er nicht mehr alle beisammen, und kommt zu mir rüber.

„Wir schlugen euch im Pokalfinale 1976!" schreit er mich an.

Das erwischte mich auf dem falschen Fuß; ich wollte nur etwas Spaß machen. Jetzt aber sieht es so aus, als wollte er sich mit mir boxen. Sein Beschützer zieht ihn zurück, aber der Wirt dreht durch und schmeißt Osgood aus dem Laden.

Für den Rest des Abends werde ich richtig kräftig auf den Arm genommen, und auch am nächsten Tag bekomme ich zu hören, dass Peter Osgood mich ganz schlecht hat aussehen lassen, und dass ich mich eingeschissen hätte vor ihm. Wochenlang bekam ich das aufs Brot.

2002 erschien ein Taschenbuch mit dem Titel *Scum Airways: Inside Football`s Underground Economy*. Geschrieben war dieses Buch von John Sugden, Soziologe an der Universität Brighton. Sugden hatte das Vertrauen von „Big Tommy" gewonnen, einem ein Meter fünfundneunzig großen, 140 Kilo schweren Gelegenheits-Schwarzhändler aus Manchester, der ein kleines Reiseunternehmen hatte, und war mit ihm herumgereist. *Scum Airways* war ein aufschlussreicher Bericht über die Schattenwirtschaft rund um den Fußball; über Schwarzhändler, Fanartikel-Hökerer, Fälscher und Schieber. Tony O`Neill tauchte einige Male kurz, aber mit bösartigen Kommentaren unter dem Namen „Rocket O`Connor" in dem Buch auf, in einer Weise, mit der er äußerst unzufrieden war. Er sah die Art, in der er dargestellt wurde, als Versuch eines Konkurrenten, sein Reiseunternehmen zu übervorteilen, indem man es als Zufluchtsort von Schlägern und Kriminellen schilderte. Zudem wurde das Buch zu einem ungünstigen Zeitpunkt veröffentlicht: Tony sah einem Prozess wegen Landfriedensbruch entgegen.

Hinter Big Tommy allerdings verbarg sich niemand anderes als der bekannte und schon erwähnte Fat Tony.

TONY: Wir haben Tony nie wieder erlaubt, mit uns unterwegs zu sein, nachdem an der Stretforder Wache gesehen wurde, als der FI-Beamte, Bob Betts, ihn gerade an der Tür begrüßte mit den Worten: „Verdammt nochmal, Tony, was willst du denn jetzt schon wieder?" Fat

Tony sah unseren Beobachter nicht, aber wir bekamen die Geschichte haarklein berichtet. Und dann bringt er mich in Kontakt mit einem Wissenschaftler, der Fußballgewalt und Kriminalität untersucht und darüber ein Buch schreiben will, und versucht später mithilfe dieses Buches, mein Unternehmen zu schädigen. Zieh deine eigenen Schlüsse daraus.

Es war mir klar, als ich mein Unternehmen startete, dass die Leute sagen würden, ich sei ein Schläger und würde nur versuchen, Leute abzuzocken. Deswegen habe ich mir auch das Geld für irgendwelche Werbung gespart. Das hätte das Thema noch mehr in den Vordergrund gerückt. Die einzige Methode, Interessenten für sich zu gewinnen, ist Mundpropaganda. Mit uns reisen keine Hooligans; Hooligans in diesem Sinne gibt es heutzutage gar nicht mehr, keine großen Mobs der Kategorie C. Man frage nur die Beamten der Football Intelligence, wann sie zum letzten Mal einen Kategorie-C-Fan am Old Trafford wegen einer Schlägerei festgenommen haben. Damit ist es vorbei.

Und die Spieler zeigten auch schon ihr wahres Gesicht. August 2002 organisierte ich eine Tour nach Budapest für das United-Spiel in der Qualifikationsrunde der Champions League gegen Zalaegerszeg. Ich mache einen Flieger dorthin, keine Probleme, den Mitreisenden macht es Spaß, und natürlich erwarten wir einen Spaziergang, denn wir treten gegen eine Mannschaft aus Feierabendfußballern an. Tja, und dann konnten wir nicht glauben, was uns gezeigt wurde. Auch der größte Pessimist hatte keine solch schwache Leistung erwartet, gegen eine Truppe aus Lehrern, Bergarbeitern und Busfahrern – die am Ende 1-0 gewinnt.

Wir spielten nicht im Stadion der Gastgeber, sondern in einem Ground eines anderen Vereins, und irgendwann ging es auf der gegenüberliegenden Tribüne zwischen den Fans unseres Gegners und jenen, denen das Stadion gehörte, zur Sache; Leute rannten herum, und die Polizei musste einschreiten. Das Spiel jedoch war ein Witz. Kein einziger Spieler bemühte sich, auch nur annähernd seine Normalform abzurufen.

Am Flughafen, nach dem Spiel, waren wir natürlich alle angefressen, und vor allem ich war nicht glücklich, schließlich hatte ich die Fahrt organisiert. Ein paar Fans sangen: „It`s just like watching City!“, es ist gerade so, als würde man City gucken. Das waren treue Fans unserer Mannschaft; sie wollten gar nicht herumpöbeln, sie verarschten sich im Grunde nur ein bisschen selbst. So war eben die Stimmung nach der Partie. Während gesungen wurde, kamen die United-Spieler zum Einchecken, und einer meiner Fluggäste sagt irgendetwas zu ihnen. Da kommt David Beckham herangeschlendert, als ob er der wichtigste Mann sei.

„Wer bist du überhaupt?" fragt er meinen Reiseteilnehmer. „Und du nennst dich United-Fan?"

Der Fan weiß nicht recht, was er sagen soll - aber ich bin sofort bei ihnen.

„Und wer zum Teufel denkst du, wer du bist, du völlig überbezahlter Bastard? Verpiss dich, bevor du eine fängst!"

Welch Frechheit, nach solch einer sportlichen Leistung jemanden anzumachen, der Geld dafür bezahlt hatte, dem Team hinterher zu reisen. Beckham erkannte schnell, was Anmache war, drehte ab und wieselte davon, während ich ihm Beleidigungen nachschimpfte. Irgendwo in der Nähe hatte wohl ein Reporter gestanden, denn am nächsten Tage erschien die kleine Geschichte in einem unserer so geschätzten nationalen Schmierblätter.

Zu Hause schlugen wir sie dann 5-0, und Beckham erzielte einen tollen Treffer per Freistoß. Offenbar hatte es doch geholfen, ihn anzupöbeln. Im Grunde war nach zwanzig Minuten das Spiel entschieden - vor einem vollen Haus. Hätten wir sie schon im Hinspiel geschlagen, wäre die Hütte im Rückspiel sicherlich gähnend leer geblieben, oder? Und wie hätte die Einschaltquote für ITVs Direktübertragung erst ausgesehen? Und bin ich gerade ein bisschen zynisch? Oder nur aufgeklärt, im Bilde?

Als Nächstes stand meine Verhandlung vor dem Strafgerichtshof an, wegen der Geschichte bei dem Länderspiel. Ich stritt nicht ab, im Pub gewesen zu sein, als es los ging, aber ich bestritt ganz energisch, dass ich Gewalt ausgeübt hatte. Vor Gericht behaupten sie, dass ich extra mit einer Gang aufgetaucht war, um mich zu hauen. In den Verhören hatten sie mir nie eine entsprechende Frage gestellt. Ich hatte Gründe, in dieser Kneipe zu sein. Ich bemühte mich um den Wirt und die Angestellten als Zeugen; sie hätten aussagen können, was sie sahen an jenem Tage, aber meinem Anwalt wird der Kontakt zu ihnen verweigert.

Erst im Knast hörte ich dann, dass die Polizei den Wirt in die Wache Bootle Street zitiert und ihn mit diversen anderen Kneipenchefs über die

Vorgänge in ihren Läden am Tag des Länderspiels befragt hatte. Dies teilte die Polizei jedoch nie mit, nicht einmal dem Staatsanwalt; ich aber weiß es von einem der Gastwirte, die befragt wurden. Ich weine nicht über das Verfahren; man hätte mir schon lange Stadionverbot verpassen sollen, nach allem, was ich so angerichtet habe. Aber die Leute sollen wissen, was so abgeht vor Gericht und bei der Polizei.

Neben den mündlich dargelegten Beweisen gab es kein Material von mir, keine Videoaufnahmen, nicht einmal eine Aufzeichnung, die mich durch die Innenstadt spazierend zeigt, wo die doch die am dichtesten mit stationären Kameras versorgte Innenstadt Großbritanniens ist. Dennoch erklären mich die Geschworenen schuldig. Am Freitag, dem Dreizehnten. Am 16. Dezember 2002 sollte das Urteil gefällt werden. Eigentlich war hierfür der 13. Dezember vorgesehen, aber am Tage zuvor musste ich nach Birmingham, um eine formelle Beschwerde vorzubringen wegen der Ereignisse am Villa Park, wo sie mich zusammengetreten hatten. Gerade eine oder zwei Wochen zuvor hatte man mich in Birmingham wegen einer anderen Sache freigesprochen.

Ich beschwere mich also am Donnerstag in Birmingham, und am nächsten Tag soll eigentlich in Manchester am Strafgerichtshof mein Strafmaß verkündet werden. Doch Freitagmorgen bekomme ich einen Anruf: Die Verkündung ist auf den kommenden Montag verschoben. Nun – glauben wir an Zufälle? Oder daran, dass das System korrupt ist?

Denn als ich am Montag im Gericht erscheine, lautet das Strafmaß drei Jahre, neun Monate. Es gab keine Opfer, ich war der einzige Verhaftete, und bis zum heutigen Tage habe ich keine Ahnung, warum sie mir diese Strafe aufbrummten. Dabei wollte mir der Bezirksrichter *vier* Jahre geben und konnte das nur nicht, weil ich zu viele gute Referenzen vorweisen konnte.

Ich wurde direkt nach Strangeways, Manchesters bekannten Knast, verfrachtet, und landete im oberen Flur des G-Flügels. Ich habe meinen Seesack dabei, meine Klamotten und jede Menge Krimskrams. Der Aufseher bringt mich zu meiner Zelle, und auf dem Flur hampelt ein Typ herum und macht sauber. Ich denke so für mich: *Da bist du also, Tony*. Da höre ich von dem Mann mit dem Scheuerlappen: „Eh, du, du hast `nen Fernseher in deiner Zelle!“ Sofort denke ich, der Typ will den Neuen verarschen. Ich ramme ihm also den Finger unter die Nase und grolle: „Versuch gar nicht erst, mich verarschen zu wollen!“ Und er antwortet: „Nein, nein, ganz ehrlich, deine Zelle hat `nen Fernseher!“

Ich gehe hinein in die nach Pisse stinkende Zelle – Flügel G und K sind die absoluten Löcher, nur Kinderschänder hausen noch schlechter – und da sitzt ein dümmlicher Autodieb *und schaut Fernsehen*. Ich denke nur: *Was ist denn hier los?* Ein Witz, verglichen mit den Gegebenheiten bei meiner fünfeinhalbjährigen Haftstrafe, die sie mir damals, mit 21 Jahren, aufbrummten. Damals gab es absolut nichts, man riss nie seinen Mund auf und gab keine Widerworte. Diese Fotzen hier sagen dem Wärter, er solle sich verpissen! Ein ganz arroganter Haufen. So hat sich also das Leben verändert.

Mehr und mehr werde ich verblüfft, während ich dort im Bau sitze. Alle haben ihre Musikanlagen, ihre Playstation. Ich halte das für Wahnsinn. Das sorgt für Chaos; für eine Haltung, dass keiner sich um irgendetwas schert. Jene, die nur kurz einsitzen, scheren sich nicht, weil sie hier drinnen mehr haben als draußen, in Freiheit. Warum also sollen sie sich fürchten, in den Bau zu kommen? Keiner nervt dich, und du kannst auf der Playstation herumdaddeln. Ich habe mit Playstations nichts zu tun, aber ich mag es, mal richtig zu entspannen. Und dieser Knastaufenthalt war das erste Mal in gut vierzig Jahren, dass ich mich mal richtig gut erholen konnte. Kein Druck, kein gar nichts.

Nach einundzwanzig Tagen werde ich in einen Knast der Kategorie D verlegt: Nach Sudbury, zwischen Derby und Stoke. Das bedeutete quasi offenen Vollzug. Welch ein Lacher. Ich war glücklich, dort zu sein. Füße hoch, Fernsehen, Radio, keine verschlossenen Türen, Spaziergänge durch die Höfe und die Gärten. Ich servierte den Wärtern das Essen, in der Küche außerhalb des eigentlichen Gefängnisses. Einfach toll. Dann ging ich einfach in meinen Raum zurück, nirgendwo waren Wärter zu sehen, legte mich auf mein Bett und entspannte und las Zeitung. Unten im Korridor waren Telefone. Aber die mochte ich nicht, also nutzte ich mein Mobiltelefon.

Eine kurze hektische Phase hatte ich unmittelbar nach meiner Ankunft, als ich versuchte, mir einen Weinbrand zu organisieren. Denn Whisky und Wodka mag ich nicht so gerne. Manchmal gab es also einen. Meist teilten wir uns eine Flasche zu zweit oder zu dritt. Wer könnte sich beschweren? Sonnabends und sonntags blieb man bis halb elf im Bett, keine Eile. Es war die geruhsamste Zeit meines Lebens. Manchmal spielten wir auf dem Rasen im Hof Bowling, wenn es schön war draußen und warm. Auf einer richtigen Bowlingbahn.

Einige City-Fans waren auch dort. Sie hatten drei Jahre bekommen. Das Erste, was sie von sich hören lassen, ist, dass ich Schuld an ihren langen Haftstrafen hätte, weil ich drei Jahre und neun Monate bekommen hätte und das Gericht jetzt denkt, dies sei der neue Standard. Aber diese Idioten hatten sich selbst dabei gefilmt, wie sie einen Pub von Stockport angreifen, und danach den Film ins Internet gestellt. Und dann verstehen sie nicht, warum man sie verhaftet? Die traurigsten Erscheinungen, die ich je gesehen hatte. Sie trugen sogar Klamotten, auf denen „City" stand. Und im Empfangsbüro, unten am Eingang, lagerten bestimmt ihre aufblasbaren Bananen.

Nie war mir klarer, dass es vorbei war - dies waren gar keine Gewalttäter, dies waren Leute mit traurigem Alltag, die ihr Leben aufbliesen, indem sie sich in der Welt draußen mit Hilfe moderner Technik wichtiger taten als sie waren.

Ihr Fall hielt andere nicht davon ab, das Gleiche zu tun. Es ist eine seltene Angelegenheit, wenn man nach einem Derby am Old Trafford einen Mob von City noch am Stadion sieht. Während ich aber einsaß, passierte das Unglaubliche: Vierzig City zeigen sich fünf Minuten nach dem Spielende am oberen Teil des Sir Matt Busby Way. Sie können nicht weg; überall sind unsere Jungs und warten nur darauf, auf sie loszugehen. Aber die Polizei ist auch da, und wer auch immer den ersten Schlag führt, ist reif für eine Festnahme. Trotzdem läuft einer von unseren jungen Leuten rüber und haut den ersten zu Boden. Jetzt geht es los.

Alle sehen ihre Chance gekommen und fliegen heran. City hat keine Lust und läuft die Chester Road runter, Richtung Altrincham, und United versucht, Schritt zu halten. Keine Chance. Nur zwei Polizeipferde in zügiger Gangart können klappernd mithalten. Die einzige Person, die festgenommen wird, ist der City-Typ, der den Eröffnungshaken kassiert hat, denn die Polizei hält ihn für einen Anstifter.

Während sie aber die Chester Road entlanglaufen, hält einer von ihnen einen Camcorder in der Hand. Als wäre es nicht schon schlimm genug, auf den Bändern der öffentlichen Kameraüberwachung zu sein. Man muss sich wirklich fragen, warum sie es zulassen, dass sie einer ihrer eigenen Leute filmt. Denn in den Knast zu gehen, weil die eigenen Jungs Beweismaterial gesichert haben - das wäre wirklich das Sahnehäubchen.

Man frage nur die City-Typen, die ich im Knast traf, wie stinkig die darüber waren. Und dass sie mich getroffen haben, wird sie nicht sonderlich getröstet haben: Ich schmierte ihnen ihre Dummheit täglich aufs Brot.

Dann, eines Morgens, wurde ich völlig unerwartet verhaftet, mit Handschellen abgeführt, zusammen mit einem weiteren Insassen in einen Polizeibus verfrachtet und nach Strangeways zurückgebracht. Für einige Wochen war ich wieder im K-Trakt. Man warf mir vor, alles Mögliche im Knast veranstaltet zu haben: Drogenhandel, Körperverletzungen – aber das traf nicht zu. Der Einzige, der mich anzuschwärzen versuchte, war der Typ, mit dem ich zusammen einsaß, aber das ist nun mal der offene Vollzug: Die Leute werden neidisch. Irgendwie war es fast eine Erlösung, zurückzukommen ins Strangeways. Ich blieb für mich, mischte mich nirgendwo ein, machte meine Arbeiten, kam mit den anderen klar, hielt mich von denen fern, bei denen das angebracht war und saß einfach nur herum. Immer noch ging es entspannt zu, und ich ließ die Zeit verstreichen. Mit all den heutzutage üblichen Annehmlichkeiten inklusive.

In den ersten zwei Monaten entstand ein wenig Hektik aufgrund der Tatsache, dass ich Debbie erklären musste, wie das Geschäft zu leiten ist, und dass ich ihr und den Kindern helfen musste, über den Schrecken meiner Haftstrafe hinwegzukommen. Die Kinder wussten nicht, dass ich in den Knast musste. Wie sollte man so etwas auch erklären?

Beim Fußball kam es unterdessen immer noch zu Schlägereien. Aber mittlerweile waren sie eine Seltenheit.

JB: Im Februar 2003 hatten wir an einem Dienstagabend gegen Birmingham City anzutreten, und mit etwa achtzig Mann machten wir uns auf den Weg. Einige waren mit ihren Autos unterwegs, ich dagegen mit dem Zug. Das größte Problem dabei war nicht, einen Gegner für eine Hauerei zu finden; schwieriger würde es sein, zunächst der Polizei zu entwischen. Also blieben wir im Zug sitzen, als wir am Hauptbahnhof New Street in Birmingham einliefen, und fuhren weiter Richtung West Brom, um an einer der kleineren Haltestellen unterwegs auszusteigen. Dort verschwanden wir gegen Mittag in einer Kneipe. Gut sechzig Leute waren wir, keine Polizei in Sicht; die Lage entwickelte sich brillant. Wir schickten ein paar Leute aus, um Neuigkeiten einzuholen und zugleich Birmingham zu stecken, wo wir waren. Aber keine Spur war von ihnen zu sehen.

Um halb sieben machen wir uns zum Spiel auf. Erst unmittelbar am Stadion wird die Polizei gewahr, dass wir dort sind. Zur gleichen Zeit nähert sich uns ein großer Brummie, vielleicht 25 Jahre alt. Er kommt in unsere Gruppe, die jetzt von einer Eskorte umgeben ist, kommt zu Gary und mir und sagt: „Ihr seid United, oder? Wenn ihr Lust habt, dann kommt nach Spielende aus eurem Block, haltet euch rechts, geht die Straße runter, dann wieder rechts. Dort ist ein Wohngebiet."

Die meisten von uns hatten Eintrittskarten. Ich nicht. Also setzte ich mich in ein Hotel nahe des Stadions ab, um dort die Zeit zu vertrinken. Nach dem Spiel warte ich auf unsere Leute am Gästeeingang. Ich treffe Gary. Er sagt: „Was meinst du? Wollen wir es so machen, wie der Typ vorgeschlagen hat?"

Dreißig, vierzig unserer Jungs meinen das jedenfalls. Wir bewegen uns nahe der Birmingham-Fans, wir gehen den abfließenden Massen entgegen, und da sehen wir auch schon Leute in Burberry. Mit anderen Worten, Birminghams harten Kern. „Das sind sie", stellt einer unserer Jungs schlicht fest. Er geht rüber und haut den Ersten zu Boden. Und dann sahen wir weiter die Straße entlang das Wohngebiet. Dort waren sie, vielleicht mit fünfzig Mann. Sie näherten sich schnell, und wir liefen ihnen entgegen. Auge um Auge, eine vernünftige Prügelei entsteht. Ich gehe zu Boden - wieder einmal - doch wie ich auch hinterher einem unserer Jungs sagte, der mich damit verarschen wollte: „Man geht nicht zu Boden, wenn man nur ein UN-Beobachter ist." Schnell jedenfalls rappele ich mich wieder auf die Beine. Nur um erneut Treffer von rechts und links zu kassieren.

Überall laufen jetzt Leute hin und her, überall fliegen die Fäuste. Es ist dunkel und ein wenig unheimlich, aber wir werden uns jetzt nicht zurückziehen. Ein einzelner Polizist mit einer Videokamera bemüht sich, ein paar verwertbare Bilder zu bekommen, aber es geht zu sehr durcheinander. Nach knapp zehn Minuten war alles vorbei. Aber es war eine gelungene Veranstaltung. Dann kamen die Sirenen und die Busse vorgefahren. Als wir später unsere Hooligan-Polizisten sahen, waren die mächtig am Schäumen. Sie hatten keine Ahnung, dass wir eine Verabredung wahrgenommen hatten.

Später musste ich als Zeuge aussagen für einen Freund, den man verhaftet hatte an diesem Abend. Der Richter fragte mich: „Waren Sie an dieser Prügelei beteiligt?"

Und ich antwortete: „Das war ich in der Tat."
Ich glaube, ich konnte mich deutlich machen.

TONY: Bolton, auswärts, im Februar 2003, war eins dieser Spiele, wo sich das Mobiltelefon als praktisch erwies. Wir haben da einen Mann unter uns, Wing, der von Fußballgewalt geradezu besessen und ständig darüber am Erzählen ist, und dieses Spiel war eins der wenigen Male, wo er mit dem Telefon sogar Erfolg hatte. Es war eins der wenigen Male, wo das Telefon überhaupt funktionierte, um es mal auf den Punkt zu bringen.

Den ganzen Tag also rennt unser Wing Commander schon durch die Gegend, bemüht, die Polizei zu umgehen und Leute davon zu begeistern, sich auf die Suche nach der Gang von Bolton zu machen. Aber alles hat sich gegen ihn verschworen. Ärgerlich und frustriert, ist er doch entschlossen, nicht einfach so nach Hause zu gehen. Also holt er sein Handy hervor, und tatsächlich bekommt er einen der Bolton-Jungs ans Telefon. Wings Mob ist schon lange mit dem Zug unterwegs, aber sie werden im Verlauf des Nachmittags wieder in Bolton aufkreuzen. Also gibt Wing durch: Holt eure Leute zusammen, in zwei Stunden sind wir bereit.

All die Organisiererei und das Gelaber kann nach hinten losgehen; es braucht nur einen Polizisten, der das Ganze mitverfolgt. Aber das Glück bleibt Wing hold. Und nun lasst euch das Folgende eine Lehre sein, ihr Hooligans, die ihr denkt, eine große Gruppe bedeute automatisch Sicherheit: Nur dreißig United kommen nach Bolton zurück. Wing teilt Bolton sogar mit, auf welchem Bahnsteig sie einlaufen. Als die Jungs aussteigen, sehen sie sich knapp 150 Bolton-Anhängern gegenüber.

United geht auf sie los, und eine üble Schlägerei bricht aus. Alles kommt zum Einsatz: Flaschen, Dosen, Mülleimer, was man sich nur denken kann. Reine, ungeschminkte Gewalt. Erst geht es auf dem Bahnsteig zur Sache, dann drängt United langsam die Angreifer zurück. Die Jungs wussten, dass sie im Grunde um Leben und Gesundheit kämpften. Dann verlagert sich das Geschehen auf die Brücke, wo sich aufgrund der Enge die Auseinandersetzung nochmals verschärft.

Immer weiter schreitet United voran, wenngleich auch nicht ohne jegliche Verwundungen, aber langsam drängt man den Gegner von der Brücke. Ein Schlachtfest. Blut überall. Aber die Verletzten machten einfach weiter.

Als Bolton auf der Brücke den Rückzug antrat, war das Ende für sie gekommen. Wieder griff United an, und Bolton verlor nun jegliche Schlachtordnung, flüchtete durch die Bahnhofshalle und auf den Vorplatz.

Einige von Bolton hatte es ziemlich böse erwischt. Überall im Bahnhof lagen oder torkelten sie herum. Aber auch viele United-Jungs bluteten still vor sich hin. Doch das machte nichts. Bolton dachte, sie könnten unseren kleinen Haufen kurz mal eben beseitigen, und wäre es ihnen gelungen, hätten wir von ihnen sicher die Sondermeldung „Wir haben United umgehauen!“ erhalten.

Aber nur dreißig unserer Leute hielten sich hervorragend. Keine Scheiße, sondern die reine Wahrheit. Gut gemacht, Wing und Co. Ein weiterer toller Tag, den ich dank Knast verpassen durfte. Das Leben ist ein großer Kackhaufen.

---

12 Verhaftungen nach Fußballschlägereien

Bolton Evening News, 24. Februar 2003

Eine Massenschlägerei unter mehr als 150 rivalisierenden Fußballfans am Bahnhof von Bolton sorgte für Dutzende verschreckter Reisender.

Mehr als 100 Wanderers-Anhänger, so vermutet die Polizei, kamen aus den Kneipen rund um den Bahnhof, um sich nach dem 1-1-Unentschieden der beiden Teams im Reebok-Stadion mit einer Gruppe United-Fans zu schlagen. 12 Verhaftungen wurden vorgenommen, davon eine wegen Waffenbesitzes. Ein Mann wurde wegen einer Kopfwunde ins Krankenhaus eingeliefert.

Bahnbedienstete kauerten hinter ihren Schaltern und Reisende schauten verängstigt zu, als United-Fans aus einem Zug aus Manchester ausstiegen und eine Treppe zu einer Überführung hinaufstürmten. Dort trafen sie auf eine Gruppe der Wanderers, und eine Massenschlägerei brach aus.

Nach dem Aufeinandertreffen der Streitenden bot sich im Bahnhof ein Anblick der Verwüstung. Auf dem Fußboden und an Wänden waren deutlich Blutspuren zu erken-

nen. Stapel von Zeitungen lagen zerstreut vor den Ständen der Zeitungskioske. Telefonhörer lagen abgerissen vor Telefonzellen, Rohre waren von Wänden gerissen worden. Das Verkaufspersonal in den Kiosken zeigte sich unter Schock und sah sich außerstande, Interviews zu führen.
Dutzende Polizeibeamte, die nur Minuten später am Tatort eintrafen, konnten gegen 15.45 Uhr wieder Ruhe und Ordnung herstellen. Zwei Fans, die durch ihre blutigen Gesichter auffielen, wurden von Beamten in Handschellen gelegt und in einem Polizeibus in der Trinity Street verhört. Zwei ältere Damen, die aus ankommenden Zügen ausgestiegen waren, mussten von der Polizei durch die Trümmer geleitet werden. Ein Zeuge, der ungenannt zu bleiben wünscht, sagte: „Die United-Fans kamen vom Bahnsteig gelaufen, während die Bolton-Fans in den Bahnhof hineinströmten. Sie schlugen sich in der Vorhalle, und dann überall im Durchgang. Es war schrecklich."
Der Zugbetrieb musste zeitweise eingestellt werden, weil 25 United-Fans vorübergehend in einem stehenden Zug erkennungsdienstlich behandelt wurden, wobei die Polizei Camcorder benutzte, um die in den Vorfall Verwickeln zu identifizieren. Sue Littleton, 38, Einkaufsbummlerin aus Horwich, verpasste ihren Zug, als sie nach den Krawallen den Bahnhof betrat. „Kein Tier benimmt sich so! Eine absolute Schande! Ich bin sehr froh, dass ich nicht schon am Bahnhof war, als es passierte, und mir tun die leid, die hier waren. Ich dachte immer, solche Dinge passieren heutzutage nicht mehr. Da habe ich mich wohl schrecklich getäuscht!"

JB: Ganz Bolton hasst Man United, und die Stadt ist eine raue Angelegenheit. Wir kommen an, der Zug läuft am Reebok ein, aber Polizei ist überall. Kurzentschlossen sage ich: „Ich steige nicht aus!" Faz, Big James und einige andere Jungs schließen sich an.

„Was ist los, Leute?" fragt ein Polizist.

„Wir gehen nicht zum Spiel", sagen wir.

Er glaubt uns, also sitzen wir weiter im Zug und fahren durch bis Chorley, wo achtzehn von uns aussteigen und einen Pub suchen. Wir finden einen Laden mit Sky Sports, alles sehr angenehm, und gönnen uns ein gepflegtes Bier.

Dann entscheiden wir: Wir nehmen den Zug zurück und schauen mal, was passiert. Das Spiel ist zu Ende, wir sind jetzt so etwa dreißig Leute, und um halb sechs nehmen wir den Zug zurück. Einige Jungs kommen aus dem Bahnhof. Bolton-Fans. Es gibt ein kurzes Handgemenge, dann sind sie weg. Ich vermute, das waren diejenigen, die später zurückkehrten und United-Fans angriffen.

Der Zug kommt. Es ist einer, der von der Bauart den Inter-City-Zügen ähnelt. Als wir es uns bequem gemacht haben und es etwas leiser wird, höre ich, dass einer unserer Jüngeren gerade telefoniert. „Ja. Okay. Kein Problem."

„Das war Bolton. Sie sagen: `Wir warten auf euch München-Fotzen am Bahnhof Bolton.`"

Daraufhin wies ich alle an, sich in einem Wagen zu versammeln. Das hatte ich nämlich schon einmal erlebt, in London. Ich instruierte alle: „Wenn der Zug einläuft - wer immer dort wartet, was immer dort wartet, wir gehen drauf, klar?"

Der Zug läuft in den Bahnhof ein. Ich sehe aus den Fenstern, wie draußen der Bahnsteig vorbeifährt. Er ist voller junger Männer. Bolton. Ich öffne die Tür des Waggons und springe ab auf den Bahnsteig, noch während der Zug in voller Fahrt ist. Vor mir taucht so ein großer Typ auf, und ich treffe ihn mit der ganzen Bewegungsenergie des Zuges und all der Kraft, die ich in meinem Arm habe. Auch die anderen Türen sind aufgeflogen, die Jungs abgesprungen und mitten unter den Wartenden. Nur einige Sekunden dauert der Kampf, dann legt sich der Staub. Standen sie zuerst noch mit erhobenen Fäusten und als Mob auf dem Bahnsteig, sind sie jetzt auf dem Rückzug. Wir hatten sie schwer überrascht, weil wir schon im Kampf-Modus aus dem Zug kamen.

Ein paar werden jetzt die Fußgängerbrücke hochgescheucht, und einen erwischen wir sogar und klatschen ihn um. Alle sind begeistert; was für ein Ergebnis! Viele schlendern wieder die Brücke hinunter Richtung Bahnsteig, aber ich stehe immer noch oben, zusammen mit einem Freund, und wir sehen, dass etwa zehn Bolton zurückkommen. Wir rennen die Brücke entlang und rufen runter: „Es ist noch nicht vorbei! Kommt!"

Einen erwische ich und schicke ihn zu Boden. Mein Freund ist auch am Ball. Sie ziehen sich zurück. Ich widme mich der Fotze, die vor mir auf dem Boden liegt. Seine Designer-Baseballkappe ist ihm vom Kopf geflogen. Ich trete ihn. „JB, verdammt, hör` auf damit!" ruft jemand von hinten, „du bringst ihn ja um!"

Jetzt sind alle da, und wir laufen über die Brücke in die Bahnhofshalle. Die ist voll mit Bolton, um die 150 Leute stehen dort, und alle kommen sie heran. Wir laufen auf sie los, sie zögern kurz, dann greifen sie ebenfalls an. Da stehen wir, vor dem Ausgang zur Fußgängerbrücke, aufgefächert wie die Spartaner. Die Zeitungsbude geht zu Klump, und sie schmeißen mit den dort geklauten Bierdosen auf uns. Überall ist Blut. Ungelogene zehn Minuten geht es so. Hätten wir uns zurückgezogen, wären wir geliefert gewesen. Aber wir hielten die Stellung. Und trotzdem: Als ich lauter werdende Sirenengeräusche hörte, dachte ich unwillkürlich: Gott sei Dank, verdammt nochmal!

Hinter den Bolton-Leuten tauchte jetzt die Polizei auf, und Bolton versuchte, zu flüchten. Wir rannten hinaus auf die Brücke und hinunter auf den Bahnsteig, wo ein Kurzzug nach Manchester bereitstand. Kurze Zeit später betritt die Polizei die beiden Waggons. Sie sehen all das Blut und die zerrissenen Shirts.

„Hat hier irgendjemand irgendwelche Probleme?"

„Nein."

„Irgendjemand verletzt?"

„Nein."

„Was ist passiert?"

„Nichts. Wir kamen vom Bahnsteig, da hat man uns angegriffen."

„Ist das alles?"

„Ja."

Was hätten sie sonst noch ausrichten können?

Später zählte ich aus Interesse unsere Leute.

Wir waren einunddreißig.

Super.

Im Oktober 2003 sorgte die Champions League für eine jener Begegnungen, die die Fans begeistern und die Verantwortlichen schaudern lassen: Manchester United v Rangers. In den Siebzigern waren diese beiden Vereine die Plage des britischen Fußballs. Die Zeiten hatten sich zwar geändert, aber beide wurden in der nachtragenden und niemals vergessenden Welt der Fußballgewalttäter immer noch respektiert und gefürchtet. Während United für seine Zerstörungen bekannt war, hatte Rangers mit seinen starken loyalistischen Wurzeln freundschaftliche Kontakte zu Vereinen wie Chelsea - und immer noch eine entsprechend üble Reputation.

JB: Rangers - wir kannten ja ihre Geschichte - würde einen geschmackvollen Mob haben. Die Auslosung war für uns also wie ein Geschenk Gottes, und alle zeigten sich total begeistert. Das Spiel war natürlich an einem Wochentag, und die meisten setzten sich am Vortag in Bewegung, um sich im Hilton oder den anderen Hotels der Stadt einzuquartieren. Wir trafen uns mit den Cockneys und gingen dann an diesem Vorabend in die Innenstadt von Glasgow, um ordentlich einen zu trinken. Wir erwarteten Rangers überall, aber keine Spur war von ihnen zu sehen. Entsprechend rüsteten wir uns alle für den Spieltag; das würde eine große Sache werden.

Einige hatten sich an diesem Vorabend auf eine Erkundungstour gemacht. Als sie ins Hotel zurückkamen, berichteten sie, sie hätten sogar in der Rangers-Kneipe, der Doctors Bar, angerufen, einem Laden, der in einer stark loyalistisch geprägten Ecke Glasgows lag. Der Plan war nun, sich, sobald sie geöffnet hatte, in dieser Kneipe breitzumachen, dann den Rangers einen netten Empfang zu bereiten und dann mal zu schauen, wie ihnen das gefällt.

Wir kamen mit unseren Taxis vorgefahren, als der Wirt gerade die Türen aufschloss. Der Laden lag nur zehn Gehminuten vom Stadion entfernt, in einer Gegend voller alter Mietskasernen aus braunem Sandstein. Gegenüber stand ein Wohnblock, an dem ein riesiger, 12 Meter langer Union Jack mit der Aufschrift „Rangers" hing. Ich glaube, das war an der Paisley Road West. Niemand hatte sich jemals zuvor in diese Gegend gewagt, ins Herz ihres Territoriums. Celtic jedenfalls hatte es nie versucht.

Der Wirt war in Ordnung, schaute aber immer wieder zweifelnd zu uns, während er seine Biergläser polierte. Nach zehn Minuten fragte er nach, wessen Fans wir denn wohl seien. Als wir uns erklärten, sagte er: „Euch ist klar, dass dies ein Rangers-Pub ist?"

„Interessiert uns `nen Scheiß, Kumpel!“ war die Antwort.

Immer noch zeigte sich der Wirt nett und aufgeschlossen. Denn zuerst waren wir nur sechs Leute. Dann wurden wir zehn, dann zwanzig, mehr und mehr kamen rein, alte Haudegen aus Bristol, Birmingham und London, die einander wie alte Freunde grüßten, die sich Ewigkeiten nicht mehr gesehen hatten. Beinahe wie in dem Film *Football Factory*. Und immer noch putzte der Wirt seine Gläser und dachte sich nur: Verdammte Scheiße.

Zwanzig nach elf, und der Pub ist brechend voll. Der Wirt telefonierte herum, ob einer seiner Angestellten eine Extraschicht an diesem Morgen einlegen könnte. Gegen viertel nach zwölf kam niemand mehr in diesen Laden hinein. Jetzt kommende Gäste wichen auf die nächstgelegene Kneipe aus, und irgendwann hatten wir vier oder fünf Gaststätten gefüllt; die ganze Paisley Road war voller United. Und keine Polizei. Selbst als es eins schlug, war niemand Staatliches zu sehen. Rangers muss gewusst haben, wo wir waren; unsere jüngeren Leute fuhren in Taxis spazieren und erzählten jedem, der es hören wollte, wer und wo wir waren. Die ersten Textmitteilungen ihrer Leute gingen auf unseren Telefonen ein. Es war nur noch eine Frage der Zeit, dachten wir, bis sie auftauchen würden.

Kurz nach zwei, und ein erster Glasgower Streifenpolizist riskiert mal einen Blick hinein. Als die Uhren vier Uhr nachmittags anzeigen, sind die meisten in Kampflaune. Seit elf Uhr früh hängen sie hier herum; nun ist es genug. Irgendwann, das war klar, würde die Polizei hier auftauchen und uns einkesseln. Zeit also, sich in Bewegung zu setzen. Wir hatten ein Minimum von um die 400 Jungs hier. Auf allen möglichen Wegen waren sie angereist. Ich war heiß. Deswegen war ich hier: Sie wegzuhauen, hier bei ihnen zu Hause.

Mittlerweile ist es zwanzig vor fünf. Es reicht: Wir verlassen die Doctors Bar, all die wichtigen Leute, und natürlich kapieren alle, dass das Aufbruch bedeutet. Zwei Polizisten auf Pferden, die vor dem Laden herumstehen, geraten in helle Aufregung: Wir bewegen uns, und alle anderen geraten ebenfalls sofort in Bewegung. Alles springt auf. Und plötzlich steht ein riesiger Mob abmarschbereit, nur unsere Leute, kein Schal, kein Trikot, keine Anstecker in Vereinsfarben. Nun wird die Polizei hektisch und ein wenig rüde. Die langen Knüppel werden gezogen. „Geht wieder in die Kneipe zurück, hört ihr!“

„Verfick dich, du schottisches Arschloch!"

Alle verfallen in einen leichten Trab, während die Polizei sich bemüht, die Leute am Abmarsch zu hindern. Jede Menge Kommandos und Anweisungen, aber sie haben nun die Kontrolle verloren und werden einfach aus dem Weg geschoben. Runter geht es diese große, breite Straße, auf der Suche nach den Rangers.

Zur Linken kam ein wenig später eine Kneipe, in der jede Menge Rangers-Fans saßen: Sie starrten uns an, hinter den Fenstern stehend und sitzend, aber die Türen waren verschlossen und niemand kam hervor. Immer weiter ging es, und immer wieder erreichten wir Gaststätten, wo die Einheimischen keine Anstalten machten, ihre Läden zu verlassen. An einer kleinen Einkaufszeile – es kann auch eine U-Bahn-Haltestelle gewesen sein – kamen zwanzig Rangers schwungvoll die Rolltreppe hinauf. Ebenso energisch flogen sie diese auch wieder hinunter, und das blieb der einzige Angriff, der einzige Widerstand, den wir vor dem Spiel erlebten. Den ganzen Weg zum Stadion stritten wir uns ausschließlich mit der Polizei. Für die Rangers war dies eine ganz, ganz peinliche Angelegenheit.

Ich schaute mir das Spiel nicht an, sondern veranstaltete mit etwa fünfundzwanzig unserer Leute gegen kleine Rangers-Grüppchen ein bisschen Hin und Her. Zwei oder drei United-Fans muss es allerdings auch in Stadionnähe erwischt haben; sie hatten Stichwunden, denn Rangers war mittlerweile zu einer Hit-and-Run-Taktik übergegangen: Sie kamen kurz heran, es gab ein kurzes Handgemenge, dann waren sie wieder verschwunden.

Am Abend zuvor waren wir mit Wing unterwegs, und der hatte ein paar ganz alte Rangers-Leute getroffen, bekannte Gesichter Mitte vierzig, die einen Nachtclub in Glasgow leiten. Für ein, zwei Stunden besuchten wir den Laden. Nach dem Spiel, am Tag darauf, sahen wir die Jungs wieder, als wir in einem Weindorf herumhingen. Die Rangers-Männer hatten, das war ziemlich klar, Verbindungen zur Glasgower Unterwelt: Sie fuhren in einem riesigen Land Rover durch die City und kamen immer wieder an unserem Laden vorbei. Irgendwann hielten sie an, und einer kam rein, um mit Gary zu sprechen.

„Wir hätten uns heute zeigen müssen", sagte er. „Das war peinlich für uns. Jetzt haben wir sechzig Leute zusammen, in einer Kneipe ein paar Straßen weiter. Also, wenn ihr Lust habt, dann kommt vorbei."

Was wir ihm im Grunde zu verstehen gaben, war, er möge sich verpissen. Unsere FI-Beamten waren mittlerweile bei uns, und somit konnten wir nur erwidern: „Wenn ihr jetzt antreten wollt, Leute, dann müsst ihr kommen und uns holen. Scheiß drauf, in einer Kneipe ein paar Straßen weiter. Wir sind hier, wir waren schon den ganzen Tag hier, und jetzt seid ihr am Zug." Er war erschüttert. Doch immerhin gab er abschließend noch ein paar Sprüche von sich, dass sie 200 Top-Jungs zum Rückspiel nach Manchester mitbringen würden und so.

Eine Glasgower Zeitung berichtete später von uns als die „maskierten Männer in Schwarz". Das war der beste United-Mob seit den Tagen Mitte der Achtziger, als wir uns in der Chorlton Street trafen, um die Busse zu Chelsea zu besteigen.

The Sun vom 24. Oktober 2003:
Etwa fünfzig englische Fußballgewalttäter wurden in der vergangenen Nacht vor der „Battle of Britain" zwischen Rangers und Manchester United verhaftet.
Auf den Straßen zum Ibrox kam es zwischen Polizisten mit Schlagstöcken und Jugendlichen zu Gewalttaten. Soweit bisher bekannt ist, kamen Schläger mit dem Vorsatz nach Glasgow, hier Gewalt auszuüben - ohne in Besitz von Eintrittskarten für das langerwartete Champions-League-Treffen zu sein.
Zeugen berichteten, das sich Gruppen junger Casuals mit Rangers- *und* United-Fans schlugen. James Trotten, 27, aus Glasgow sagte: „Die Stimmung entlang der Hauptstraße war überaus angespannt. Ich sah einen Mann, der nacheinander ohne jeden Grund drei Polizisten zu Boden schlug, bevor sie ihn dann zu Boden rangen und abführen konnten. Ähnliches passierte insgesamt vier Mal auf dem Weg zum Ibrox. Ich hatte meinen Sohn bei mir und war sehr um seine Sicherheit besorgt, aber glücklicherweise hat die Polizei einen guten Job gemacht."
Die Polizei meldete insgesamt 50 Festnahmen vor und während des Spiels. 25 davon erfolgten wegen Ausschreitungen entlang der Paisley Road West - dem Hauptanmarschweg

zum Rangers-Stadion – vor dem Spiel.
Überall in den kleinen Kneipen versammelten sich Gruppen vor dem so wichtigen Spiel, welches Rangers 1-0 verlor. Bei einem besonders unheimlichen Zwischenfall stiegen aus einem Bus vor der Stanley Bar mehr als 100 völlig in Schwarz gekleidete Männer aus – gerade mal einen guten Kilometer vom Ibrox Park entfernt. Innerhalb von Minuten jedoch gelang es der Polizei, mit starken Kräften den Mob abzudrängen.
Eine Tresenkraft der Gaststätte sagte: „Das war wirklich ein Schreck, als diese große Gruppe Männer plötzlich im Laden stand. Keiner von denen trug ein Trikot; sie waren alle völlig schwarz gekleidet. Sie sprachen noch nicht einmal mit einem Manchester-Akzent. Sie klangen, als kämen sie viel weiter aus dem Süden. Dann tauchten Polizeiwagen und Beamte auf Pferden auf und führten sie weg. Das war eine ganz sonderbare Situation."
Erzürnte Rangers-Fans beschwerten sich, sie seien nicht in ihre Stammkneipen reingekommen – denn die waren voller United-Fans. Auf der inoffiziellen Webseite des Vereins, followfollow.com, gingen eine Vielzahl von Kommentaren ein. Einer schrieb: „An wirklich jeder Kneipe stand Polizei. Es sah lange Zeit danach aus, als würde es ganz übel werden, denn wir kamen nicht einmal in unsere eigenen Kneipen."
Mehr als 7.000 Fans von Manchester United hatten sich für das Spiel nach Glasgow begeben. Nur 2.500 davon hatten Eintrittskarten, während der Rest hoffte, sich auf dem Schwarzmarkt versorgen zu können. Aber es waren keine Karten auf diesem Wege verfügbar, wie sich herausstellte.
Zusätzliche Einheiten der Polizei wurden herangezogen, um die durch die Straßen herumwandernden Massen unter Kontrolle zu halten.
Zivilbeamte versuchten unterdessen, bekannte Hooligans zu entdecken und zu melden. Die meisten Gaststätten der Innenstadt hatten ihr Sicherheitspersonal aufgestockt.
Mehr als 500 United-Fans fanden sich allein in der Arches Bar im Stadtzentrum ein, die speziell für den Gästeanhang reserviert worden war.

SALFORD VIKING: Gegenüber von der Doctors Bar gibt es eine Kneipe namens The Grapes, und die hatten eine große Loyalistenfahne draußen hängen. Einige von unseren Jüngeren versuchten, das Banner abzureißen, und Rangers musste daraufhin das Teil einrollen und mit nach drinnen nehmen. Mit dreißig Leuten kamen wir aus der Doctors Bar und liefen prompt in eine Gruppe Rangers-Fans aus Nordirland rein. Eigentlich darf man auf den Straßen Glasgows, in der Öffentlichkeit, kein Bier trinken, aber diese Rangers-Leute, eine ganze Busladung voll, waren schwer mit Flaschen unterwegs. Die Polizei entschied sich, lieber wegzuschauen. Daher war für uns klar, dass diese Typen zur UVF oder zur LVF gehörten, zu einer dieser paramilitärischen protestantischen Untergrundgruppen jedenfalls. Und trotzdem haben wir sie durch die Straßen gescheucht.

Ricky Jones wurde festgenommen und musste über Nacht mit einigen von diesen Nordiren einsitzen. Einer von ihnen stellte sich dann auch vor: „Wir sind die UVF!" Und Ricky antwortete: „Wir sind die Trunkenbolde aus Salford!"

Vor Gericht, am nächsten Tag, sprach man uns sogar in gewisser Weise Respekt aus: „Niemand ist je nach Glasgow gekommen und hat sich so aufgeführt! Nicht einmal Celtic hat sich je so benommen!"

Es war ein unglaublicher Aufmarsch, eine Zeitreise in die Siebziger, eine Erinnerung an den Mob, der sich von Stratford nach West Ham aufmachte, nur zwanzig Jahre älter, schlauer – und verrückter.

Auch das Rückspiel bekam von den Medien das Etikett „Battle of Britain" verpasst. 10.000 Rangers-Fans wurden erwartet, und dunkelste Vorhersagen wurden gemacht ob der Fußball-Hooligans aus dem ganzen Land, die zu diesem Schlachtfest anreisen würden.

Aber ein gigantischer Polizeiaufmarsch und die Tatsache, dass sich niemand von der Rangers ICF zeigte, bedeuteten einen weitgehend friedlichen Fußballabend.

JB: Was also geschah? Ein kleiner Mob von ihnen taucht am Stadion von City auf, ungefähr dreißig vielleicht. Sie trinken mit City, weil sie einige Leute von denen kennen, zeigen sich aber nicht am Old Trafford.

Ein Dutzend macht später den Fehler und taucht am Trafford Hall Hotel auf, wo man ihnen in den Hintern tritt.

Andere hatten Lust, auf uns loszugehen, wenn die Zahlen zu ihren Gunsten standen. Vor ein paar Spielzeiten traten wir mal gegen Wolves an. Die meisten unserer Fans gingen ins Stadion, aber fünfzehn von uns blieben draußen und fuhren ins Stadtzentrum, um dort zu trinken. Ich war mit ein paar Typen aus Royton unterwegs.

In der Kneipe hingen Wolves herum, und irgendwie ahnten die wohl, dass wir United waren. Aber ganz sicher waren sie sich nicht. Weitere Wolves-Fans betraten den Laden, und dann fasste sich dieser Skinhead ein Herz: Er kam heran und fragte: „Wo seid ihr her?"

„Aus Oldham. Warum?"

Der Skinhead-Schlaukopf konnte mit dieser Antwort nichts anfangen. „Verschwindet!" sagte er. „Ihr kommt hier nicht einfach so rein. Verschwindet, oder ihr werdet Schmerzen haben."

Der Pub hatte sich mittlerweile gut gefüllt, und ich raunte meinen Freunden zu, wir müssten am besten in Gruppen zu zweit oder zu dritt abhauen. Sonst kämen wir da nie raus. Langsam also setzten wir uns ab, immer beobachtet von den Wolves, die nicht den Eindruck machten, als hätten sie verstanden, was vor sich ging.

Ich schiss mich ein, aber dennoch war ich der Letzte, der von uns den Laden verließ. Ich musste cool bleiben. Als ich auf die Straße trat, stieg unsere Gruppe gerade in Taxis ein. Aus dem Laden gegenüber kamen in diesem Moment mit zügigem Schritt fünfzig, sechzig Einheimische. Ein Mob von Wolves, vielleicht mit Stadionverbot versehen und deshalb jetzt, während des Spiels, in der Stadt. Nun wurde es richtig brenzlig. Aber uns gelang die Flucht, ohne auf den Kopf bekommen zu haben.

Villa auswärts dagegen war ein Triumph. Nach dem Spiel stiegen wir in einen Zug, an dem kleinen Bahnhof, von dem man vom Villa Park zum Hauptbahnhof Birmingham-New Street fahren kann. Zwar hatten uns unsere Polizeifreunde entdeckt, aber wir stiegen dennoch New Street aus und verschwanden in die Innenstadt. Im Laufe des Abends wurde es unseren Freunden von der Football Intelligence wohl zu dumm; sie erklärten ihren Einsatz für beendet und fuhren nach Manchester zurück. Währenddessen hatten unsere Späher Villa bereits in ihrer Stammkneipe entdeckt. Wir schlendern langsam drauflos, und da stehen sie tatsächlich, direkt vor dem Eingang des Ladens. Attacke! Wir stürmen den Pub, hauen die Scheiße aus den am Eingang Herumstehenden, laufen dann hinein und jagen sie durch den Laden. Stühle fliegen, Scheiben fallen aus ihren Rahmen. Minutenlang tobt die Schlacht. Geschätzte dreißig Villa-Jungs waren Gäste hier; völlig geschockt, dass wir die Kühnheit hatten, direkt in den Laden hineinzustürmen. Als wir uns zurückzogen, flogen uns Mülltonnen hinterher. Schnurstracks liefen wir zum Bahnhof und waren im Zug, noch ehe die Polizei wusste, wer da zugeschlagen hatte.

Als wir unsere Polizisten beim nächsten Mal wiedersahen, nannten sie uns „schlaue Fotzen". Aber in den letzten vier oder fünf Jahren hat uns die Polizei geradezu überschwemmt, verglichen mit anderen Vereinen. Warum? Wie sie selbst sagten: „Wo immer dieser Haufen auftaucht, bedeutet das Ärger!"

TONY: Auch andere Vereine haben jetzt ihre Men In Black. Everton zum Beispiel hat diese Mode übernommen. Im Februar 2005 meldeten sie sogar einen gewissen Erfolg gegen United, nach einem Spiel am Goodison.Die Wahrheit ist, dass eine Gruppe von United gerade aus dem Stadion gekommen und zusammen mit einer Polizeieskorte in Richtung des Bahnhofs unterwegs war. Uniteds Hauptmob hatte man in einer größeren Eskorte weiter hinten zusammengepfercht, aber diese dreißig ließ man laufen, da auch Beamte der FI dabei waren. Merkwürdig, irgendwie. In jedem Fall: Der Hauptteil von Uniteds hartem Kern und unsere Normalos sind knappe 300 Meter zurück, und dort versteht man nicht, warum die Liverpooler Polizei und die FI-Leute die kleine Vorhut nicht anhalten.

Als sie Everton Valley entlanggehen, lag dort Everton auf der Lauer. Die Polizei hatte United sozusagen in diesen Hinterhalt geführt. Everton kam heran, United hielt sich nach besten Kräften gegen 150 bis 200 Everton. Sie blieben stehen und kassierten entsprechend. Ich würde es sehr schätzen, dies mal in den Seitenstraßen Manchesters, im umgekehrten Fall, zu erleben. Den Jungs blieb nichts anderes übrig, als die Schläge hinzunehmen und sich zu verteidigen, aber zum Glück wurde niemand ernsthaft verletzt. Everton behauptet seitdem, man hätte United kaputtgehauen, aber das trifft nicht zu. Obwohl das Kräfteverhältnis fünf zu eins oder gar sechs zu eins stand.

Die Hauereien wurden gefilmt, was zu den üblichen Verhaftungen führte, aber die Polizei muss sich die Frage gefallen lassen, warum sie die Gruppe von United-Fans quasi in eine große Gruppe Gegner führte. Waren sie von der Football Intelligence, dann wussten sie doch sicher, was passieren würde, oder?

15

Schlusspfiff

Im Jahre 2005 wurde bekannt, dass die Greater Manchester Police mehr Stadionverbote als jede andere Polizeibehörde außerhalb Londons verhängt hatte: insgesamt 272 für die acht Fußballvereine der Grafschaft. Ungeachtet dieser ernüchternden Statistik war der organisierte Hooliganismus beim größten Verein, Manchester United, so gut wie tot. Tony O`Neill hatte eins dieser Stadionverbote, und andere mögliche Anführer befanden sich entweder im Ausland oder hatten das Interesse verloren. Es schien, dass die Tage der alles erobernden Red Army endgültig vorbei waren.

TONY: Im Sommer 2004 kam ich aus dem Bau. Für viereinhalb weitere Monate blieb ich unter Hausarrest. Zwischen sieben Uhr abends und acht Uhr morgens musste ich zu Hause sein. Das war kein Problem; normalerweise war ich ohnehin um fünf da, und abends auszugehen hatte wenig Sinn. Meine tägliche Routine entsprach im Grunde auch der, die ich im Knast hatte: rumzusitzen und die Zeitung zu lesen. Denn ich durfte ja auch keine Spiele besuchen.

Ich beendete die Arbeit an meinem ersten Buch, das ich im Knast begonnen hatte, und zehn Tage, bevor es offiziell herauskommen sollte, war mein Hausarrest beendet. Also traf ich mich an einem Sonnabend mit einigen Freunden das erste Mal seit Jahren wieder zu einem netten Abend mit ein paar Getränken. Das war nicht großartig geplant, nur eben ein kleiner Umtrunk. Aber wie es so ist: Mehr und mehr Leute tauchen auf, Frauen sind dabei, und dann wechselt man die Gaststätte. Von der Innenstadt halten wir uns fern, wegen möglichem Ärger und so, stattdessen endet die Tour in Chorlton, Süd-Manchester. Immer noch bin ich auf Bewährung, ich gehe für zwei Jahre in den Bau, wenn ich es vermassele, also bin ich eindeutig nicht an irgendwelchem Ärger interessiert. Und auch die Leute, mit denen ich unterwegs bin, sind das nicht.

Nur noch ein paar sind dabei, als wir Chorlton erreichen. Wir betreten die Kneipe und haben eine nette Zeit. Aber ich bekomme nicht mit, dass es irgendeinen Streit gibt. Jetzt geht es in diesem Laden zur Sache. Eine Massenschlägerei. Da kommt jemand mit einer Kanone durch die Tür. Er drückt ab. Da sind wir also wieder. Eine einzelne Kugel trifft mich; sie tritt aus meinem Rücken wieder aus, aber meine Leber und meine Lunge sind durchschossen, und Nerven sind durchtrennt.

Ich brach in einer Blutlache zusammen. Bewusstlos. Gäste schreien auf; sie halten mich für tot, aber mein Freund Harry will davon nichts wissen. Glücklicherweise ist der Notarzt sofort zur Stelle.

Die Ärzte im MRI, dem großen Krankenhaus in Manchester, retten mir das Leben. Und ich habe Glück gehabt. Ich erinnere mich an nichts mehr, was nach dem Schuss passierte. Völlig dunkel, alles. Ich weiß nicht einmal, dass man mich ins Krankenhaus gebracht hat.

Was ich aber weiß: Mal abgesehen von der Tatsache, dass man auf mich geschossen hatte und dass ich Stadionverbot habe, hat die Sun beinahe alles falsch gemacht, was man nur falsch wiedergeben kann – einschließlich der Schreibung meines Namens. Arschlöcher.

> „Schlimmster Fußballgewalttäter“ in Pub niedergeschossen
> The Sun, 16. November 2004
> Großbritanniens schlimmster Fußballschläger ist im Rahmen einer Bandenfehde niedergeschossen worden. Tony O`Neil, 46, wurde am Sonnabend in einem gut besuchten Lokal in den Bauch getroffen.
> Die letzte Nacht verbrachte er unter Polizeibewachung auf der Intensivstation, nachdem in einer Notoperation seine Schusswunde versorgt worden war. O`Neil, vorbestrafter Schläger, hatte sich in einen Streit zwischen rivalisierenden Banden eingemischt. Ein Bekannter sagte: „Es gab in dem Lokal einen Streit zwischen Tonys Freunden und einer anderen Gruppe von Gästen. Er klärte die Situation, und die andere Gruppe verließ die Gaststätte. Einer von ihnen kam jedoch

mit einer Waffe zurück und feuerte auf Tony. Dann lief der Schütze davon. Zunächst sah es so aus, als würde Tony sterben."

O`Neil, Fan von Manchester United mit Wohnsitz in Cheadle, saß bereits wegen Hooliganismus ein und prahlt damit, der weltgrößte Schläger zu sein. Derzeit hat er Stadionverbot für alle Plätze Großbritanniens.

Die Polizei befragt zwei Männer und eine Frau hinsichtlich der Ereignisse.

Erst zwei Tage später kam ich wieder zu mir. Ich konnte meine Augen öffnen, aber sprechen konnte ich nicht. Ich war voller Kanülen und Schläuche. Ich hatte mehr Röhren als die Londoner U-Bahn. Mein erster Kommentar war: „Macht euch keine Sorgen, vergesst es. Ich lebe, alles okay." Schließlich ist das ja auch mein Motto. Genau so wie auf den Tribünen oder auf der Straße: Wenn man dich umhaut, steh auf und mach weiter. Was passiert, passiert.

Meine Nerven sind beschädigt. Ich kann keine Sachen heben, und ich kann mich nicht drehen. Nach vier Tagen konnte ich die Intensivstation verlassen. Ich kenne niemanden, der so schnell entlassen wurde. Man hätte mich dabehalten sollen für weitere zwei Wochen, um meine Organe weiter zu kontrollieren. Stattdessen schickten sie mich nach Hause. Da lag ich herum mit beschädigten Nerven, und jeder Versuch, meinen Kopf zu bewegen oder meinen Arm, endete in Höllenschmerzen. Nichts ist schlimmer als Nervenschmerzen. Man stelle sich vor, man würde eine Nadel in den Nerv seines Zahns geschoben bekommen - so war für mich jede Bewegung.

Mir ging es richtig schlecht, aber der Doktor war nicht bereit, mir seine Zeit zu opfern. Also bat ich meine Frau Debbie, mich, sollte es noch schlimmer mit mir werden, wieder ins Unfallkrankenhaus einzuliefern. Ich konnte nicht einmal von unserem Sofa aufstehen.

Als am nächsten Tag die Schwester zu uns nach Hause kam, um Klammern zu entfernen, erkannte sie, in welch schlechter Verfassung ich war. Sie holte einen Arzt heran, und eine halbe Stunde später fuhr der Krankenwagen vor, um mich wieder ins MRI zu bringen. Ich hatte innere Blutungen. Als wir jedoch das Krankenhaus erreichen, findet man dort meine Krankenunterlagen nicht mehr. Sechseinhalb Stunden liege ich in einer kleinen Kabine, vollgepumpt mit Morphium, um den Schmerz auszuhalten. Erst am folgenden Tag finden sie meine Akte. Nichts hat mich bisher mehr angepisst als die Rückkehr zum MRI und die dortige nichtexistente Nachsorge.

Früh im Dezember 2004 wurde ich entlassen und bin seitdem bis zum heutigen Tage in keinem sonderlich guten Zustand. Man schickte mich nach Hause, mit einem Gemisch aus Morphium-Tabletten, Gabapentin und diversen anderen Pillen. Gabapentin hat heftigste Nebenwirkungen, aber darüber hat man mich nie aufgeklärt. Ich war streckenweise völlig unter Dope; dreizehn Morphium-Tabletten pro Tag nahm ich zeitweise. Für etwa drei Monate hatte ich keine Ahnung, wo ich war. Völlig weggetreten. Bis zum 11. März, als ich mich zum einem Akupunkteur in Stretford begab. Die beste Idee, die ich je hatte.

Ich hatte bereits entschieden, dass Fußball für mich vorbei ist, bevor man mich verhaftete. Dennoch hätte ich nie in die Stadt gehen sollen am Tag meiner Festnahme. Ich hatte bereits genug gehabt. Aber ich musste mich ja der Gefahr einer Verhaftung aussetzen, und prompt ging die Sache in die Hose.

In vielerlei Hinsicht, denke ich, war die Tour nach Glasgow, zu den Rangers, als ich im Knast saß, unsere Abschiedstour. Der letzte, große Tag unterwegs mit den Jungs.

Ich werde immer ein United-Fan bleiben und immer für den Klub einstehen. Aber auf eine andere Art und Weise.

Der Ärger ist vorbei. Doch werde ich immer einen Riesenhaufen Freunde haben bei United. Denn im Grunde ist Manchester United für mich eine Familie.

Und alle anderen hassen uns.

STEVE BARNES: Obwohl ich nicht mehr länger bei der Polizei bin, gehe ich doch zu den Spielen und werfe auch mal einen Blick, dort, wo sich die Jungs früher immer getroffen haben. Aber nirgendwo sind größere Gruppen von ihnen zu sehen. Ich habe mit Tony gesprochen; er ist ein sehr einflussreicher Charakter und scheint jeden zu kennen. Er war der Mittelpunkt, das Zentrum des Mobs. Wann immer er vor Ort war, war er der Anführer, und wenn er das Kommando gab, sprang alles auf. Er hatte den Einfluss, und da er jetzt nicht mehr dabei ist, sind es die anderen auch nicht. Aber immer, wenn ich die Leute sagen höre, Hooliganismus gäbe es nicht mehr, bin ich sehr skeptisch. Es braucht nicht viel, damit es wieder losgeht.

Wenn die Polizei nicht genau hinschaut, reicht eine einzige Gruppe, um die ganze Szene wieder aus ihrem Schlaf zu erwecken.